KB210469

잊혀진 우리 이야기

아시아 기독교 역사

김흥수 안교성 엮음

잊혀진 우리 이야기, 아시아 기독교 역사

엮은이	김흥수 안교성
초판발행	2021년 10월 20일
펴낸이	배용하
책임편집	배용하
등록	제364-2008-000013호
펴낸 곳	도서출판 대장간
	www.daejanggan.org
등록한 곳	충청남도 논산시 가야곡면 매죽헌로1176번길 8-54
분류	기독교 | 교회사 | 아시아
편집부	전화 (041) 742-1424
영업부	전화 (041) 742-1424 · 전송 0303-0959-1424
ISBN	978-89-7071-568-1 03230

 값 15,000원

차례

아시아 기독교 역사서인 이 책의 출간은 이론적 측면과 실천적 측면에서 의의를 갖는다. 먼저 아시아의 기독교 역사를 필두로 아시아 기독교에 대한 전반적인 연구가 아직까지 충분히 이뤄지지 않았다. 근현대 이후 세계 기독교계의 연구 동향은 서구 중심적이었고, 이런 사정은 한국교회를 포함한 아시아교회도 마찬가지이다. 국내 학계를 돌아다봐도, 아시아 전역에 대한 학회 차원의 연구는 2011년에 출범한 '아시아기독교사학회'가 처음이다. 국내 최대의 교회사 관련 학회인 '한국교회사학회'의 경우도 아시아 분과가 개설된 것은 아시아기독교사학회의 출범 이후였다.

아시아 기독교사의 연구 성과를 보더라도 김광수, 이장식 등의 저서를 들 수 있으나 이미 오래전에 발간된 것들이고, 그 이후는 아시아의 일부 지역별 기독교사가 소개된 적이 있지만, 서구 연구서의 번역물이 명맥을 이어왔다고 할 수 있다. 더구나 번역물의 경우 주로 통사이고, 각국 기독교사를 종합적으로 다룬 책은 나오지 않았다. 따라서 한국교회는 아시아의 대표적인 교회 중 하나이면서도, 막상 아시아 기독교에 대한 개론서마저 제대로 구비하지 못한 셈이다. 같은 맥락에서, 아시아 기독교사와 짝을 이룰 아시아 신학의 경우도 변변한 개론서 하나 없는 형편이다.

　이런 연구 현황은 한국교회의 실천에도 영향을 미쳤다. 그 영향은 여러 분야에 나타났다. 첫째, 강의와 교재 부족 현상이다. 그동안 관련 강의가 많지 않으니 교재 발간 등이 어렵고, 역으로 교재 등 연구물이 부족하니 강의가 어려웠다. 학계 형편이 이렇다 보니, 아시아 기독교 관련 전문 연구자도 드물 수밖에 없었다. 이런 점에서 최근에 아시아 기독교 연구자들이 증가하고 있는 것은 대단히 고무적인 일이 아닐 수 없다. 둘째, 교회 간 코이노니아에 나타난 난맥상이다. 한국교회가 아시아교회에 대한 충분한 사전 지식 없이, 아시아 교회와 교류하거나 아시아 지역에서 선교 사역을 하면서, 불필요한 심지어 많은 경우 사전에 피할 수 있는 문제들을 야기해 왔다. 신학교 나아가 선교 훈련 기관이 아시아 기독교를 반드시 가르쳐야 할 이유가 바로 여기에 있다.

　그런 의미에서 이번 『잊혀진 우리 이야기, 아시아 기독교 역사』의 출간은 몇 가지 점에서 중요하다. 우선 이 자체가 아시아 기독교 연구의 부흥을 알리는 한 증표라고 할 수 있다. 또한 아시아 기독교 관련 연구자들이 다양하게 참여한 사례이다. 필진에는 아시아 기독교 관련 전문 연구자는 물론이고, 아시아 기독교에 관심을 가져온 동료 학자들, 그리고 선교사이면서 학자적 소양을 가진 '선교사 학자'missionary scholar들이 골고루 있다. 이로써 아시아 기독교가 다각적인 관점에서 다루어질 수 있게 되었다. 그뿐만 아니라 이 책이 아시아선교를 꿈꾸는 신학도들에게 아시아 기독교를 이해할 수 있는 교재가 될 수 있을 것이며 아시아 기독교 연구의 촉발점이 되기를 기대한다.

원래 이 책은 2014-5년에 걸쳐 「기독교세계」에 연재했던 글들을 수정 보완하여 모은 것이다. 중국과 인도 기독교는 두 나라의 오랜 역사를 고려하여 2회에 걸쳐 소개하였다. 파키스탄 기독교사는 이 책을 위하여 새로 준비한 글이다. 「기독교세계」 2015.10에 파키스탄 기독교사를 기고했던 이준재 선교사는 안타깝게도 이번 코로나 19 사태로 소천하였다. 이 책을 간행하면서 그의 사역을 기억한다. 그의 글도 참고하기 바란다. 저자들과 편집자들이 연재했던 글들을 최근의 변화를 반영하여 꼼꼼하게 다듬었기에, 비교적 최근 정보를 접할 수 있다. 한편 이 책에서 서아시아, 중앙아시아를 포함한 북아시아 지역을 제대로 다루지 못한 아쉬움도 남는다. 이것은 아시아 기독교 연구 전반의 상황과도 같다. 그 부분은 아쉽게도 개정판이나 후속 연구의 몫으로 남게 둔다.

이 책의 간행은 아시아기독교사학회의 창립과 지원에 빚을 지고 있다. 아시아기독교사학회가 창립되지 않았더라면 우리는 이런 책의 발간을 생각하지 못했을 것이다. 그래서 아시아기독교사학회 창립 10주년을 맞이하여 이 책을 펴내는 것이 기쁘기 그지없다. 옥고를 써 준 저자들과 이 글을 연재해 준 「기독교세계」, 그리고 이 책을 출판해 준 도서출판 대장간 배용하 대표에게 감사드린다.

2021년 6월
김흥수, 안교성

아시아적 관점, 아시아의 범주

김흥수_목원대 명예교수

지난 한 세기의 한국 기독교의 역사가 한반도의 사회와 문화를 만나는 시간이었다면, 지금의 한국 기독교는 선교활동 속에서 전 세계와 만나고 있다. 아시아만 해도 동아시아, 동남아시아, 남아시아, 중앙아시아 등지에서 1만여 명의 선교사들이 활동하고 있다.

이렇게 한국교회가 아시아 깊숙이 진출해있으나 우리는 아시아 기독교를 잘 모른다. 한국사회에 아시아 기독교 전문가가 없기 때문이다. 오늘날 한국에는 소수의 중국이나 일본교회 전문가를 제외하면, 아시아 기독교 전문가나 아시아 기독교 역사서를 찾기 어렵다. 이런 여건 때문에 아시아 선교에 대한 열의에도 불구하고 많은 선교사들이 아시아 기독교 또는 아시아 기독교사를 공부할 기회를 갖지 못한 채 선교지로 떠나야 했다. 아시아 기독교사 전문가의 빈곤은 아시아 교회들과 밀접한 관계를 맺고 있는 한국교회뿐만 아니라, 기독교사 연구가 발전한 서구교회 그리고 아시아 기독교사의 주체인 아시아 교회들에서도 공통적으로 발견되는 문제다.

아시아교회는 동방시리아교회이전에는 주로 네스토리안교회로 지칭, 로마 가톨릭의 예수회, 그리고 19세기 이후에는 한국교회와 마찬가지로 서구의 프로테스탄트 교회들로부터 복음을 전해 받았으며, 우리 가까이에 있는 자매교회들이다. 많은 국가, 많은 선교회, 다양한 교파교회가 존재하는 아시아 기독교의 역사를 대강이라도 파악하려면 지역별로, 국가별로, 또는 선교회별로 기독교의 전래와 수용을 살펴보는 방법이 있을 것이다. 가능하다면, 아시아교회들이 아시아 기독교사 및 자국 기독교사를 어떻게 연구하고 가르치는지도 들여다보면 좋을 것이다.

아시아적 관점

아시아의 역사가들이 아시아 기독교사 연구에 관심을 가진 것은 1960년대부터였다. 아시아 기독교사 연구에 가장 큰 영향을 끼친 것은 1963년 7월 말부터 9월초까지 6주 동안 싱가포르에서 열린 신학연구 연수회Theological Study Institute였다. 이 연수회는 동남아신학교육재단The Foundation for Theological Eduation in South East Asia이 지원했는데, 주제는 "교회사, 가르치기 그리고 쓰기"였다. 연수회의 목적은 아시아의 역사가들에게 아시아 기독교사를 연구하는 일, 아시아 기독교사에 대한 교육과 역사서술을 자극시키기 위한 것이었다.

이 연수회에서 함부르크 대학교의 저명한 선교역사 교수 스티븐 닐Stephen Neill은 아시아교회들이 서구 중심적 역사 이해를 한다면서 기독교사에 관한 아시아적 관점의 필요성을 강조하였다. 참석자들은 아시아적 시각으로부터 기독교사를 쓰는 문제, 한 나라의 교회사민족교회사는 언제 시작하는가, 언제 교회역사는 선교역사와 구별 되는가 등에 대해 토론하였다.

다시 기독교사가 신학연구 연수회의 주제가 된 것은 1968년 홍콩 중문대학에서 열린 8차 신학연구 연수회에서였다. 이 모임에서 '동남아시아 교회사 및 에큐메닉스학회'South East Asia Society of Church History and Ecumenics가 조직되었다. 또한 아시아 기독교사 문제는 세계교회협의회WCC의 신학교육기금Theological Education Fund과 아시아기독교협의회CCA 주최로 1975년 10월 홍콩에서 열린 아시아 지역 교회사가들의 교회사협의회에서도 논의되었다. 이모임들에서는 아시아의 기독교 역사가들이 아시아교회의 공통경험에 바탕을 둔 아시아적 관점, 사료의 수집과 보존, 아시아 기독교 역사서의 간행을 협의하였다. 아시아 기독교사나 자국 교회사를 가르치거나 연구하는 학자가 소수에 불과한 상황에서, 이 협의회는 선교사들과 서구 학자들에게 아시아 기독교사 연구를 맡겨서는 안 된다는 점을 깨닫게 해주었다는 점에서 큰의의를 지닌 것이었다. 이 모임에서 '아시아교회사연구회'Society for the Study of Church History in Asia가 조직되었다. 그러나 이 학회들의 후속 모임은 이루어지지 않았다.

그 후 다시 아시아 기독교사 서술 문제를 논의한 것은 1983년 제네바에서 열린 '제3세계교회사연구운영위원회'Working Commission on Church History in the Third World였다. 이 위원회는 기독교사 서술의 원칙을 제시했는데, 새로운 교회사는 2차 세계대전 후 제3세계 교회들이 찾고 있는 자아 및 자기표현을 서술해야 하고, 제3세계의 현실을 알고 경험한 제3세계의 교회사들에 의해 서술되어야 하며, 교회의 억눌린 그룹과의 새로운 관계를 서술해야 한다는 것등이었다. 이 모임은 서구 학자들의 강의를 들었던 1963년 싱가포르의 신학연구연수회보다 진일보한 모임이었다. 제3세계교회사연구운영위원회는 1989년 런던 모임에서 라틴 아메리카, 아프리카, 아시아 기독교의 역사를 세 권으로 펴내기로 하고 집필자를 선정했다. 아시아 기독교사는 아직까지 출간 되지 않았다.

그동안 아시아 지역의 많은 연구자들이 학회나 아시아 기독교사 통사 집 필을 통해 아시아 기독교사를 연구하고 가르치는 일에 나섰지만 성공하지 못 했다. 이런 여건에서 1999년 동아시아 기독교사가들을 중심으로 '동북아기 독사학협의회'가 조직되었으며, 2011년에는 서울에서 한국의 기독교 역사가 들을 중심으로 '아시아기독교사학회'가 창립되었다. 1960년대 초부터 아시 아 기독교회사를 강의하고 책을 펴낸 이장식 박사, 홍콩 소재 아시아 기독교 고등교육재단 책임자로 일한 서광선 박사, 아시아기독교협의회 총무를 역임 한 안재웅 박사 등의 하객들이 참석한 가운데 서울 새문안교회에서 창립된 아시아기독교사학회는 "우리는 아시아기독교사학회의 창립이 아시아 기독 교의 역사와 신학을 연구하는 국내외 연구자들에게 자극과 격려가 되고, 앞 으로 이 학회가 아시아 기독교에 관심을 가진 전 세계 연구자들에게 학문적 교류와 공동연구의 중심이 되기를 기대한다"고 선언하였다. 아시아기독교사 학회의 창립은 한국에서 아시아 기독교사의 공동연구를 알리는 첫 신호였다.

선교 역사로부터 교회사로

소수의 선구적 역사가들을 통해 아시아 기독교사 과목이 우리나라 신학 교에서 개설되고 연구되기 시작한 것은 1960년대부터였다. 1973년 서울에 서 간행된 김광수의 『아시아 기독교 확장사』나 이장식의 『아시아고대기독 교사』1990는 한국에서도 아시아 기독교사에 대한 개인 연구자들이 등장했음 을 보여주는 것들로, 아시아 기독교사 연구에서 주목받아야 할 선행 업적들

이다.[1] 그후 사무엘 H. 마펫Samuel Hugh Moffett, 마삼락의 『아시아기독교회사』 I,
II1996, 2008가 김인수의 번역으로 간행되었다.[2]

아시아 기독교사 쓰기는 자국 기독교사 서술로부터 시작되었다. 아시아
사람으로서 자국 기독교사를 주제로 가장 먼저 박사학위 논문을 쓴 사람은
백낙준이었다. 그가 예일대학에 논문을 제출한 해는 1927년이었다.[3] 인도에
서는 1935년 인도교회사학회가 조직되었다. 인도교회사학회는 1973년에 새
로운 시각에서 여섯 권으로 된 인도 기독교사 집필을 계획하고, 기독교의 역
사는 인도 국민의 사회문화적 역사의 통합된 일부이며, "그 역사는 그러므로
인도 기독교인에 초점을 두어야 한다"는 지침을 세웠다. 인도에서 이러한 논
의는 1950년대부터 이루어졌다. 인도는 아시아에서는 기독교사 서술의 패
러다임 전환 문제를 가장 먼저 논의하고, 기독교사의 공동 집필을 가장 앞서
시도한 나라이다. 인도교회사 시리즈는 1982년 첫 권을 간행한 후 현재까지
제5권을 간행했다. 2007년 간행된 존 웹스터John Webster의 『기독교 사회사:
1800년 이후 서북인도』A Social History of Christianity North-west India Since 1800도 원
래는 인도교회사학회의 6권짜리 인도교회사로 계획된 것이었다.[4] 이 작업은
아직도 진행 중인데, 필자나 내용에서 가톨릭, 도마교회, 프로테스탄트의 역
사를 포괄하고 있다.

중국 기독교의 역사 연구에는 대만과 홍콩, 유럽과 미국의 이름난 역사가

---

1) 김광수, 『아시아 기독교 확장사』 (서울: 기독교문사, 1973); 이장식, 『아시아고대기독교사:
   1-16세기』 (서울: 기독교문사, 1990).
2) 사무엘 H. 마펫, 김인수 역, 『아시아 기독교회사: 초대교회부터 1500년까지』, 1권 (서울: 장로
   회신학대학교 출판부, 1996); 『아시아 기독교회사: 1500-1900』, 2권 (서울: 장로회신학대학
   교 출판부, 2008).
3) L. George Paik, *The History of Protestant Missions in Korea, 1832-1910* (Pyeng Yang:
   Union Christian College Press, 1929); 백락준, 『한국개신교사: 1832-1910) (서울: 연세대학
   교, 1973). 그의 박사학위 논문(1927)은 영문판(1929)과 한글번역본(1973)으로 출간되었다.
4) John C. B. Webster, *A Social History of Christianity: North-west India since 1800* (New
   Delhi: Oxford University Press, 2019).

들이 참여하고 있다. 최근에는 중국 본토에서도 연구가 진행되고 있다. 홍콩과 타이완의 연구자들은 1970년대부터 선교사 중심의 선교 역사로부터 중국인 중심의 중국 기독교의 역사로 기독교사 서술의 패러다임을 바꾸는 문제를 논의했다. 중국 근현대사 연구에서 이러한 패러다임 전환의 필요성을 강조한 것은 폴 코헨Paul A. Cohen 교수였다. 코헨은 "중국을 중심에 둔 중국사" 접근법을 제안하였다.[5]

한국교회사 서술의 패러다임 전환 문제는 1969년 민경배 교수의 논문 "선교사냐 민족사냐?"에서 제기되었다. 그는 『한국기독교회사』1972에서 한국교회사가 아직까지 "민족교회사"의 입장에서 취급되어 오지 않았다면서 "선교사적宣教史的 역사방법론은 가능한 한 피했다"고 밝혔다. 그가 말하는 민족교회사의 입장이란 "한국교회를 주체로 해서 취급하는" 그리고 자료로서는 "한국교회 쪽의 고백과 증언"을 중시하는 입장이었다. 기독교사 서술에서 선교 역사로부터 교회사로의 패러다임 전환은 인도, 한국, 중국, 인도네시아 등 아시아 전역에서 이루어지고 있는 현상이다.

아시아 기독교사 자료실

1963년 싱가포르에서 열린 신학연구연수회에서 스티븐 닐은 아시아에서의 아시아 기독교회사 연구의 문제점으로 문헌의 부족을 언급하였다. 이 문제는, 아시아 기독교사 아카이브가 서구국가들에 있기 때문에 아시아 학자들이 접근하기 어려운 것과 관련된다. 이 문제의 해결책은 아시아 신학교에 교회사 센터를 설립하는 것인데, 이를 가장 먼저 실현한 것은 치앙마이 소재 파얍대학교 아카이브였다. 1978년 설립된 파얍대학교 아카이브는 태국기독교

---

5) Paul A. Cohen, *Discovering History in China. American Historical Writing on the Recent Chinese Past*(New York: Columbia University Press, 1984).

단의 사료를 수집, 소장하는 기관으로 자료의 수집과 보관상태가 양호하다. 2001년 설립된 싱가포르 트리니티 신학대학의 아시아기독교연구센터는 동남아시아 기독교사 사료를 수집, 정리하고 있으며, 동남아시아 기독교 사료를 인터넷을 통해 접근할 수 있는 다큐멘테이션 웹사이트를 운영했으나 현재는 운영이 중단된 상태다. 그밖에도 중국 기독교 문헌을 소장하고 있는 홍콩 침회대학교의 스페셜 콜렉션 및 아카이브, 인도네시아 족자카르타 소재 이그나티우스 칼리지 도서관, 인도 뱅갈로르 소재 유나이티드 신학대학과 다르마람 칼리지 도서관은 아시아 기독교사 연구를 위해서 방문해야 할 도서관들이다. 아시아 기독교사 연구문헌은 동남아시아 기독교사 전문가 존 록스보로John Roxborogh의 홈페이지http://roxborogh.com, 또한 UCLA 옥성득 교수의 한국교회사 영문 웹사이트http://koreanchristianity.cdh.ucla.edu를 통해서도 찾아볼 수 있다.

아시아기독교사 연구에서 아시아의 범주

지금까지 아시아기독교사 연구자들은 아시아의 범주를 어떻게 이해했을까? 앞서 언급한 싱가포르에서 열린 신학연구 연수회는 "교회사, 가르치기 그리고 쓰기"Church History Teaching and Writing라는 주제로 열렸는데, 아시아 교회들에서 교회사를 강의하는 교수들이 함께 모여 장시간 동안 아시아 기독교사의 연구와 서술 문제를 토론했다는 점에서 아시아기독교회사 연구에서 획기적인 모임이었다. 아시아 10개 나라에서 온 신학교의 교회사 교수들 30여 명이 참석했는데, 참석자 중 현재까지 알려진 이는 필리핀에서 선교사로 활동하고 있던 33세의 제럴드 H. 앤더슨Gerald H. Anderson, 29세의 민경배 교수연세대와 36세의 도히 아키오 교수일본 도시샤대세 사람이다. 앤더슨에 의하면, 참가자들은 아시아적 시각으로 쓰여진 교회사 통사가 필요하다는 것, 이런 책은 서양 독자를 위해서 그리고 서양에서 저술된 역사들과는 시기 구분과 강조점에서 달라야 한다는 것 등을 토론하였다. 여기서 아시아의 범주 문제는 논의되지 않았다.[6]

그후 아시아기독교사와 관련된 모임은 동남아신학교육재단이 주최한 신학연구 연수회1968, WCC 신학교육기금과 아시아교회협의회가 공동 주최한 교회사협의회1975, Ecumenical Association of Third World TheologiansEATWOT 제3세계교회사 운영위원회가 주최한 교회사 협의회1983-89를 통해서 계속되었다. 이 모임들에서는 주로 아시아의 기독교 역사가들이 모여 아시아교회의 공통경험에 바탕을 둔 아시아적 관점, 사료의 수집과 보존, 아시아기독교 역사서의 간행 문제 등을 협의하였다. 아시아기독교 역사서의 집필을 구체적으로 협의하면서 자연스럽게 아시아의 범주가 떠올랐다.

아시아기독교사의 집필 문제는 신학교육기금Theological Education Fund, TEF과 아시아기독교협의회Christian Conference of Asia, CCA 주최로 1975년 10월 11일부터 13일까지 홍콩에서 열린 아시아 지역 교회사가들의 교회사협의회에서 처음으로 구체적으로 논의되었다. 회의에서는 아시아의 범주를 CCA 가입 교회가 속한 국가들을 중심으로 아시아를 서쪽에 있는 국가들파키스탄, 인도, 방글라데시, 네팔, 스리랑카, 북쪽에 있는 국가들중국, 한국, 대만, 홍콩, 일본, 남쪽에 있는 국가들버마, 인도차이나 지역, 태국, 말레이시아와 싱가포르, 필리핀, 인도네시아, 오스트레일리아와 뉴질랜드로 분류하였다. 이 협의회에서 *Christianity in Asia: A Historical Sketch*를 집필하기로 하고 집필대상 국가를 정했다.인도, 네팔, 파키스탄, 스리랑카, 방글라데시, 인도네시아, 필리핀, 태국, 인도차이나, 버마, 말레이시아/싱가포르, 중국/홍

---

6) 제럴드 H. 앤더슨이 연수회 참석 소감을 쓴 짧은 글("Asian Studies in Church History," *The Christian Century*. October 23, 1963: Kim Heung Soo, "Approaches to the Historiography of Asian Christianity," *Asian Christian Review* (Summer 2013) 참조.

콩, 일본, 한국, 타이완, 오스트레일리아, 뉴질랜드

이 무렵 한국에서는 김광수金光洙가 『아시아기독교 확장사』1973를 펴냈다. "이 책의 간행을 계기로 한국교회의 더 많은 관심이 아시아기독교사 연구"에 집중되기를 바라면서 펴낸 『아시아기독교 확장사』는 동방기독교의 확장, 중국, 일본, 인도, 실론, 버마, 인도차이나 지역, 말레이시아, 인도네시아, 필리핀 등의 기독교 역사를 다루었다. 1981년에는 인도네시아에서 활동하던 화란 선교사 Th. 반 덴 엔드가 『아시아교회의 역사』*Sejarah Gereja Asia*를 간행하였다. Th. 반 덴 엔드의 책은 인도, 중국, 일본, 시베리아, 오스트레일리아를 포함하였다[7] 1984년에는 도쿄의 국제기독교대학 아시아문화연구소가 『아시아그리스도교 비교 연표』*Comparative Chronology of Protestantism in Asia*를 간행하였다. 이 책은 1792년부터 1945년까지 유럽과 북미, 일본, 한국, 중국, 필리핀, 인도네시아, 인도에서 일어난 중요한 교회사와 일반사 사건을 연도별로 비교하였다.

아시아의 교회사가들과 아시아기독교사를 공부하는 서구의 연구자들 중에서 가장 체계적인 책을 낸 사람은 사무엘 마펫Samuel H. Moffett이다. 그는 『아시아기독교회사』 서문에서 '아시아 기독교'라는 용어는 로마제국을 벗어나 유프라테스강 동쪽의 고대 동양의 왕국들로 퍼져나간 기독교를 일컫는다고 설명하였다. 이런 관점에서 아시아는 대략 유프라테스강 동부와 러시아 남부의 아시아로 임의적으로 제한되었다. 이처럼 이 책은 아시아 전역에 걸쳐 기독교의 상세한 역사를 제공하지만, 서아시아에 집중되어 있다. 그런데

---

7) *Sejarah Gereja Asia*의 목차를 한글로 번역하면 다음과 같다. 1. 서론, 2. 이슬람 전래 전 아시아 기독교 역사, 3. 몽골과 칼리프 시대의 아시아교회, 4. 1500년 이전의 중국교회 역사, 5. 구 아시아와 현아시아 교회간의 연속성, 6. 16-18세기 로마 가톨릭의 선교, 7. 17-18세기 아시아에서의 개신교 선교단체, 8. 19-20세기 선교단체: 개관. 9. 인도에서의 개신교 복음전파. 10. 19-20세기 중국 개신교사. 11. 현대 일본에서의 개신교사: 우찌무라 간조와 가가와 도요히코. 12. 북아시아 지역의 복음전파(시베리아). 13. 오스트레일리아와 오세아니아 복음전파사.

사무엘 마펫은 아시아 기독교라는 용어를 엄밀한 지리적 의미가 아니라 문화적 의미에서 사용하고 있다고 밝힌다. 베들레헴, 예루살렘, 안디옥, 아르메니아 등은 지리적으로는 모두 아시아에 있으나 정치적인 면과 많은 부분 문화적인 면에서 그들은 오히려 서방에 속하였다는 것이다.

사무엘 마펫은 2005년에 펴낸 『아시아기독교회사II』에서 한번 더 '아시아'는 무엇을 의미하는가 이야기하는데, '아시아'라는 용어는 국제연합UN에서 러시아라 명명한 지역을 제외한 지중해로부터 태평양에 이르는 전 지역을 포괄하는 것으로 규정한다. 달리 표현하자면, 아시아 대륙을 네 지역, 즉 동아시아극동, 남아시아, 서아시아중동, 러시아 영토인 북아시아로 나누는 국제연합의 구분을 대체적으로 따르지만, 현재의 러시아공화국이며 때로 유라시아라 불리는 옛 소비에트연방의 북부 지역들은 제외하였다.

존 잉글랜드John C. England가 저술한 『아시아 기독교의 숨겨진 역사』*The Hidden History of Christianity in Asia: The Churches of the East before 1500*의 핵심은 1부인데, 여기서 '아시아'는 시리아에서 동쪽으로, 카스피해에서 북동쪽 캄차카 그리고 남동쪽 자바까지 이어지는 전 지역을 의미한다. 이 책은 시리아와 메소포타미아의 기독교가 2세기 후반까지 아라비아, 박트리아아프가니스탄, 북과 남인도에, 8세기까지는 중앙아시아, 중국, 수마트라, 일본에, 적어도 12세기까지는 버마, 몽골, 티베트, 자바에 세워지는 과정을 추적한다. 존 잉글랜드의 *Cranes ever Flying: Introductions to Asian Christian History and Theology* 2020 역시 1, 2세기에 팔레스타인 교회와 시리아 교회가 동쪽으로 메스포타미아, 그리고 중앙아시아, 남부, 동아시아로 전파되기 시작했다면서 그후 20세기까지의 아시아기독교의 장구한 역사와 연속성을 강조한다.

존 잉글랜드chief editor와 서광선 교수 등 6명이 공동 편찬한 『아시아의 기독교신학들』*Asian Christian Theologies: A Research Guide to Authors, Movements, and*

*Sources*은 2002-2004년 사이에 간행되었다. 아시아의 상황신학에 대한 포괄적인 안내서인 이 책은 국가별 역사, 문화에 대한 소개뿐만 아니라 교회사가를 포함한 가톨릭과 프로테스탄트 신학자들의 저작을 간단히 소개하고 있어서 아시아기독교사 연구자들을 이해하는 데 유용하다. 여기서 아시아는 서부의 아프가니스탄, 동북부의 일본, 남부의 오스트랄라시아즉, 지역의 에큐메니컬 네트워크에 상응해서 사이의 모든 국가를 지칭한다면서 남아시아, 동남아시아, 동북아시아 지역의 신학을 소개하는데 1권에서 남아시아방글라데시, 인도, 네팔, 파키스탄, 스리랑카를 소개하면서 Austral Asia아시아의 남쪽이라는 뜻: 아로테아로아 뉴질랜드, 오스트레일리아를 포함시켰다.

2001년에는 스코트 선퀴스트Scott W. Sunquist 교수 주도하에 『아시아기독교사전』Dictionary of Asian Christianity이 간행되었다. 이 사전은 아시아기독교의 중요한 인물과 사건, 기독교 단체 등 아시아기독교사 및 아시아신학에 대한 기초 정보를 제공한다. 교회사가들이 편찬을 시작한 이 사전은 서론에서 아시아의 개념을 이야기하는데, 엄밀히 말하면, 이 사전은 아시아 전체를 커버하지 않는다고 말한다. 아시아는 지형학적으로 말하면 터키에서 시베리아, 남쪽에서 파푸아까지 뻗어 있지만, 이 책은 아시아에 대해 지형학적 또는 지리적 정의를 엄격히 사용하지 않고 대신 문화적 역사적 테스트를 추가하여 아시아의 범위를 결정한다고 서술한다. 서아시아레바논, 팔레스타인, 터키를 포함시키는 문제를 협의했지만, 현대 서아시아인들은 대부분 동양보다는 이슬람과 지중해 세계를 더 많이 중시한다고 판단했다는 말도 한다. 또 편집자들은 이 사전에서 7세기 아랍의 정복 시기까지 서아시아의 페르시아 지역을 다루기로 했으며, 그 시점부터는 파키스탄에서 동쪽으로 이어지는 지역을 다루기로 했다. 러시아는 포함되지 않으며 태평양 제도도 포함되지 않는다. 이것이 다소 자의적으로 보일지 모르지만, 오늘날 아시아의 대부분의 신학교에서 아시아 교회사가 가르치는 방식으로 확인된다는 것이다.

피터 판Peter C. Phan이 편집한 『아시아의 기독교들』*Christianities in Asia*, 2011은 7장에서처럼 베트남, 캄보디아. 라오스, 태국을 한 장에서 다루기는 하나 대체로 나라별로 접근한다. 7장의 경우처럼 지역분할은 각 지역 내 국가 간 공통적이고 겹쳐진 역사와 문화를 부각시킬 수 있도록 하는 반면 국가별 접근방식은 특정 국가에서 기독교의 고유한 특징을 가려낼 수 있는 장점이 있다고 본다. 이 책에서는 '아시아'가 무엇을 의미할까? 필자들은 이 책에서 대륙의 전통적인 지리적 분할을 채택하면서 관례상, '아시아'가 남아시아아프가니스탄, 방글라데시, 인도, 네팔, 파키스탄, 스리랑카, 동남아시아버마/미얀마, 캄보디아, 인도네시아, 말레이시아, 라오스, 필리핀, 싱가포르, 태국 및 베트남, 동북아시아홍콩을 포함한 중국, 마카오, 일본, 한국, 몽골, 시베리아, 타이완, 티베트, 그리고 서남아시아근동 및 중동의 국가들을 포함한다고 본다. 중앙아시아는 상대적으로 적은 수의 기독교도를 감안하여 이 책에서는 일부만 다루었다.

이상 살펴본 대로, 아시아의 범주는 대체로 아시아기독교협의회의 가입이나 국제연합의 아시아 구분이 기준이 되고 있으나 사무엘 마펫의 경우처럼 문화의 공유 차원을 고려하는 경우도 있다. 중동국가들, 뉴질랜드와 오스트레일리아, 시베리아를 아시아기독교사에 포함시키는 문제는 앞으로의 범주논의에서 더 토의해 보아야 할 문제들로 보인다.

아시아 기독교사 약사, 연구서

안교성_장로회신학대학교 교수

아시아교회의 역사가 유구함에도 불구하고, 막상 이런 역사를 다룰 아시아 기독교사는 발전이 더디었다. 다행인 것은 20세기말을 거쳐 21세기에 들어서면서, 아시아 기독교사가 보다 본격적으로 추진되기 시작했다는 사실이다. 본서 역시 이런 전반적인 흐름의 일부라고 말할 수 있다. 구체적인 아시아 기독교사는 본서를 읽어가면서 확인하겠지만, 아시아교회의 시간적 공간적 맥락이 워낙 방대한 만큼 책의 서두에 아시아 기독교의 전반적인 상황을 몇 가지 간단하게 소개하는 것이 독자들에게 도움이 되리라고 여겨진다. 첫째, 아시아교회가 지난 2천 년간 어떻게 전개되었는지, 그 과정을 요약한다. 둘째, 최근의 아시아 기독교사 연구물 가운데 주목할 만한 것들을 소개한다. 아

울러 본서가 방대한 역사를 다루는 만큼, 용어 및 약어에 유의하면서 읽어나
갈 것을 권한다.

아시아 교회의 전개

기독교는 과연 '기독교가 아시아 종교냐?' 하는 유구한 질문과 더불어 역
사를 이어왔다고 해도 과언이 아니다. 그러나 기독교는 선교 역사를 통해 아
시아 종교를 넘어 세계 종교로 자리매김했다. 그런데 근현대 이후 기독교는
주로 근현대서구선교운동을 통해 확산되는 과정에서 세계 종교라기보다는
서구 종교로 이해되기 시작했고, 오늘날까지 그런 인상이 완전히 불식되지
않은 것도 사실이다. 여하튼 기독교가 초기부터 동서남북으로 복음을 전파
하면서 확산되어 나갔고, 동쪽도 예외가 아니었다는 점을 잊어서는 안 될 것
이다. 오히려 최초의 기독교 국가는 아시아 국가였다는 사실이 좋은 사례라
고 할 수 있다. 다른 사례를 하나 더 든다면, 최근 들어 기독교 신학이 지나치
게 서구 신학 중심이라는 비난이 이어져 오지만, 기독교의 핵심 교리를 확정
한 '에큐메니칼 공의회'들은 대부분 근동 지역에서 개최되었고, 아시아 신학
자들이 주도했다는 사실도 기억할 필요가 있다.

기독교의 세계 확산 가운데 특히 동진 현상 곧 아시아를 향한 확산 과정을
간단히 요약해보자. 아시아 선교의 역사는 여러 가지로 나눌 수 있지만, 선교
주체를 중심으로 크게 3단계로 나눠볼 수 있다. 기독교 초기부터 몽골제국
멸망까지의 아시아교회에 의한 육로 선교, 명나라 등장 이후 제2차 세계대전
종전까지의 서구교회에 의한 해로 선교, 그리고 20세기 후반 이후의 세계 교
회에 의한 다양한 경로를 통한 선교 등.

기독교는 근동 지역에서 시작되어 아시아의 여러 권역으로 뻗어나갔다.
즉 중동 지역/서남아시아를 거쳐 북쪽으로는 중앙아시아, 동아시아로 나아

갔고, 남쪽으로는 남아시아, 동남아시아로 나아갔다. 북방 노선을 통한 선교에 있어서는 실크로드의 종착지인 한국신라와 그 너머 일본까지 선교되었을 가능성도 거론된다. 여하튼 아시아 기독교사 연구 결과를 종합하면, 이미 중세에 기독교 공동체는 물론이고 심지어 대주교구가 설립된 곳도 적지 않았다. 비록 이런 교회 중 상당수가 이후에 쇠퇴하고 말았지만 말이다. 당시는 주로 육로를 통해 선교가 이뤄졌다. 만일 역사적 가능성은 낮지만 사도 도마의 인도와 중국 선교 등도 고려한다면 해로를 통해서도 선교가 이뤄졌을 것이다. 당시 연대기는 구체적으로 확정하기 어려운 부분도 많지만, 전체적인 윤곽을 그리는 데는 큰 무리가 없다. 이 시기의 선교를 담당한 대표적인 교회는 동방시리아교회East Syrian Church로, 기존에는 주로 네스토리우스파 교회Nestorian Church로 알려졌고, 중국식으로는 경교景教라고 불렸다. 이후 몽골제국의 종교 관용 정책을 통해, 가톨릭교회도 몽골에 진출하여 기독교 종파 복수複數 시대를 열었다.

이후 몽골제국의 일부이고 중국의 정복왕조인 원나라가 한족 중심의 명나라에 의해서 멸망한 뒤, 기독교의 육로 선교는 사실상 중단되었다. 그러나 때마침 서양의 소위 '대항해시대'가 열리면서 아시아 선교가 재개되었는데, 주로 해로를 통해 선교가 이뤄졌다. 이 시기는 불행하게도 서구 식민시대로 이어지면서, 결국 선교와 식민주의라는 역사적 굴레를 쓰게 되었다. 이 시기의 선교를 담당한 대표적인 교회는 로마가톨릭교회와 개신교회였다. 한편 러시아의 국내 식민화 즉 시베리아 방향의 동진 과정에서 육로를 통해 선교가 이뤄졌고, 당시 선교를 담당한 교회는 러시아정교회였다. 러시아정교회는 시베리아를 넘어, 동아시아 곧 중국, 일본, 한국은 물론이고 나아가 아메리카 대륙 북서부오늘날 알래스카까지 진출했다.

제2차세계대전 종전 이후, 혹은 이미 1910년 '에딘버러세계선교대회'를 전후하여, 아시아교회가 다시 선교에 적극적으로 참여하기 시작하였다. 그리고 선교의 개념도 선교의 주체도 확대되었다. 즉 오늘날은 아시아교회와 서구교회를 포함하여 전 세계의 교회들이 선교에 동원되면서, 세계 교회가 참여하는 선교, 자기 지역을 스스로 선교하는 선교, 모든 곳에서 모든 곳으로 향하는 선교, 이주에 의한 디아스포라 선교, 협력을 통한 동역 선교, 모든 영역을 선교로 삼는 하나님의 선교 등이 이뤄지고 있다. 한국교회의 경우도, 한국 선교사 절반가량이 아시아에서 사역하고 있다.

오늘날 아시아교회의 판도는 복잡다단하여, 만화경과 같다. 아시아에는 다양한 역사를 지닌 교회들이 공존한다. 초기 아시아 선교 운동을 통해 설립된 교회, 근현대 서구 선교 운동을 통해 탄생된 교회, 아시아교회의 민족복음화 운동 및 세계 선교 운동을 통해 생겨난 교회 등이다. 따라서 아시아교회는 다층적, 다면적 차원이 있다.

아시아교회와 관련된 최근의 가장 주목할 만한 변화는 비서구교회의 대두 혹은 기독교의 중심重心의 전환The Shift of the Center of Gravity of Christianity 현상이다. 20세기초까지만 해도 세계 기독교 인구 2/3가 서구인이었는데, 20세기 후반에 들어서면서 역전 현상이 벌어졌다. 이제 더이상 기독교를 서구 종교라고 부를 수 없다. 사실 세계 기독교사를 상세히 들여다보면, 기독교는 1세기부터 10세기 중반923년까지 비서구 기독교 인구가 서구 기독교인보다 많았고, 10세기 중반부터 20세기 후반1981년까지 역전 현상이 벌어졌는데, 20세기 후반에 원상태로 돌아갔다.[8] 오늘날 세계 기독교의 추세를 살펴보건데, 이런 현상이 다시 뒤집힐 가능성은 적어도 당분간은 거의 없다고 해도 과언

---

8) Todd M. Johnson & Kenneth R. Ross, eds., *Atlas of Global Christianity, 1910-2010* (Edinburgh: Edinburgh University Press, 2009), 51.

이 아니다.

주목할 만한 아시아 기독교사 연구물

위에서 20세기말 특히 21세기 이후 아시아 기독교사 연구가 활발히 이뤄졌다고 말했다. 따라서 관련 연구를 소개하는 것만도 또 하나의 연구가 될 정도로 방대하다. 여기서는 사전, 지도 등 참고서류와 대표적인 단행본 위주로 가장 요긴한 것들만 몇 가지 소개하기로 한다.

첫째, 사전 등 참고서류이다. 스코트 선퀴스트가 편집하고 싱가포르 트리니티 신학대학Trinity Theological College in Singapore에 재직 중 시작하여 후에 완성한 『아시아 기독교 사전』DAC, 2001은 아시아 기독교 연구에 이정표적인 연구물로 아시아 기독교 연구자에게는 필수적인 참고서라고 할 수 있다.[9] 이후 아시아 혹은 비서구 관련 사전 등 참고서류가 유행처럼 출간되고 있다. 연구할 때 가까이 둘 만한 것들로는 펠릭스 윌프레드가 편집한 『옥스포드 아시아 기독교 핸드북』2014, 케네스 로스가 편집한 『동아시아 및 동남아시아 기독교: 에딘버러 세계 기독교 입문서』2020 등이 있다.[10] 마크 램포트가 편집하고 비서구 기독교 전반을 다룬 『남반구 기독교 백과사전』2018도 아시아교회들을 소개하고 있어 유익하다.[11] 호프 안톤 등이 편집하고 아시아 신학교육을 다룬 『아시아 신학교육 핸드북』2013도 신학교육 상황뿐 아니라 아시아 각국 교회 상황을 요약 소개하고 있어 빼놓을 수 없다.[12] 최근에는 인터넷을 통한 참

---

9) Scott W. Sunquist, ed., *A Dictionary of Asian Christianity* (Grand Rapids, Michigan; Cambridge, UK: Wm. B. Eerdmans, 2001).

10) Felix Wilfred, ed., *The Oxford Handbook of Christianity in Asia* (Oxford: Oxford University Press, 2014); Kenneth R. Ross, Francis D. Alvarez SJ and Todd M. Johnson, eds., *Christianity in East and Southeast Asia: Edinburgh Companions to Global Christianity* (Edinburgh: Edinburgh University Press, 2020).

11) Mark A. Lamport, ed., *Encyclopedia of Christianity in Global South* (Lanham; Boulder; New York; London: Rowman & Littlefield, 2018).

12) Hope Antone, Wati Longchar, Hyunju Bae, Huang Po Ho and Dietrich Werner, eds.,

고서류도 다양하게 제공되고 있다. 그중에서 무료로 사용할 수 있는 것은 『아프리카 기독교인 전기 사전』을 모델 삼아 제작된 『중국 기독교인 전기 사전』 2006년 개설을 들 수 있다.[13]

둘째, 사전과 더불어 요긴한 참고서가 바로 지도이다. 역사가 시간과 공간의 양축 안에서 전개되기 때문에, 사건의 공간적 이해를 위해서는 지도가 큰 도움이 된다. 소개할 만한 것으로는 다음과 같은 것들이 있다. 2010년 에딘버러 세계선교대회 100주년 기념사업의 일환으로 출간된 『세계 기독교 지도』 2009가 대표적이다.[14] 아시아가 다종교 사회인 만큼, 『종교: 지도로 본 세계 종교의 역사』 1999; 번역본 2005도 유익하다.[15] 또한 아시아 기독교의 배경지식을 위해서 김호동의 『아틀라스 중앙유라시아사』 2016도 다양한 도움을 제공한다.[16]

셋째, 대표적인 최근 단행본을 몇 권만 소개하기로 하자. 먼저 아시아 신학을 다뤘지만 동시에 일종의 아시아 기독교사 개관 역할도 하는 『아시아 기독교 신학들』 Asian Christian Theologies: A Research Guide to Authors, Movements, Sources 전 3권을 빼놓을 수 없다.[17] 또한 아시아에 집중한 단행본으로는 다음과 같은 것들을 소개할 수 있다. 크리스토프 바우머의 『실크로드 기독교: 동방교회의

Asian Handbook of Theological Education: Regnum Studies in Global Christianity (Oxford: Regnum, 2013).

13) http://www.bdcconline.net. 이 프로젝트(Biographical Dictionary of Chinese Christianity)는 영어 및 중국어판이 있다.

14) Todd M. Johnson & Kenneth R. Ross, eds, Atlas of Global Christianity, 1910-2010. (Edinburgh: Edinburgh University Press, 2009).

15) 프랭크 웨일링(Frank Whaling) 외 11인, 니니안 스마트(Ninian Smart) 편, 김한영 역, 『종교: 지도로 본 세계 종교의 역사』(Atlas of the World's Religions) (서울: 갑인공방, 2005). 영어판은 1999년에 출간되었다.

16) 김호동, 『아틀라스 중앙유라시아사』 (파주: 사계절, 2016).

17) John C. England et al., eds., Asian Christian Theologies: A Research Guide to Authors, Movements, Sources, Vols. I-III (New Delhi: ISPCK, Quezon City : Claretian Publishers ; Maryknoll, N.Y. : Orbis Books, 2002, 2003, 2004).

역사』2005; 번역본 2016는 아시아 기독교 전체를 조망하는데 도움이 된다.[18] 비교적 잘 알려지지 않았던 중동 지역 이슬람 통치하의 기독교에 대해서는 시드니 그리피스의 『이슬람 세계 속 기독교』2008; 번역본 2019가 많은 정보를 제공한다.[19] 위에서 이미 소개한 학자 선퀴스트의 『아시아 기독교 탐구: 역사 신학 선교』2017; 번역본 2018도 좋은 입문서이다.[20] 서구학자로 아시아 기독교 전문가인 리차드 영과 조나단 사이츠가 편집한 『기독교 구성에 있어서 아시아: 회심, 행위자 및 토착성, 1600년대부터 현재까지』2013, 아시아학자인 피터 판의 『아시아 기독교: 역사, 신학, 실천』2018도 참고할 만하다.[21] 그리고 아시아 에큐메니칼운동을 다룬 나이난 코쉬Ninan Koshy의 『아시아 에큐메니칼 운동사』A History of the Ecumenical Movement in Asia 전 2권도 눈여겨봐야 한다.[22] 이와 더불어 역시 위에서 소개한 한국의 일반사가인 김호동의 『동방 기독교와 동서문명』2002도 학제적인 관점에서 관심을 가질 필요가 있다.[23]

이밖에 아시아를 포함한 비서구 기독교를 다룬 책들도 몇 가지 살펴볼 필요가 있다. 클라우스 코쇼르케가 편집하고 서구의 대항해시대 이후기를 다루

---

18) 크리스토프 바우머(Christoph Baumer), 안경덕 역, 『실크로드 기독교: 동방교회의 역사』(The Church of the East) (서울: 일조각, 2016). 독일어판은 2005, 영어판은 2006년에 출간되었다.
19) 시드니 H. 그리피스(Sidney H. Griffith), 서원모 역, 『이슬람 세계 속 기독교: 초기 아랍 그리스도교 변증가들의 역사 이야기』(The Church in the Shadow of the Mosque: Christians and Muslims in the World of Islam) (서울: 새물결플러스, 2019). 영어판은 2008년에 출간되었다.
20) 스코트 선키스트(Scott W. Sunquist), 이용원 역, 『아시아 기독교 탐구: 역사 신학 선교』(Explorations in Asian Christianity: History, Theology, and Mission) (서울: 미션아카데미, 2018). 영어판은 2017에 출간되었다.
21) Richard Fox Young & Jonathan A. Seitz, eds., Asia in the Making of Christianity: Conversion, Agency, and Indigeneity, 1600s to the Present, Social Sciences in Asia, Vol. 35 (Leiden; Boston: Brill, 2013); Peter C. Phan, Asian Christianities: History, Theology, Practice (Maryknoll, New York: Orbis, 2018).
22) 나이난 코쉬(Ninan Koshy), 김동선 정병준 역, 『아시아 에큐메니칼 운동사』(A History of the Ecumenical Movement in Asia), I-II (서울: 한국기독교교회협의회, 2006).
23) 김호동, 『동방 기독교와 동서문명』 (서울: 까치글방, 2002).

긴 했지만 아시아를 포함한 비서구 기독교 연구의 중요성을 강조한 『아시아, 아프리카, 라틴아메리카 기독교 역사, 1450-1990』2007을 들 수 있는데, 이것은 원사료를 발췌한 모음집으로 필독서 중 하나이다.24) 김창환 부부의 『세계 종교로서의 기독교』2007는 아시아 기독교를 5지역으로 나눠서 요약 소개하면서, 아시아에 오스트랄라시아Australasia, 오스트레일리아와 뉴질랜드 및 인근 도서와 오세아니아 지역을 포함한다.25) 참고로 오스트레일리아 및 뉴질랜드의 교회가 20세기 후반부터 자신들의 아시아적 정체성을 강조하면서 아시아 에큐메니칼 운동 특히 아시아기독교협의회Christian Conference of Asia, CCA에 참가하고 있다는 사실도 기억할 필요가 있다. 한편 필립 젠킨스는 그의 『신의 미래: 종교는 세계를 어떻게 바꾸는가?』2002; 번역본 2009를 통해 아시아교회를 포함한 비서구 기독교의 대두를 널리 알린 바 있고, 이어서 그동안 비서구 기독교의 역사가 소외되어 온 점을 강조하는 『기독교의 잃어버린 역사』2008도 출간하였다.26) 이외에도 각 단원의 참고문헌에 아시아 기독교사와 관련된 핵심적인 연구물들, 특히 최근의 연구물들을 집중적으로 소개했다. 최근 들어 한국 학자 특히 선교사 학자missionary scholar들에 의하여, 수준 높은 연구가 이뤄지고 아시아 기독교사 관련 서적들도 속속 번역되고 있는데, 매우 고무적인 일이다. 본서의 본문에 직접 소개되지 않은 주요 연구물들도 각 단원의 참고문헌에서 확인할 수 있을 것이다.

---

24) Klaus Koschorke, Frieder Ludwig and Mariano Delgado, eds., *A History of Christianity in Asia, Africa, and Latin America, 1450-1990* (Grand Rapids, Michigan: Wm. B. Eerdmans, 2007).

25) Sebastian Kim and Kirsteen Kim, *Christianity as a World Religion* (London: Continuum, 2007).

26) 필립 젠킨스(Philip Jenkins), 김신권 최요한 역, 『신의 미래: 종교는 세계를 어떻게 바꾸는가?』(*The Next Christendom: The Coming of Global Christianity*) (서울: 웅진씽크빅, 2009) 영어판은 2002년에 출간되었다. 또한 그의 *The Lost History Christianity: The Thousand-Year Golden Age of the Church in the Middle East, Africa, and Asia-and How It Died* (New York: HarperOne, 2008).

그리고 최근에는 새로운 연구물은 아니지만, 1차 사료들이 디지털 자료화 digitalization되어 원문 검색이 가능한 것이 급속도로 대규모로 늘고 있다. 따라서 이제 아시아 기독교사 연구의 어려움을 토로하면서 사료 부족 탓만 할 시기는 지나가고 있다고 해도 과언이 아니다.

이상에서 언급한 연구물들을 참고하면, 비교적 최근의 정확한 정보에 접근할 수 있다. 이제 본서와 더불어 아시아 기독교사의 유장한 흐름을 따라가 보자. 그런데 서론을 마치면서 추가로 세 가지 언급할 것이 있다. 첫째, 우리는 지역 역사를 공부할 때, 대개 국가를 단위로 하는 각국사의 형식을 취하고 본서도 그런 구성을 따르고 있다. 그러나 오늘날 아시아 국가들 가운데는 근현대 이후에 설립된 것이 적지 않고, 국가란 흥망성쇠의 과정을 겪는다는 사실을 염두에 둘 필요가 있다. 둘째, 아쉽게도 본서가 아시아의 모든 교회를 소개하지 못했다. 특히 중근동 지역과 중앙아시아 지역을 충분히 다루지 못했는데, 이에 대한 소개는 다음 기회를 기약하기로 한다. 셋째, 한국 기독교사를 포함하여 아시아 기독교사와 관련하여 아직 용어 정리가 제대로 되지 않아 혼란스러운 형편이다. 더구나 각국마다 사용하는 명칭도 달라 더욱 복잡하다. 본서가 아시아 기독교사 관련 용어 정리를 다 할 수는 없고, 장차 이를 위한 별도의 학문적 노력이 필요할 것이다. 본서는 편의상 기존 명칭을 존중하되, 필요 시 각주로 설명하기로 한다. 또한 각국의 기독교 통계는 접근 가능한 범위 내에서 가장 최신 자료를 소개하기로 한다.

1부 • 동아시아 기독교사

중국 기독교 1: 고대 기독교사

김병태_성화감리교회 담임목사, 전 중국 선교사

들어가는 말

한반도에서 기독교가 주요 세력으로 자리를 잡은 것은 지난 세기의 일이다. 그렇기 때문에 한반도의 기독교는 마치 바다를 건너온 종교로 인식되어 왔다. 사실 식민지 시대 이후 반도가 분단된 상태에서 대륙과의 관계가 단절되었기 때문에, 과거 오랜 세월 동안 대륙의 깊은 영향을 받았음이 간과되었던 것이다. 이제 냉전의 북쪽 장벽도 무너지고 있는 마당에 모든 면에서 특히 기독교와 관련해서, 한반도는 유라시아 대륙의 일부였음이 다시 주목을 받고 있다.

우리의 기독교 역사는 분명 중국 기독교사의 연장선상에서 시작되었고 성장하였다. 중국이 유목민에 의한 동서교류의 시대를 지나 본격적으로 서역의 문물과 접촉하게 된 것은 한무제漢武帝의 명을 받고 천산天山 산맥을 북남北南으로 돌아온 장건張騫에 의해 실크로드Silk Road, 비단길가 개척되면서부터이다. 이때로부터 신강新疆 지역과 중부 아시아, 다시 그 배후로는 서쪽으로 서아시아와 남부 유럽, 동쪽으로는 하서주랑河西柱廊을 따라 중원中原 지역으로 한반도가 맞닿게 되어, 더 활발한 정치 경제 문화의 소통을 이루기 시작했다.

그래서 남북조시대南北朝時代를 거쳐 당송원명청唐宋元明淸 시대 그리고 근대 이후의 시기를 지나면서 규모와 형태의 차이는 있으나 끊임없이 동서교류가 이어졌다. 특히 인도양이 개척된 이후 명말청초明末淸初 시기에는 바닷길해로, 해양길을 통한 교류가 대폭 증가하면서 남중국에서의 대규모 문화 유입이 이루어졌다. 중국에 들어온 초기 외래 종교 가운데 대표적인 것은 불교이지만, 당대唐代에 유입된 기독교도 사막길과 해양길을 통해 들어와서 꾸준히 문화적, 사회적, 정치적으로 뿌리를 내리고자 하는 시도를 해 왔다.

당원(唐元) 시대의 기독교

중국대륙에 맨 먼저 도착한 기독교는 동방시리아 기독교이다. 헬라와 로마의 직접적 영향을 받던 안디옥과 달리 에데사Edessa를 중심으로 발전한 동방시리아교회는 서방교회와의 충돌, 페르시아의 박해를 피해 적어도 5세기 말에는 중앙아시아 유목민 사회에 침투한 것으로 보인다. 여기에 주도적인 역할을 한 것은 에베소 회의431에서 정죄된 네스토리우스파Nestorian 기독교였다. 이런 이유로 해서, 한국에서는 동방시리아교회가 오랫동안 네스토리안교회로 불려졌다. 이들은 8세기초 이슬람 세력이 북상하기 이전, 빠르게는 6-7세기에 이미 사마르칸트와 부하라를 중심으로 하는 실크로드의 중심, 소그드인들의 땅에 확실한 발판을 마련하고 있었다.

한편 당唐 태종太宗 시기에 중국은 동북쪽의 고구려와 남쪽의 베트남, 서쪽의 파미르고원 서부지역까지 영향력이 확대되어 대제국을 건설하였다. 이와 더불어 당의 수도인 장안長安, 지금의 서안은 거대한 국제도시로 성장하여 유라시아 세계의 한 축으로 떠올랐다. 그 때문에 불교, 도교 외에 마니교, 조로아스터교 등 외래 종교가 장안으로 유입되어 황금시대를 맞이하게 되었다. 동방시리아 기독교도 소그드 상인들을 따라서 들어 왔다. 이들이 중국에 들어와서는 파사교波斯教, 대진교大秦教 또는 경교景教로 불리게 되었다.

처음 장안에 도착한 사절단과 경교의 발전에 대해서 1625년에 발견된 『대진경교유행중국비』大秦景教流行中國碑781가 많은 정보를 전해주고 있다. 비문에 의하면, 그들은 장안에 도착635년, 唐太宗 9년하여 조정의 성대한 환영을 받은 것이 분명하다. 도착한 후 3년 만에 포교가 인정되어 사원이 지어졌으며, 경전이 번역되었으며, 승려들은 공식적 신분을 가지고 활동하였다. 고종이 즉위한 후에는 조정의 후원을 받아 전국적으로 확산되어 도시마다 사원이 세워질 정도로 부흥하였다. 그러나 몇 차례의 부침을 경험하다가 당말唐末 무종武宗 때인 845년 이후로 경교는 불교와 함께 탄압을 받아 거의 멸절되었거나 지하로 들어갔다.

경교의 쇠퇴는 이슬람 세력의 성장과 국제적인 영향도 있겠지만, 기독교의 독특성을 구현하지 못한 데 가장 큰 원인이 있는 것으로 보인다. 그들은 페르시아교波斯教, 나중에 '경교'로 불렸는데, 사제직은 '경사'景師, 성전은 '경사'景寺, 성도는 '경도'景徒로 부름으로써 현지 문화의 거부감을 피하고자 하였다. 이밖에도 상당 부분은 불교나 도교의 것을 차용하여 자생력이 약화될 수밖에 없었다. 특히 황실과의 밀착 관계 때문에 광범위한 개종 활동을 이루지 못했으며, 사제 중심의 종교에 머물렀다.

당말唐末에 사라진 경교가 다시 지상으로 나온 것은 아시아 대륙을 석권하면서 1251년 금金의 수도 중도中都를 점령한 몽골Mongol 덕분이었다. 물론 돈황敦煌이나 중앙아시아 여러 부족케레이트족, 나이만족, 웅구트족, 위그르족 등의 유적 가운데서 경교의 흔적을 발견할 수 있지만, 색목인色目人, 즉 눈동자 색이 다른 외국인 특히 서구인의 문화에 포용적이었던 몽골 지도부의 도움으로, 서북지역에 강력한 자생력을 가지고 남아 있던 잔존 경교가 다시 힘을 얻었고, 이후로 내륙의 각 지역에서도 부흥하였다. 북경 서북방 삼분산三盆山의 십자사十字寺 유적은 그 열매이다.

재미있는 것은, 쿠빌라이元世祖 재위 중인 1275년경에 십자사十字寺의 수도사였던 마르코스馬忽思가 성지순례를 갔다가 갑작스럽게 총주교로 피선되었는데, 그가 1289년 교황 니콜라이 4세를 만난 이후 이태리 출신 프란시스코회 수도사인 요한 몬테코르비노John of Montecorvino 혹은 Giovanni da Montecorvino, 1247-1328가 중국으로 파견되었다는 사실이다. 1294년 몬테코르비노는 북경大都에 도착하여 원元 정부의 접대를 받았고, 성종成宗은 직접 그를 접견하고 중국에서의 선교활동을 허락하였으며, 천주교당을 열게 해 주었다. 몬테코르비노의 편지문은 중국에서 처음 천주교가 부흥한 사실을 보여주고 있다. 그러나 흑사병으로 인하여 유럽과 초원지대의 기독교가 동시에 커다란 타격을 입고, 또 명明이 등장하면서 중국의 기독교 역시 일단 명맥이 끊기고 말았다.

명말청초(明末清初) 시대의 기독교

1498년 바스코 다 가마Vasco da Gama, 1460년대-1524가 인도항로를 개척하여 고아Goa에 도착한 이후, 1514년 포르투갈 배가 중국 해안에 도착하였다. 명나라는 해금海禁 정책을 폈지만, 포르투갈은 마카오Macao, 奧門를 강점하였다. 그리하여 포르투갈의 대열에 참가하게 된 천주교의 예수회Jesuits 신부들이 마카오에 상륙하였다. 당시 중국은 명말明末의 사회격변기에 강남江南지역을 중심으로 정통사상에 대한 도전의 분위기가 유행하였으며, 예수회 신부들이 그곳에 접맥되었다. 여기에 가장 중요한 가교架橋 역할을 한 인물이 마테오 리치Matteo Ricci, 利瑪竇, 1552-1610이다.

마테오 리치는 1582년 대륙에 도착하여 1601년부터는 북경에서 생활하다가 58세로 소천하였다. 그는 제2토미즘과 발리냐뇨Alessandro Valignano, 範禮

安, 1539-1606의 영향을 받아 중국 지식인 사회의 중심부를 향하였다. 그리하여 그는 중국어를 말하고, 승복僧服 또는 유복儒服을 착용하였으며, 유가경전儒家經典을 읽고 번역하였다. 1603년에 출판된 『천주실의』天主實義는 중국 고전을 광범하게 인용하고 있다. 그는 조상과 공자묘에 제사하는 것을 허용하였고, 소위 실학을 추구하던 사대부들은 그가 소개하는 서방의 천문, 과학, 수학, 지리, 역법曆法 등에 깊은 관심을 나타냈다. 그의 선교전략은 문화 적응의 방법이었다.

상해의 서광계徐光啓, 1562-1633는 마테오 리치의 영향을 받아, 이지조李之藻, 1564-1630, 양정균楊廷筠, 1557-1627과 함께 명말 천주교의 3대 주춧돌柱石로 알려진 인물이다. 그는 34세1596년 때에 선교사와 접촉하기 시작하여 41세1603년 때에 입교入教하였다. 경세치용經世致用의 학문을 중시하여 서방의 과학지식을 적극적으로 받아들였으며, 과학서적의 번역 사업에 종사하였다. 1628년에는 『농정전서』農政全書를 완성하였고, 역법曆法 개선, 화포火砲 제작 등에도 관여하여 중국 역사상 최고의 과학자 중 한 사람으로 알려져 있다.

그는 또한 경건한 천주교인으로서 '남경 교안'教案, 종교로 인한 사건, 교난 혹은 교폐라고도 부른다 때1616년 7월에는 『변학장소』辯學章疏를 지어 황제의 면전面前에서 천주교를 변호하였는데, 이것은 명말 천주교의 가장 중요한 문장 중 하나이다. 그는 중국 천주교의 성장에 지대한 공헌을 하였는데, 1608년에는 까따네오Lazzaro Cattaneo, 郭居靜, 1560-1640를 직접 상해로 초빙하여 2년 만에 200명의 교인을 얻었으며, 위충현衛忠顯의 강압 통치 기간 중인 1620년대에 이미 상해에 큰 성당을 지어, 오늘날의 서가회徐家匯 천주당이 있게 하였다.

그러나 마테오 리치 사후 그의 예수회 계승자인 롱고바르디Nicolas Longobardi, 龍華民, 1559-1654가 하나님의 호칭 문제에 대해 이견異見을 가지고 교황청에 편지를 보내면서 '전례논쟁'典禮論爭이 시작되었다. 이 논쟁은 예수회와

도미니코 수도회 등 선교회 사이의 문제로 발전하였고, 결국 동서간東西間 문
제로 비화되어 1720년 강희제康熙帝가 금교禁敎를 선언함으로써 결말이 났다.
이 논쟁은 '補儒抑佛'유교를 보완하고 불교를 억압함 선교 정책에 반대하면서 일어
난 것으로서, 이미 유럽 내부에서 시작된 신학적 논쟁이었고, 조선朝鮮 선교에
도 영향을 끼쳤다. 그러므로 동아시아에서의 반反천주교 운동은 정치적 문제
일 뿐만 아니라, 문화적 충돌이다. 다르게는 토착화의 문제라고 할 수도 있을
것이다.

중국 고대 기독교사 문헌

한국에서 출판된 단행본으로 동방시리아 기독교의 중국 전래과정을 소개
하는 것은 사무엘 H. 마펫1), 황정욱2), 김호동3) 등의 책이 있으나, 중국 경교
연구를 위해 가장 중요한 자료는 역시 서안의 비림碑林에 있는 경교비문碑文 4)
인데 무함마드 깐수1996 이후의 여러 번역본들이 시중에 나와 있다.5) 그 다음
명청明淸 시기 천주교와 관련해서 주요 자료는 한국어로 번역된 마테오 리치
의 저작들6)이며, 예수회의 선교역사7) 또 중국의 서학西學 수용8)과 관련해서
보면 도움이 될 것이다. 중국인 천주교도인 서광계의 신앙김상근, 2004 9)과 전

1) 사무엘 H. 마펫(Samuel H. Moffett), 김인수 역, 『아시아 기독교회사: 초대교회부터 1500년
   까지』 (서울: 장로회신학대학교 출판부, 1996).
2) 황정욱, 『예루살렘에서 長安까지』 (오산: 한신대 출판부, 2005).
3) 김호동, 『동방 기독교와 동서문명』 (서울: 까치, 2002).
4) 『대진경교유행중국비』(大秦景敎流行中國碑).
5) 정수일, 『문명교류사』, "대진경교유행중국비 송병서" (서울: 사계절, 2020), 98-105; 우심화,
   "'대진경교유행중국비' 비문 역주", 「(ACTS) 신학과선교」, 8(2004), 300-339; 9(2005), 231-
   262.
6) 마테오 리치(Matteo Ricci), 송영배 외 역, 『천주실의』 (서울: 서울대학교 출판부, 1999) 마테
   오 리치(Matteo Ricci), 송영배 역주, 『교우론, 스물다섯 마디 잠언, 기인십편: 연구와 번역』
   (서울: 서울대학교 출판부, 2000).
7) 김상근, 『동서문화의 교류와 예수회 선교역사』 (서울: 한들출판사, 2006).
8) 崔韶子, 『東西文化交流史硏究』 (서울: 三英社, 1987).
9) 김상근, "서광계의 기독교 신앙과 상제(上帝)에 대한 제한적 이해", 「한국기독교와역사」21
   (2004/9), 207-228.

례논쟁김병태, 2008 10), 천주교와 중국 종교 사이의 대화정안덕, 2003/2009 11) 등도 관련된 주요 주제들이다. 경교에 대한 중국 내의 연구역사를 보자면 처음 비문이 발견된 명대의 천주교 선교사들에게까지 소급된다. 개혁개방 이후에는 바람직한 동서교류라는 측면에서 명말 천주교에 대한 연구가 대륙에서 활발하다.12) 중국사회과학원이나 북경대학, 복단復旦대학 도서관을 이용할 수 있지만, 상해의 서가회徐家匯 도서관에 천주교 관련 자료가 많다.

---

10) 김병태, "명말청조 '전례논쟁'의 선교사적 이해", 「한국기독교와역사」28 (2008/3), 163-190.
11) 鄭安德, 『明末淸初耶穌會思想文獻彙編』, 전5권, 修訂重印 (北京: 北京大學校宗敎硏究所, 2003).
12) 孫尙揚, 『基督敎與明末儒學』(北京: 東方出版社, 1994); 李天綱, 『中國礼儀之爭』(上海: 上海古籍出版社, 1998) 등.

중국 기독교 2: 근현대 기독교(개신교)의 역사

김병태_성화감리교회 담임목사, 전 중국 선교사

아편전쟁 이전 시기 중국선교의 모색

독일 경건주의와 영국 복음주의의 부흥은 18세기 중엽 산업혁명의 발전과 세계화의 흐름을 타고 기독교를 일거에 세계인의 종교로 전환시켰다. 그리하여 아직 중국이 문호를 개방하기 전에 제한된 무역 장소에 선교사들이 나타났다. 영국의 동인도회사와 중국의 십삼양행十三洋行이 만나 거래를 행한 이곳이 곧 선교사들의 최초 거점이 되었다.

처음 중국 땅을 밟은 개신교 선교사는 모리슨Robert Morrison, 馬禮遜, 1782-1834이다. 그를 파송한 런던선교회London Missionary Society는 성공회 복음주의자들, 장로회, 회중교회 등이 1795년 런던에서 교파 연합으로 조직한 선교단체로서 이미 인도, 아프리카 등에 선교사를 보내고 있었다. 모리슨은 1807년 광저우에 도착하여 동인도회사의 직원이 되었고, 중국어를 공부하여 사전을 편찬하고 성경 번역작업에 착수하였다. 또한 첫 세례1814; 蔡高 또는 蔡亞高, 1788-1818를 베풀었고, 중국인 전도자梁發, 1789-1855, 혹은 梁阿發, 梁亞發, 梁恭發 등으로 표기에게 안수하였다.

런던선교회가 두 번째로 파송한 선교사는 밀른William Milne, 米憐, 1785-1822

이다. 그는 모리슨의 결정에 따라 말라카Malacca로 후퇴하여, 그곳에 영화서원英華書院과 인쇄소를 설치하였다. 1823/1824년 이곳에서 중국어 최초의 완역 성경인 『신천성서』神天聖書가 출판되었다. 모리슨과 밀른에 이어, 출판 사역에 두각을 보인 메드허스트Walter H. Medhurst, 麥都思, 1796-1857, 최초의 의료선교사 록칼트William Lockhart, 雒魏林, 1811-1896, 중국학의 대가 레그James Legge, 理雅各, 1815-1897 등의 런던선교회 선교사들이 들어왔다.

미국 선교사를 파송한 것은 미국공리회 해외선교부American Board of Commissioners for Foreign Missions, ABCFM, 최초는 초교파로 시작하였다가 1870년 이후 美國公理會[회중교회] 선교부가 되었다였다. 브릿지만Elijah C. Bridgeman, 裨治文, 1801-1861이 1830년에 광주에 도착하여 성경 번역과 출판 사역13) 등을 감당하였고, 윌리엄스Samuel W. Williams, 衛三畏, 1812-1884는 1833년에 입국하여 저술과 출판에 종사하였으며, 1834년에 입국한 파커Peter Parker, 伯駕, 1804-1889/1888는 광주에 최초의 서양식 병원인 박제의원博濟醫院을 세워 의료선교의 기틀을 쌓았다.

그밖에 초기 중국선교에서 두각을 나타난 선교사로는 네덜란드선교회 Netherlands Missionary Society의 파송으로 자바Java에 도착했으나 주로 중국선교에 종사한 독일의 귀츨라프Karl F. A. Gützlaff, 郭士立, 1803-1851가 있다. 그는 중국인 복장을 하였고, 출판14) 및 번역에 참여하였으며, 복한회福漢會를 통해 내지 선교를 발전시켰다. 또 미국침례회 선교회American Baptist Foreign Missionary Society의 파송을 받아 온 로버츠Issachar J. Roberts, 羅孝全, 1802-1871는 태평천국太平天國과의 연관성으로 유명하다.

---

13) 브릿지만이 창간한 『중국총보』(Chinese Repository)는 영문잡지로 1832-1851년 간의 역사 연구를 위한 주요 자료이다. 인터넷으로 원문 검색 가능하다.

14) 귀츨라프가 1833년에 창간한 『동서양고매월통기전(東西洋考每月統紀傳)』(*Eastern Western Monthly Magazine*)은 중국 내에서 발행된 최초의 현대식 중국어 잡지로서, 1833-38년간의 많은 자료를 담고 있다. 또한 귀츨라프의 아시아 방문기인 『중국 해안 및 태국, 한국, 류구 제도 방문기』(*Journal of Three Voyages along the Coast of China in 1831, 1832 & 1833 with notices of Siam, Corea, and the Loo-Choo islands*)는 인터넷으로 원문 검색 가능하다.

불평등조약 시기 중국선교의 발전과 한계

린저쉬林則徐, 1785-1850가 호문虎門 해변에서 2만 상자 이상의 아편을 폐기하자 선전포고를 한 영국군이 파죽지세로 북상하였고, 마침내 1842년 8월 29일 양자강의 콘월리스Cornwallis호 선상에서 회담을 벌인 결과 남경의 정해사靜海寺에서 첫 번째 불평등조약인 남경조약南京條約이 체결되었다. 이어 미국과 망하조약望廈條約, 1844년 7월 3일, 프랑스와 황포조약黃埔條約, 1844년 10월 24일을 맺었다. 이로써 수많은 이권과 함께 5개 항구 안에서의 외국인 교회 건설권이 열강에게 주어졌다. 또 천진조약天津條約, 1858과 북경조약北京條約, 1860을 거치면서, 선교사들은 모든 지역에서 토지를 임대하고 땅을 구입하여 건물을 지을 수 있는 권리를 넘겨받았다.

불평등조약의 결과, 중국 내륙에서 기독교는 급속하게 발전하였다. 1853년에 중국인 신자 수는 351명외국선교회 22개, 외국선교사 수 150명인데 비해, 1865년 약 3,132명, 1900년 약 11만 3천명으로 불어났다. 기독교는 지역적으로도 홍콩과 광동, 광서, 복건, 강소, 절강, 상해, 북경, 산동, 하북 지역뿐만 아니라 장강長江 유역 및 내륙 깊숙한 곳까지 뻗어나갔다.

이 시기에 활약한 선교단체로 영국의 런던선교회[15], 침례회 선교회, 영국장로회 선교회[16], 영국성서공회[17], 성공회 계열의 교회선교회[18], 순도공회循

---

15) 런던선교회(倫敦會, London Missionary Society/LMS)는 1807년 모리슨을 광주에 정착시켰고, 이후 메드허스트(1843) 등 수많은 선교사를 입국시켜 큰 성과를 얻었다.
16) 영국장로회 선교회(英國長老會差會, English Presbyterian Mission)는 1847년 윌리엄 번즈(William C. Burns)가 홍콩을 거쳐 샤먼(廈門)에 도착하여 교회, 학교, 병원을 세우면서 크게 부흥하였다.
17) 대영성서공회(British and Foreign Bible Society)는 1804년에 세계 최초로 설립된 성서공회로서 모리슨의 『神天聖書』(1823)로부터 시작해서 수많은 중국어성서 번역본을 출간하였다.
18) 교회선교회(英國海外傳道會, Church Mission Society/CMS)는 1849년 홍콩으로 입국하여 절강, 화서, 복건 지역 등에서 부흥하였다.

道公會[19], 미국의 침례회선교회[20], 미이미회美以美會, 북감리회 및 남감리회 선교부[21], 장로교 선교부[22], 회중교회 선교부[23]가 있다. 미이미회복감리회는 1847년 복주에서 교육과 의료사업을 시작하였다. 남감리회는 1848년 상해에서 출발하였는데, 교육과 출판[24]에 큰 열매를 맺은 알렌Young J. Allen, 林樂知, 1836-1907이 특기할만하다. 또 미국장로회의 마틴William A. P. Martin, 丁韙良, 1827-1916은 지식인 선교를 위해 『천도소원』天道溯原 1854을 남겼고, 네비우스John L. Nevius, 倪維思, 1829-1893는 삼자三自 정책으로 우리에게 잘 알려져 있다.

이 시기 선교가 크게 발전한 것은 영국 감리교 목사의 아들로 태어나 일찍부터 중국선교에 헌신하여 초교파 선교단체인 내지선교회內地宣教會, The China Inland Mission, 1865를 조직한 허드슨 테일러James Hudson Taylor, 戴德生, 1832-1905의

---

19) 영국의 성도공회(聖道公會, United Methodist Church Mission , UMC), 순도회 선교회(大英循道會差會, Wesleyan Methodist Missionary Society, WMMS)등의 감리교 선교회를 총칭해서 순도공회(循道公會)라고 불렀다.

20) 미국 침례회선교회(American Baptist Foreign Mission Society, ABF)는 미국침례선교회로 출발(1814)하였다가 남북이 분리된 1845년 이후 북침례회 선교회가 되었다. 이들은 마카오(1837), 홍콩(1841)에서 시작하였으며, 남침례회 선교회(American Southern Baptist Mission)는 1845년 이후 산동, 양광, 강소 등에서 발전하였다.

21) 미국의 감리교회는 1844년에 남북으로 분열되었다. 북감리회(美以美會, American Methodist Episcopal Mission) 선교는 1847년 복주에서 콜린즈(柯林, Judson Dwight Collins)에 의해 시작되었으며, 화이트(懷特, Moses Clark White), 힉콕(希赫克, H. Hickok) 그리고 한국선교와 관계가 깊은 매클레이(麥利和, R. S. Maclay)등이 크게 활약하였다. 한편 남감리회(監理會, Methodist Episcopal Church, South)는 1848년 찰스 테일러(戴樂安, Charles Tayor)와 젠킨스(秦右, Benjamin Jenkins)가 상해에 도착한 후 양자강 하류지역에서 발전하였다.

22) 미국 북장로회 선교회(美北長老會差會, American Presbyterian Mission (North), PN)는 장로회 남북분열(1861) 이전의 장로회 선교회를 계승하였다. 이들은 1844년 맥카티(麥嘉締, D.B. McCartee)가 절강성 영파에 도착하면서 시작되었는데, 전국적으로 분포했지만 특히 산동, 광동지역에서 발전하였고, 1919년의 조사에 의하면 선교사 숫자에서 내지회 다음으로 많았다. 한편 미국 남장로회(美南長老會, Presbyterian Church in the United States)도 1867년 절강성 항주로 진입했으며, 강소, 절강 등에서 발전하였다. 1919년의 북장로회 선교사가 502명이었을 때 남장로회 선교사는 146명이었다.

23) 미국 회중교회 선교회(美國公理會差會, 약칭 美部會, American Board of Commissioners for Foreign Missions ,ABCFM)가 중국에 들어 온 것은 영국 런던회, 네덜란드선교회(Netherlands Missionary Society) 다음으로 세 번째였으며, 미국에서는 처음 입국하였다. 대표적인 중국선교사는 브릿지만(Bridgeman)이 있으며, 직예, 복건, 산서, 산동, 광동 등에서 발전하였다.

24) 알렌이 1868년에 창간한 『중국교회신보』(中國教會新報)(1874년에 『萬國公報』(Chinese Globe Magazine로 개명)는 19세기 말 서학과 중국사상 및 정세를 소개한 주요 자료이다.

영향이 크다. 반면 티모시 리차드Timothy Richard, 李提摩太, 1845-1919는 침례교 선교사로 1870년 상해에 도착한 후 산동성과 산서성 등에서 구제사업에 종사하였고, 광학회廣學會, The Christian Literature Society for China, 중국의 기독교서회에 해당의 간사가 되어 중국근대화에 크게 기여한 선교사가 되었다.

사실 거의 모든 선교기관은 학교와 병원을 동시에 운영하였다. 미 성공회의 쉐르쉐프스키Samuel Schereschewsky, 施約瑟, 1831-1906는 1879년 상해에 성요한대학聖約翰대학, St. John's University, 지금의 화동정법대학을 세웠고, 그밖에도 소주蘇州의 동오대학東吳대학, 지금의 소주대학, 북경의 연경대학燕京대학, 지금의 북경대학으로 흡수 등 13곳 이상의 기독교대학이 세워졌다. 또 광주의 박제의원을 시작으로, 오늘까지도 중국 최고의 병원으로 남아 있는 북경의 협화의원協和醫院까지 수많은 병원이 세워졌다. 그밖에 고아원, 양로원, 농업 활동이나 전족纏足 반대 운동, 아편 반대 운동 등이 전개되었다.

그러나 19세기 후반의 중국기독교는 동시에 어두운 면을 가지고 있다. 불평등조약을 통해서 금교禁敎가 해제되자, 선교사들은 적극적으로 내지內地 선교를 전개하였고, 자기 재산과 사람을 확보하는 과정에서 무리가 생길 때마다 또는 문화적 충돌이 생길 때마다 교회 문제가 재판에 회부되는 교안敎案이 빈번하게 발생하였다. 선교사 188명을 포함한 5천 명이 희생당한 1900년의 의화단 난은 그 절정이었다. 그와 같은 배경 속에서 19세기 후반, 기독교는 숫자적으로 팽창하였으나 그만큼 피해도 컸고 질적인 하락이 초래되었다.

민족운동 분출의 시기 중국교회의 등장

20세기 초기의 반反기독교운동은 19세기와 달리 신문화운동을 배경으로 하였다. 교안이 서양문화에 대한 이질감과 제국주의를 향한 것이었던 반면, 신문화운동의 기독교 비판은 기독교가 후진사상을 가졌다는 이유에서 출발하였다. 이러한 움직임은 천두슈陳獨秀, 1879-1942, 차이웬페이蔡元培, 1868-1940, 리따죠李大釗, 1889-1927, 후쓰胡適, 1891-1962 등을 중심으로 1920년대 초 북경, 상해, 남경 등 대도시에서 강연, 팜플렛 등을 통하여 빠르게 확산되었다. 그리하여 1900년의 선교거점이 이미 400여 곳으로 늘고, 1920년의 세례자 수가 36만 명에 달하였으며, 학교와 의료시설의 확대 등 선교사역은 크게 발전하고 있었지만, 중국선교는 거대한 저항에 직면하고 있었다.

이에 따라 먼저 선교회의 정책 전환을 위한 시도들이 생겨났다. 현지 중심의 선교정책을 의미하는 삼자自治, 自養, 自傳 운동이 제시되었고, 1877년부터 몇 차례의 선교사대회를 거치면서 선교단체 간의 협력이 모색되었다. 이와 같은 흐름은 100주년 기념대회1907, 에딘버러 선교대회1910와 중화속행위中華續行委, The China Continuation Committee, CCC, 1913-1922; 에딘버러선교대회 사업을 지속하기 위하여 결성된 계속위원회의 중국 국가 단위 기구[25] 활동을 거치면서 존 모트John R. Mott, 1865-1955 중심의 에큐메니칼 운동, 중화기독교협진회中華基督敎協進會, National Christian Council of China, NCCC, 1922; 계속위원회가 국제선교협의회[International Missionary Council, IMC]로 발전하였는데, 이 국제선교협의회의 중국 국가 단위 기구의 발족으로 이어졌다.

중화기독교협진회는 중국교회의 출발이라는 상징적 성격을 가졌다. 총무 청징이誠靜怡, Cheng Jingyi, 1881-1939를 중심으로 외국의 보호와 지배에서 벗어나 자립하는 교회를 추구하였고, 중국문화와 불교, 유교, 도교 등 전통 종교 안에 있는 가치를 발굴하여 기독교에 접맥시키는 본색화本色化 운동이 추구되었다. 이를 위하여 연경대학, 동오대학 등의 교수와 기독교 인사들이 『청년진보』青年進步, 『생명월간』生命月刊, 『문사월간』文社月刊 등에 기고하는 방식을

---

25) 중화속행위가 1922년에 출판한 『中華歸主』(*Christian Occupation of China*)와 『中華基督敎會年鑑』(*The China Christian Year Book*)은 20세기 초의 중국기독교 현황을 망라한 자료이다.

취하였다.[26] 이제 중국기독교는 중국인 특히 지식인 사회 안에 자리매김을 하고 있었다.

한편 1873년 광주의 천멍난陳夢南, 1841-1882에 의해서 조직된 월동광조화인선도회粵東廣肇華人宣道會를 필두로 중국인에 의한 교회 설립이 이루어졌다. 1920년대에는 중국인이 행정적, 경제적으로 책임지는 교회가 수백 개를 넘어섰다. 중화기독교회中華基督教會, 1922는 1927년 그 산하에 19개의 각 교단, 선교단체를 포함하였다. 한편 워치만 니倪柝聲, Watchman Nee, 1903-1972의 기독교인집회처基督徒聚會處, Local churches, 웨이바올뤄魏保羅, 1877-1919의 참예수교회眞耶蘇教會, True Jesus Church, 징뎬잉敬奠瀛, 1890-1957의 예수가정耶蘇家庭, Jesus Family, 왕밍다오王明道, 1900-1991의 북경기독교인회당北京基督徒會堂, Christian Tabernacle 등은 민간문화와 전통을 깊이 받아들인 소종파운동으로 발전하였다.

사회주의 시기 중국교회의 현황

토착화本色化 운동은 문화적인 측면이 강했다. 그러나 제1차 국공國共 합작 시기1923/1924-1927 공산당의 조직적인 저항을 거쳐 일제의 침략이 시작된 30년대를 지나면서 민족의 운명에 동참하는 움직임이 나타났다. 영적 각성 운동이나 계몽운동에 참여하는 것이 대부분이었지만, 일부는 국난을 타개하기 위하여 이전보다 더 적극적으로 나섰다. 그리하여 1930년대 중국교회의 관심은 토착화에서 상황화로 옮겨졌다.

국가총동원법1938을 공표한 일본은 '영미교회로부터 독립된 삼자교회'를 중국에 건설하고자 하였기 때문에 기독교 지도자들은 신앙적으로 고뇌를 해야 했다. 결국 1945년 일본이 물러나고, 국공 내전國共內戰, 1차 1927-1936, 2차

---

26) 張西平, 卓新平 共編, 『本色之探』, (中國廣電電視出版社, 1999)에 관련 글들이 수집되어 있다.

1946-1949이 재개되었을 때, 중국기독교는 이미 새로운 준비를 하고 있었다. 더구나 부패한 친기독교 정당인 국민당의 전세가 1948년 초부터 불리하게 돌아갔다. 중화기독교협진회와 선교사들은 구체적인 출구전략을 의논하기 시작하였고, 우야오종吳耀宗, Y.T. Wu, 1893-1979과 일부 지도자들은 5백 년의 부패한 자본주의 기독교의 갱신 그리고 공산당과의 협력을 요청하고 나섰다.

그 결과 1949년 신중국新中國 성립과 함께 우야오종 등은 '중국기독교회선언'27)을 발표하고 사회주의 시기 기독교의 길을 가기로 선언하였다. 때마침 터진 한국전쟁은 국제관계를 끊어놓아 중국교회로 하여금 어쩔 수 없이 자양自養의 길을 가게 했다. 모든 선교사는 중국을 떠났고, 중국교회는 세계교회협의회World Council of Churches, WCC를 탈퇴하였으며, 전쟁 직후1954년 7월 정식으로 삼자교회가 출범하였다. 한편 1949년 5월 상해가 공산당에 함락되기 직전에 존 모트와 중화기독교협진회는 주요 선교단체와 선교사들에게 일단 가정으로 흩어질 것을 주문하였다.

삼자교회를 포함하여 모든 종교단체가 해체되었던 문화혁명이 끝나면서 종교정책도 변화되기 시작하였다. 성경인쇄, 교역자 양성, 교회 건설, 국제교류가 재개되었고, 중화기독교협진회 사무도 재개되어 오늘날 삼자회와 기독교협회의 소위 양회兩會 체제로 발전하게 되었다. 2013년 현재 중국교회가 밝히는 삼자교회의 신도 수는 2,305만 명, 예배당은 5만 개, 목사는 약 4천 명, 신학교는 21곳에 달한다. 2013년 9월에 열린 제9차 전국회의 보고에 따르면, 지난 5년 동안 240만 명이 세례를 받았고, 5,195곳의 예배당이 새로 건설되었다.

오늘날 중국 정부의 종교정책은 신앙과 불신앙의 자유, 그리고 국가교육제도의 독립, 외국 세력의 불간섭, 사회질서와 공민 신체 건강의 보호 등을 기

---

27) "中國基督敎在新中國建設中努力的途徑"(1950년 7월 28일).

초로 작성되며, 사회주의 국가를 건설하기 위한 애국 세력의 연대라는 관점에서 작성된다. 그러나 일단 삼자교회로 제한하고 있기 때문에, 집회, 결사, 언론, 출판이 사회주의 건설에 복무해야 한다는 헌법의 제약 안에 놓여 있다. 등록된 교회 바깥으로 나갈 수가 없는 것이다.

사실 문화혁명 시기에 보전되었던 교회는 모두 가정교회였다. 개혁개방 이후 이들이 조금씩 드러나기 시작하였는데, 대륙의 학자들까지도 대략 5천만에서 7천만 명 정도로 추산하는 것 같다. 이는 전체 기독교인 숫자의 약 70%에 해당된다. 그 성격도 초기의 농촌 민중 중심의 교회에서 점차 도시 지식인 교회로 바뀌고 있다. 1998년 11월 일부 가정교회 지도자들은 "중국가정교회 신앙고백"과 "중국가정교회의 정부, 종교정책 및 삼자에 대한 태도"를 발표함으로써, 최근에는 더욱 공개적인 방식을 통해 종교적 권리를 추구하고 있다.

오늘날 중국교회의 과제는 사회주의 중국의 난제만큼이나 얽혀 있다. 목회자의 파송이나 종교 활동의 장소 등을 규정하는 '종교사무관리조례'는 삼자교회의 역동성을 떨어트리고 있으며, 증대하고 있는 종교적 수요를 채워주기 어렵게 한다. 그것이 가정교회 성장의 배경이 되고 있지만, 가정교회 또한 등기, 목회자 양성, 이단, 건전한 국제교류, 사회적 조화 문제 등을 가지고 있다. 그렇다고 해서 현재 가정교회가 반정부적 정치단체, 반사회적 조직인 것은 아니지만, 신앙집단에서 정치적 권익을 주장하는 집단으로 전화될 소지는 다분한 것 같다.

중국 기독교의 어느 최신 정보에 의하면, 기독교인 비율을 다음과 같다. 2020년 통계를 기준으로 할 때, 총 기독교인의 비율은 총인구 대비 7.4%[1970년, 0.1%]이다. 각 종파별, 교파별로는 내림차순으로-종파별, 교파별 1970년 통계는 모두 0.0%-, 독립교회 4.4%, 복음주의 계열 2.5%, 개신교 [주류] 2.4%,

오순절 및 은사주의 계열 2.0%, 가톨릭 0.7% 정도이다.[28)]

중국 근현대 기독교사 이해를 위한 주요 자료

영문 저작으로 코헨Paul A. Cohen의 『중국과 기독교』China and Christianity, 화
이트Bob Whyte의 『끝나지 않은 만남』Unfinished Encounter 등이 있다.[29)] 홍콩에
서 나온 것으로는 량자린梁家麟의 『중국에 축복이 임하다』福臨中華: 中國近代教會
史十講, 씽푸쩡邢福增의 『교회의 길 회고』回溯教會路가 있다.[30)] 또 타이완에서 나
온 것으로 조나단 차오 趙天恩, 庄婉芳의 『당대중국기독교발전사』當代中
國基督教發展史가 있다.[31)] 대륙에서는 딴치段琦의 『분진의 역정』『奮進的歷程』과
데이비드 문의 『변화하는 중국, 변화하는 중국교회』를 참고하면 좋겠고, 삼
자교회 기관지 『天風』천풍과 웹사이트http://www.ccctspm.org/tianfeng/를 이용할
수 있다.[32)] 그밖에 국내 저서 가운데는 조훈의 『중국기독교사』가 추천할 만
하다.[33)] 최근 연구물로는 중국 가정교회의 역사를 다룬 왕이王怡의 『십자가
를 짊어지고: 중국가정교회역사1807-2018』背負十架-中國家庭教會史, 1807年-2018年
의 한글번역본이 참고할 만하다.[34)]

---

28) Kenneth R. Ross et al., *Christianity in East and Southeast Asia* (Edinburgh: Edinburgh
   University Press, 2020), 40. 아시아기독교, 특히 중국기독교의 정확한 통계를 확보하기는 어
   렵다. 다만 기독교 성장 및 쇠퇴 추세를 파악하는 데 도움을 받을 수 있다.
29) Paul A. Cohen, *China and Christianity: The Missionary Movement and the Growth of
   Chinese Antiforeignism, 1860-1870* (Cambridge: Harvard University Press, 1963); Bob
   Whyte, *Unfinished Encounter: China and Christianity* (London: Collins Fount Paper-
   backs, 1988).
30) 량자린(梁家麟), 중국교회연구소 역, 『중국에 축복이 임하다』(福臨中華: 中國近代教會史十
   講) (서울: 그리심, 2013); 邢福增, 『回溯教會路』(香港: 福音證主協會, 1997).
31) 趙天恩, 庄婉芳, 『當代中國基督教發展史』(臺北: 中福 ,1997).
32) 段琦, 『奮進的歷程』(商務印書館, 2004); 데이비드 문, 『변화하는 중국, 변화하는 중국교회』
   (서울: 시님교회연구소, 2012).
33) 조훈, 『중국기독교사』(서울: 그리심, 2004).
34) 왕이(王怡), 느헤미야 역. 『십자가를 짊어지고: 중국가정교회역사(1807-2018)』(背負十架-中
   國家庭教會史, 1807年-2018年) (파주: 서로북스, 2021).

일본 기독교: 수용과 배제의 역사

서정민_일본 메이지가쿠인(明治学院)대학 교수

들어가는 말

일본에 '예수회'를 시작으로 가톨릭교회천주교가 선교되었을 때, 규슈九州를 출발점으로 각 지역의 여러 통치자가 우호적으로 가톨릭 신앙을 받아들였다. 이에 짧은 시간에 가톨릭 신자가 확산되고, 일정한 세력권을 형성하게 되었다. 그러나 1596년 이른바 '산펠리페호사건'San Felipe Incident을 기점으로 서구 가톨릭국가들의 침략 가능성이 의심받으면서, 가톨릭에 대한 박해가 시작되었다.[35] 곧 서구 제국주의에 대한 경계였고, 대대적 박해, 순교, 그리고 독특한 형태의 '잠복潛伏기리시단'의 시대가 수백 년 간 지속되었다.[36]

1800년대 중반 처음으로 일본 선교를 시작한 개신교프로테스탄트 선교사들은 일본의 각 지역을 거점으로 선교활동을 시작하였다. 그러나 그에 앞서, 혹

---

35) 1596년 스페인 선박 산 펠리페가 일본 해안에 좌초되면서, 식민개척과 선교가 동시에 진행된다는 것이 드러났고, 이로 인하여 결국 1597년 일본 최초의 순교 사건인 '나가사키 26인 성인[순교자]'(日本二十六聖人) 사건이 초래되었다.

36) 잠복기리시단은 공개적 신앙생활이 불가능한 가운데 신앙을 이어간 일본 기독교인들을 가리키는 말로, 그런 신앙생활 과정에서 과도한 토착화가 이뤄졌다. 이들 일부는 선교가 재개되자 재입국한 가톨릭교회에 합류하기도 하였고, 혹은 독자노선을 유지하기도 했다. 그리고 '기리시단'이란 용어는 그리스도인 즉 기독교인을 가리키는 일본식 표현이다. 일본기독교는 원어를 그대로 사용하는 경향이 있다.

은 그와 거의 동시에 일본인 개신교 수용자들이 몇몇 지역에서 밴드band, 집단를 조성, 신앙공동체를 형성하였으며, 이를 중심으로 개신교의 확산을 주도했다. 즉 미처 '선교교회'Mission Church, 선교사 지도 아래 있는 교회가 형성되기도 전에 자체적 '신앙공동체'를 설립한 경우라고 볼 수 있다. 그 이후 일본의 개신교 역사는 이들 '지역 밴드'를 중심으로 이해하는 기조가 주축이 되었다. 그러나 이렇듯 적극성을 띤 일부 수용계층의 기독교 수용 직후 일본 국가사회에서는 기독교에 대한 강력한 사회적 배타분위기가 조성되었다. 물론 근대 개방 시대 이후이기 때문에 법률적인 금교禁敎 상황은 아니었지만, 그보다 더 극심한 사회적 배제가 진행되어 기독교인은 '비국민'非國民이라는 인식이 조성되었다. 결국 일본의 기독교사는 신 구교 공히, 자발적 수용과 배제하는 과정으로 빠르게 이행된 독특한 역사를 지녔다. 이러한 이해의 논점으로 일본 기독교사를 일관해 볼 수 있다. 형편상 개신교를 중심으로 개략하고자 한다.

일본에서 활동을 시작한 개신교 선교회

초기에 일본 선교를 시작한 개신교 주요 선교회는 대개 다음과 같다.[37] 장로교 계열로는 1859년에 선교에 착수한 미북장로회 해외선교부Board of Foreign Missions of the Presbyterian Church in USA, PCUSA와 미국네덜란드개혁교회 Reformed Church in America, Dutch, RCA 선교부, 감리교 계열로는 1873년에 선교에 착수한 미북감리회Methodist Episcopal Church, MEC 선교부와 캐나다감리 회Mission of Methodist Church of Canada, MC 선교부, 미남감리회Methodist Episcopal Church, South, MECS 선교부 등이다. 그 밖에 회중교회 선교부로 일본의 조합

---

37) 선교기관의 용어는 아직 정리가 되지 않은 형편이다. 초교파 선교기관은 선교회(missionary society)로, 교파 선교기관은 선교부(mission board)로 구분하는 것이 바람직하다. 그리고 한 교파 안에 여러 개의 선교기관이 있는데, 이런 경우는 교파적 성격을 지니면서도 직속기관이 아닌 자율성을 지닌 기관이라서 선교부가 아닌 선교회라는 용어를 사용한다.

교회를 설립 지원한 아메리칸 보드American Board of Commissioners for Foreign Missions, ABCFM, 미국공리회 해외선교부가 1869년에 활동을 시작했고, 성공회 계열로는 미국성공회 해외선교회Domestic and Foreign Missionary Society of the Protestant Episcopal Church in the USA, PE가 1859년에, 그리고 영국성공회 복음주의파의 교회선교회Church Missionary Society, CMS가 1869년에 각각 일본 선교에 착수했고, 또한 영국성공회 고교회파의 복음선교회Society for the Propagation of the Gospel, SPG, 해외복음전도협회는 1873년에 일본 활동을 시작하였다. 비교적 일찍, 즉 일본의 기독교 선교활동 금지정책이 폐지되기 이전부터, 미국과 영국의 선교단체들 다수가 선교를 개시한 바 있다. 앞서 언급한 선교단체 이외에도 1896년 이전까지의 통계에 의하면, 일본에 선교사를 파송하거나 활동 근거를 마련한 개신교 선교단체는 31개 단체에 이른다.[38]

이들은 1873년 2월 이른바 기독교 금제고찰禁制高札이 폐지되어 선교활동에 어느 정도 자유가 주어지기 전부터 외국인 거류지를 중심으로 주재하며, 일본어 습득, 사전 편찬, 성서번역, 한문 교리서 반포, 그리고 사숙私塾을 열어, 영어와 서양 문물을 가르치는 교육 활동 등을 전개하였다. 이는 일본 선교의 준비작업 혹은 전초 활동이기도 했지만, 이 과정에서 개인적으로 감화를 받아 세례를 받는 일본인 신자도 있었다. 그러나 일본 기독교사의 시작은 선교회, 선교사의 활동 이외에, 각 지역의 선구적 서구문물 수용자들과 그들을 접촉한 미국의 평신도 교육가들의 공헌도 큰 역할을 하였다.

---

38) 土肥昭夫, 『日本プロテスタントキリスト敎史』(東京：新敎出版社, 1982), 11-14; 다음을 참고할 것, H. Ritter, *A History of Protestant Missions in Japan* (Tokyo: The Methodist Publishing House, 1898), 350-353.

일본의 3대 기독교 수용 밴드(band)

일본의 자발적인 기독교 수용지역 이른바 '기독교밴드'로 알려진 3대 지역은, 요코하마橫浜, 쿠마모토熊本, 삿포로札幌이다. 그 중에서 요코하마밴드는 선교사들과의 깊은 관계를 맺은 기독교 수용그룹이다. 우에무라 마사히사植村正久, 1858-1925, 이부카 카지노스케井深梶之助, 1854-1940 등이 중심이 되는데, 이들은 선교사와 협력하여 학교를 시작하고, 교파 구별 없는 교회인 '요코하마공회'橫浜公會를 비롯한 교회를 설립하여 일본 기독교 다수의 주류적 흐름을 형성하였다. 그러나 단지 선교사들에 대한 협력자의 위치만은 아니었고, 주체적 입장에서 기독교를 적극적으로 수용하였다. 한편 구마모토밴드는 큐슈 구마모토 지역의 유지들이 서구문물을 적극 수용할 요량으로 자제들을 교육할 '양학교'洋學校를 설립하면서 시작되었다. 1871년 미국의 퇴역군인이며 평신도 기독교인인 젠즈Leroy Lansing Janes, 1838-1909를 교사로 초빙하여 개교했는데, 여기서 학생들은 서구문물은 물론 기독교 신앙에 접하였고, 이른바 '봉교'奉敎 결의를 하여 기독교를 수용하였다. 그러나 젠즈가 짧은 활동 후 본국으로 돌아감으로써, 학교는 오래 지속되지 못했다. 이에 학생들 대부분이 교토京都에 설립된 니지마 죠新島襄, 1843-1890의 도시샤同志社 대학으로 옮겨 '도시샤' 초창기의 인재그룹으로 접목되었고, 결국 '일본조합교회'日本組合敎會의 주축이 되었다. 중심인물은 고자키 히로미치小崎弘道, 1856-1938, 에비나 단죠海老名彈正, 1856-1937 등이다. 한편 삿포로밴드는 일본 정부의 홋카이도 개척 당시 설립된 '삿포로농학교'에 1876년 미국인 농학자이자 평신도 기독교인인 클라크William S. Clark, 1826-1886가 교두敎頭로 부임하면서 연원되었다. 그의 영향을 받은 엘리트학생 다수가 기독교신앙을 받아들였고, 클라크의 귀국 후에도 후배들에게 신앙서클 형식으로 그것을 전수하여 독특한 기독교수용자 그룹을 형성하였다. 이곳에서 우치무라 간죠內村鑑三, 1861-1930, 니토베 이나죠

新渡戶稻造, 1862-1933 등 저명한 일본기독교 사상가들이 배출된 바 있다. 이런 의미에서 일본 기독교사는 선교회의 활동과 그 전개와 함께, 일본의 각 지역 기독교수용 그룹의 활동을 바탕으로 탐색하는 것이 더욱 효과적이다.

일본기독교, 국가사회로부터의 수난

초기에 적극적으로 기독교를 수용한 인물들은 대부분 일본 근대 역사에서, 곧 메이지유신明治維新 이전에 정치적으로 몰락한 지방무사들이었다. 그들은 막부파幕府派로, 존왕파尊王派와의 다툼에서 패배한 것이다. 그러나 그들은 일본이 서구문물을 적극적으로 받아들여 근대화로 이행되어야 한다는 것을 강하게 인식하고 있었고, 서구문물의 바탕인 기독교를 먼저 수용함으로 일본 근대화 과정에서 정치 사회적으로 유리한 입장을 확보하고 자신들의 입지를 전환하고자 하는 희망이 강했다. 그러나 이는 큰 착각이기도 했다. 즉 근대 일본의 주도자들은 '탈아입구'脫亞入歐하여 서구문물을 수용하되, '화혼양재'和魂洋才하여 정신가치의 바탕은 '일본의 것'으로 삼겠다는 정책을 세웠던 것이다. 이에 '천황제이데올로기'를 근대 일본의 최고 존숭가치로 설정하고, 오히려 기독교를 경계하였다. 1891년 이른바 '우치무라의 불경사건'不敬事件, 즉 천황이 내린 '교육칙어'敎育勅語를 배독拜讀하는 자리에서 신앙상의 이유로 '칙어'에 대한 최경례最敬禮를 하지 않은 우치무라에 대한 사회적 비난여론이 일어나게 된 것을 계기로 이런 분위기는 확산되었다. 결국 기독교인은 일본의 국민도 아니라는 '비국민시'非國民視 분위기였다. 이는 근대 일본의 제국헌법 조항에 따라 종교 신앙, 곧 신교信敎의 자유가 주어졌음에도 국가사회의 여론압박으로 기독교는 박해 상황 하에 놓였다고도 할 수 있다. 일부 기독교인들은 기독교신앙, 사상의 변증과 그런 일본의 사회분위기에 대해 저항과 변증도 하였지만, 전체적으로 일본기독교계의 주류는 국가사회에 적응, 종속

해 나가는 방향으로 기독교의 입지를 강화하고자 하는 진로를 설정했다.[39]
이런 일본기독교의 사회적 선교환경과 처한 상황은 시대별로 약간 정도의 차
이는 있었으나, 1945년 이전, 곧 일본의 제2차 세계대전 패전까지 큰 변동은
없었다.

일본기독교, 국가에의 적응과 종속

일본기독교는 일본의 국가목표에 다른 어떤 집단보다 적극적으로 부응
하고 봉사했다. 일본 근대역사, 특히 제국주의 형성기에 있어 일본 국가목표
의 제일 큰 관건은 한반도 식민지 전략문제였다. 여기에 일본기독교는 적극
호응, 협력하였다. 대표적인 것이 일본 조합교회의 '조선전도론'과 그 실행이
었다. 이는 그야말로 철저한 '제국주의 선교'이며, '식민지 전도'였다. 물론 개
인 차원의 일본 기독교인 중에 한국 문제에 전향적인 생각과 실천을 했던 인
물들도 있었으나, 전체적으로 일본기독교의 한국 인식은 자신들의 국가 사
회 내에서의 입지 확장을 위해, 국가에 대한 적응과 종속을 보여주는 예증으
로 활용했다. 이런 적극적 적응 덕택에 일정부분에 있어 국가에 정책적으로
이용되고, 기독교 활동에 있어 다소 협력을 얻기도 했으나, 패전 당시까지 국
가의 권위를 넘어서지 못하는 교회의 유약한 길을 걸었다.[40] 특히 종교단체
법과 종교보국宗教報國, 국가의 종교관리 정책에 순응하여 교파정체성을 모
두 버리고 '일본기독교단'으로 통합되고 말았던 것이 한 가지 대표적인 사례
이다.

---

39) 徐正敏, "1910年前後の日本キリスト教の動向-「日本帝國のキリスト教」形成期", 『カルチ
　　ュル』 第7卷1號(明治學院大學, 2013. 3), 125-126 참조.
40) 原誠,『國家を越えられなかった教會』(東京:日本キリスト教団出版局, 2005), 序文 참조.

전후 일본기독교의 전책(戰責) 고백과 전환, 현재

1967년 3월 '일본기독교단'은 교단의장 명의로 전쟁책임에 대한 고백을 발표했다. 내용의 요지는 조국의 죄에 편승하여 교회도 더불어 죄를 지은 것을 고백, 참회하는 것으로 미래에는 기독교회에 맡겨진 사명을 다하겠다는 것이다.[41] 이것이 말로만의 고백은 아니었다. 일본기독교는 전체적으로 진로를 바꾸어 일본 내에서 차별받는 소수집단, 구체적으로 재일한국인, 브라크 部落민, 오키나와沖縄, 아이누アイヌ 문제에 적극적으로 나섰고, 이른바 전체적으로 '예언자적 자세'를 회복하고자 했다. 특히 한국 문제에 적극적으로 부응하여, 군사독재정권하에서 한국기독교의 민주화운동, 통일운동 등에 있어 중재와 협력을 아끼지 않은 점이 전후戰後 일본기독교의 두드러진 큰 변화 중 하나이다.

물론 여러 형태의 기독교와 신학적 흐름은 있지만, 전체적으로 오늘날 소수인 일본기독교는 사회참여의 중요한 조타 역할을 감당하고 있다. 현재 일본기독교는 2012년 일본 문화청의 '종교연감 통계'에 의하면 일본 전 국민 중 기독교인 비율이 신 구교를 망라하여 1%로 되어 있다.『宗教年鑑』, 2012年 다만 흥미 있는 일은 미국의 '중앙정보국'CIA은 일본에서의 기독교인 비율을 2%로 보고 있다는 점이다.CIA - The World Factbook 더불어 일본 개신교의 중심인 '일본기독교단'의 공식 통계에 의하면, 2012년 3월 31일 현재 산하 총 17개 교구에 교회 및 전도소가 1,716개소, 교역자 2,107명, 신도 수 178,676명이다.[42] 이를 통해 보더라도 교세의 미미함은 예견된 바 그대로이다. 다만 기독교계 대학이 55개, 대학원 43개, 단기대학 24개, 전문학교 6개, 고등학교 93개, 중학교 76개, 초등학교 33개인데, 이는 일본 전체 사립학교의 가장 중요한 역할

---

41) "第二世界大戰下における日本基督教団の責任についての告白" (1967.3.26.; 부활절) 참조.
42) http://uccj.org/organization/organization15.

과 위치를 차지하고 있다.[43] 일본기독교의 교육 중시重視의 역사와 그 현황을 미루어 살필 수 있는 통계가 아닐 수 없다.

일본 기독교의 최신 정보에 의하면, 기독교인 비율을 다음과 같다. 2020년 통계를 기준으로 할 때, 총 기독교인의 비율은 총인구 대비 2.1%[1970년, 3.0%]이다. 각 종파별, 교파별로는 내림차순으로-종파별, 교파별 1970년 통계는 어깨글자로 표시-, 독립교회 0.9%[0.6%], 개신교 [주류] 0.4%[0.4%], 가톨릭 0.4%[0.3%], 오순절 및 은사주의 계열 0.3%[0.3%], 복음주의 계열 0.2%[0.2%] 정도이다.[44]

중심적 일본교회사가와 주요 저작, 참고문헌

일본의 기독교사 연구는 오랜 전통과 성과를 지니고 있다. 서구교회사 연구방법론에 입각하여 일본기독교사를 연구한 이시하라 켄石原謙의 『일본기독교사론』日本キリスト教史論, 1967, 쿠마노 요시다카熊野義孝의 『일본기독교신학사상사』日本キリスト教神學思想史, 1968, 그밖에 사회경제사적 관점에서 접근한 스미야 미키오隅谷三喜男의 『근대일본의 형성과 기독교』近代日本の形成とキリスト教, 1950, 『일본사회와 기독교』日本社會とキリスト教, 1954 등이 있다. 그러나 일본기독교사 연구에서 도히 아키오土肥昭夫의 비중은 아무리 강조해도 지나치지 않다. 그의 『일본개신교사』日本プロテスタントキリスト教史, 1980, 『일본개신교사론』日本プロテスタントキリスト教史論, 1987, 최근 유고집으로 출판된 『천황과 그리스도: 근현대천황제와 기독교의 교회사적 고찰』天皇とキリスト-近現代天皇制とキリスト教の教會史的考察, 2012 등은 일본기독교사 연구 전체를 주도한다고 해도 과언이 아니다. 또한 그의 후계자 중의 한 연구자인 하라 마코토原誠의 『전시

---

43) http://www.k-doumei.or.jp/index.htm.
44) Kenneth R. Ross et al., *Christianity in East and Southeast Asia* (Edinburgh: Edinburgh University Press, 2020), 133.

하 일본 기독교사: 국가를 넘어서지 못한 일본 프로테스탄트 교회』國家を越えら れなかった教會, 2005도 주목하지 않을 수 없는 연구이다.[45] 한편 영문으로 된 일 본기독교사는 드루몬드Richard H. Drummond의 『일본기독교사』*A History of Christianity in Japan*, 혹은 샤이너Irwin Scheiner의 『명치 시대 일본의 기독교 개종자와 사회 저항』*Christian Converts and Social Protest in Meiji Japan* 등이 큰 도움이 된다.[46] 그리고 한일기독교 관계사를 중심으로 일본기독교사를 이해하는 연구로는 필자서정민의 『한일기독교관계사연구』대한기독교서회, 2002; 일본어 증보수정판은, 『日 韓キリスト教關係史研究』,日本キリスト教団出版局,2009를 참고할 수 있다.

---

45) 하라 마코토, 서정민 역, 『(전시 하) 일본 기독교사: 국가를 넘어서지 못한 일본 프로테스탄트 교회』(서울: 한들출판사, 2009).

46) Richard H. Drummond, *A History of Christianity in Japan* (Grand Rapids, Michigan: Wm. B. Eerdmans, 1971); Irwin Scheiner, *Christian Converts and Social Protest in Meiji Japan* (Berkeley: University of California Press, 1970).

2부 • 동남아시아 기독교사

인도네시아 기독교: 판차실라(5가지 국가철학) 하의 기독교

김영동_장로회신학대학교 교수, 전 인도네시아 선교사

인도네시아INDONESIA는 총면적이 191만 9,443 Km2로서 육지 면적은 남한의 약 20배에 달한다. 브리태니커 세계대백과사전에 의하면, 2013년 현재 총인구는 248,336,002명에 이른다. 적도를 사이에 두고 남북 길이가 1,900 Km, 동서 길이가 5,100 Km에 이르는 거대한 나라다.서울에서 자카르타까지 거리가 5,534 Km임을 생각하면 그 크기를 짐작할 수 있다. 인도네시아는 13,677개 섬으로 이루어진 도서 국가로서, 사람이 거주하는 섬은 약 6,000여 개이고 나머지는 아직도 사람이 살지 않는 작은 섬이다.

인도네시아 기독교 초기 역사

인도네시아에 12세기에 기독교인이 있었다는 기록이 남겨져 있으나, 인도가 인도네시아로 잘못 기록된 것으로 학자들은 이해한다. 1522년에 최초의 프란시스코 수도회 선교단이 포르투갈인들과 함께 스파이스 섬Spice Islands, 향료 제도, 향료 산지인 인도네시아 동부의 말루꾸 제도를 가리키는데, 술라웨시를 포함하기도 한다에 상륙하였다.[1] 그들은 할마헤라Halmahera, 1534년와 그 밖의 지역에서 많은

---

1) 향료 제도는 인도네시아 말루꾸 제도가 대표적이지만, 나중에는 동아프리카 인근 섬 혹은 서인

사람을 기독교로 개종시켰다.

프란시스 하비에르Francis Xavier, 1506-1552도 인도네시아에서 짧은 기간 체류한 적이 있다. 하지만 반反포르투갈 운동이 발생함으로써 인도네시아 개종자들의 수는 현격히 감소하였으며, 1534년 할마헤라에서 최초로 순교자가 발생하였다. 1605년에 네델란드인들이 포르투갈인들을 쫓아낼 때 약 3만 명의 기독교인들이 새로운 정복자인 네델란드인의 신앙을 따라 개신교 교인이 되었다. 1727년에는 인도네시아에 약 5만 5천 명의 세례 교인이 있었다고 추정하며, 1799년 네델란드 동인도 회사Dutch East India Company, Vereenigde Oosindische Compagnie, VOC의 통치가 끝날 무렵까지 기독교인 수는 더이상 증가하지 않았다.

네델란드 식민 정부는 선교사들과 그들이 세운 교회를 엄격히 통제하였으며, 극렬 회교도들이 살고 있는 수마트라섬 아쩨Aceh, 힌두교들이 살고 있는 발리Bali 등 정치적으로 분쟁이 있는 지역은 선교 활동을 금지시켰다. 또한 그들의 경제적 수탈을 목적으로 발리섬을 20세기의 낙원으로 선전하며 관광객을 유치하고, 힌두 문화를 보호한다는 구실로 1939년에는 발리섬에 살고 있는 기독교인들을 브림빙사리Brimbingsari 지역으로 유배시키기도 했다. 이러한 네델란드 정부의 압제에도 불구하고 교회는 계속하여 세워졌으며 성장했다.

최초의 기독교 선교회와 선교사

인도네시아 기독교사를 이해하기 위해서는 식민주의 역사를 고려해야 한다. 16세기에 포르투갈에 의해 식민 지배를 받고, 17세기 이후로는 네델란드에 지배를 받은 인도네시아는 서구 식민지배자들과 이슬람 간에 갈등과 종교적 담이 쌓이게 된다. 지금까지 인도네시아 기독교는 이런 이슬람과 기독교

도제도의 향료 산지도 가리키게 되었다.

의 충돌과 갈등이라는 아픔의 역사가 이어지고 있다.

인도네시아에 선교사가 들어가 본격적으로 복음을 전하게 된 시기는 19세기에 들어서 이루어졌다. 그 이전에는 식민주의와 연관된 포르투갈과 네덜란드 기독교인들의 영향이 있었으나 공식적인 선교사가 입국하지는 않았다. 19세기부터 식민주의가 끝나는 20세기 중반까지 약 15개의 선교회가 인도네시아에서 사역하였으며, 해방 이후에도 계속 사역한 선교회도 있다. 인도네시아에 활동한 대표적인 선교회로는 독일의 라인선교회Rheinische Missionsgesellschaft, 1828로 1835년에 칼리만탄 남부에 교회 개척을 시작했다. 1862년에는 수마트라 북부지방 바탁에 선교사역을 개시하였다. 또한 네덜란드에서 온 선교회로는 NZGNederlandsch Zendeling Genootschap가 가장 오래되고 큰 선교기관이다. 네덜란드선교회NZG는 술라웨시 북부 지방인 미나하사Minahasa에서1831, 동부 자바에서1849, 북부 수마트라 지역인 카로 바탁Karo Batak에서 1890, 그리고 술라웨시 중부에서1892 사역하였다. 네덜란드선교회NZG 소속의 대표적인 선교사는 요셉 캄Joseph Kam, 1769-1833이다. 그는 인도네시아 동쪽 지역의 군도인 "말루꾸의 사도"로 불렸으며, 말루꾸 교회의 부흥에 기여하였다.

네덜란드선교회NZG에서 교리적 문제로 갈라져 나온 사람들이 여러 선교회를 만들었다. 네덜란드선교연합Nederlandsche Zendingsvereeniging, NZV은 서부 자바의 무슬림 가운데 사역을 시작하였다.1863 위트레히트선교연합 Utrechtsche Zendingsvereeniging, UZV은 독일신앙선교회Gossner [tent-making] Mission가 1855년에 시작했던 파푸아이전의 이리안 자야 서부 지역 선교 사역을 시작하였고1862, 이웃 섬인 할마헤라Halmahera 선교를 개시하였다.1866

그 외에도 교파별 선교회가 활동을 시작했는데 그중에는 메노나이트선교회Doopsgezinde Zendingsvereeniging, DZV가 1851년부터 중부 자바의 북부 지역에서 사역했다. 보수적인 칼빈주의선교회Zending Gereformeerde Kerken di Nederland 는 중부 자바의 다른 지역에서 사역을 시작했는데, 후에 네덜란드개혁교회 Gereformeerde Kerken in Nederland, GKN가 이어받았다. 19세기 전반부에 영국과 미국의 선교사들이 인도네시아에 발을 들여놓았는데, 수도인 자카르타당시에는 바타비아 Batavia로 불렸음에서 런던선교회LMS와 침례교선교회BMS가, 남부 수마트라에서 침례교선교회BMS와 미국공리회 해외선교부ABCFM, 처음에는 초교파 선교회였다가 회중교회 선교부가 됨가, 말루꾸에서 침례교선교회BMS와 야베스 캐리가, 서부 칼리만탄에서 네덜란드개혁교회가 선교사역을 시작했다. 그러나 이후 일정 기간 모든 선교가 중단되었다가, 1900년 이후에 영국-미국계 선교회만 선교사역을 재개할 수 있었다. 다양한 교파 중심의 미국계 선교회는 감리교, 오순절, C&MA기독교와선교연맹, 안식교 등이었다.

본국에 본부를 둔 선교회들은 선교에 관심있는 성도들의 참여와 헌금이 적어서 어려움을 겪었다. 1850년대부터 소위 말하는 '자비량 선교'tent-making 가 실험적으로 이루어졌다. 특히 독일 베를린선교회Berliner Mission 소속 선교사들은 본국으로부터 아무런 후원도 없이 복음 전파에 최선을 다했다. 이 선교회의 '자비량 선교'의 선구자적인 옹호자는 헬드링O. G. Heldring, 1804-1876이었다. 그러나 '자비량 선교'는 그리 활발하지 못했고, 선교사들은 굶어 죽느냐 아니면 본국으로 철수하느냐는 갈림길에 서게 되었다. 선교회들은 항상 재정 문제에 어려움을 겪었는데, 20세기에 들어오면서 상황이 좀 호전되었다. 식민정부가 선교사가 운영하는 학교, 병원 등 기관을 후원하기 시작했기 때문이다. 또한 선교회가 식민지 현지에서 운영되던 기업들로부터 후원을 받게 되었기 때문이다.

메노나이트선교회를 제외하고, 모든 유럽 선교회들은 지역 교회에 뿌리를 내렸다. 특히 인종 집단 중심의 지역을 선교지로 정하게 되었다. 이에 반해 미국 계통 선교회는 인구가 집중한 도시 중심의 선교 정책을 시행하였다. 유럽 선교회들은 교회 규율을 엄격히 강조했고, 세례받은 교회 성도들에 대한 하나님의 언약을 근본 이념으로 삼았다. 따라서 유아세례를 시행했고, 반면 미국 선교회들은 유아세례를 절대 반대하는 경향이었다. 유럽 선교회들은 출신 교회의 교회에 대한 전통 교리를 고수하였으며, 그것을 현지 교회에 그대로 전수하였다. 그 결과 유럽 선교회를 모태로 탄생한 인도네시아 현지교회들이 '인도네시아교회협의회'Persekutuan Gereja-gereja di Indonesia, PGI 중심으로 일치와 협력하는 데 큰 어려움이 없었다. 교회협의회에는 식민지 시대 유럽인 중심의 개신교회들도 참여하게 되었다. 그와 반대로, 20세기 대부분의 미국 선교회들은 전통교회와도 다르고, 서로 간에도 다른 제각각의 특정한 교리를 가져왔다. 그 결과 1950년 이후로 '인도네시아 교회협의회'PGI 외에 다른 두 개의 교회연합체가 생겨나게 되었다. 그것은 '인도네시아오순절협의회'Dewan Pentakosta Indonesia, DPI와 '인도네시아복음주의연맹'Persekutuan Injili Indonesia, PII 이다.

외국 선교회들은 대개 영세성을 면치 못했었는데, 독일의 라인선교회 외에는 소수의 선교사만 파송하였다. 라인선교회는 의사와 교사를 제외하고도 약 50명의 선교사를 파송하였다. 기타 선교회들의 선교사는 1850년에 모두 25명, 1900년에 새로운 선교지가 열리면서 확대되어 150명 이상으로 늘어났고, 1938년경에는 250명 이상에 이르렀다. 이 250명이라는 숫자에는 의사, 교사, 간호사 등의 150명이 포함되지 않았다. 공식 선교사 외에도 인도네시아 사람들만을 섬기기 위해 파송된 '보조 목회자'assistant ministers들도 30여 명되었다.

공식 파송 선교사들과 '보조 목회자'들은 출신 배경으로 보면 유럽 사회의 하층 계층이었다. 그들은 신학교에 입학하기 전에 숙련공, 장인, 농부, 보조

교사 등의 경험을 쌓았던 사람들이다. 식민주의가 끝날 때까지 정식으로 학위과정을 거친 선교사들은 아주 드물었다. 물론 의사 등 특수 분야 전문가들은 제외하고 말이다. 선교회 간부로 자리를 차지한 사람들은 대개 고학력자들이었고, 그들의 자녀를 선교지로 보내는 비전을 심어주지 않았다. 이런 의미에서 유럽 선교회들은 미국 선교회와 달랐다. 영적인 관점에서 볼 때, 선교사들은 주로 경건주의 내지 부흥운동에 속한 사람들이었다. 즉 정통 교리를 강조하지만 회심 경험과 개인 신앙을 중요하게 여기는 사람들이었다. 선교사들이 받은 교육도 대개 부족하였고, 그들의 신분도 대개 낮았다. 정식 신학교에서 교육받은 국내 교회 목회자와 선교회에서 인정받은 선교사는 다르게 인식되었다. 선교사가 본국으로 방문하거나 철수하여도 국내 교회 목회자로 인정을 받지 못했기 때문에 성찬 집례도 허락되지 않았다. 반면 인도네시아 목회자들은 선교사와 달리 목회자로 인정되었기 때문에 성찬 집례를 할 수 있었다. 다만 네덜란드개혁교회는 예외였다. 이 교회는 선교회가 아니라 교회 자체가 선교를 했기 때문에 목회자와 선교사는 동등하게 교육받고 인정을 받았다.

타종교와 타문화와의 관계

유럽과 미국 선교사들은 당시의 시대의 자녀들이었다. 신앙과 신학의 배경은 경건주의와 부흥운동이었지만 당시대의 유럽과 미국 사람들의 세계관을 공유하고 있었다. 특히 비기독교 종교와 문화에 대한 이해가 그러했다.

19세기 서구 선교사들이 비기독교 종교에 대한 이해는 퇴보 이론에 기초했다. 이것은 타락 이후에도 인간은 일정 부분 하나님에 대한 지식이 있었지만, 하나님의 계명에 대한 불순종으로 말미암아 그러한 지식이 사라졌고 도덕 수준도 퇴화했다는 것이다. 게다가 다른 여타의 종교보다는 기독교와 가까운 이슬람은 참 하나님에 대한 지식을 더 많이 보유한다고 보았다. 그러나 복음에 더 적대적이 되었기에, 이슬람은 복음 진리에서 멀어졌다고 믿었다. 따라서 모든 종교와 문화에 속한 사람들이 아담의 후손으로 구원에 이르는 복음을 받아들일 수 있고, 그러하기에 선교사들이 선포를 할 수 있다고 생각했다. 이런 점에서 노골적인 인종차별주의자와 선교사는 구별되었다. 그럼에도 불구하고 서구인들은 진화론적 사고에 젖어 서구 문화가 제일 높은 수준에 도달했고 우월하며 비기독교 문화와 종교는 열등하다고 보았다. 결국 선교사역도 선교지 문화와 종교가 거짓임을 알리며, 그들과 문화를 그리스도에게 이끄는 것 외에도 서구식의 교회 구조와 건물을 짓게 하는 문명화로서의 선교를 하였다.

이런 이유로 선교사들은 서구 식민정부의 학교 설립과 책 출판과 철도 건설과 위생 상태 개선과 병원 개설을 찬양했다. 인도네시아 자바 지역과 미나하사와 말루꾸 제도 일부는 제외하고 19세기 말까지 제도화된 식민정부 조직이 세워지지 않았기 때문에, 선교사들이 교육, 의료, 경제적 향상 등을 초보적인 수준이지만 시도할 수 있었다. 복음과 함께 문명의 향상을 선교로 보았다. 이런 점에서 선교사는 정부와 자선사업가와 달랐다. 선교와 식민정부가 야합한 것으로만 볼 수는 없을 것이다. 물론 그런 면을 부인할 수 없는 선교 역사의 그림자도 있다. 심지어 선교를 서구 문화의 이식으로 간주하는 경우도 있었다. 선교 현지 교회와 문화는 서구 모델의 복사판 만들기였다. 현지 문화와 종교, 그리고 세계관은 "미신"이나 "우상숭배"로 간주되었고, 조혼, 신부값이나 지참금 제도, 장례식이나 닭싸움 등의 전통문화는 비도덕적인 것으로 생각되어 영적 전쟁으로 지속되었다.

선교사들의 선교 방법은 대개 복음 선포와 봉사 기관 설립으로 간접 선교하는 것이었다. 특히 선교사들은 현지 언어 학습과 사용을 시도하였다. 특히 북 수마트라 바탁족, 서부 자바의 순다족, 중부와 동부 자바의 자바족들에게 현지 언어 사용이 권장되었다. 그러나 동부 인도네시아와 같이 다양한 종족과 언어가 혼재하는 곳에서는 현지 언어 학습과 사용이 제한되었다. 그래서 말레이어를 중심적인 언어로 학교와 기관에서 사용하는 정책을 폈다. 그런 곳에서 개신교회가 세운 학교와 교회의 언어는 말레이어가 되었다.

현지인들이 복음을 받아들인 이유는 선교사들이 생각했던 현지인에 대한 사고방식과는 반대로 선교사들의 인품이나 메시지가 주요한 이유였다. 예를 들면, 바탁족 선교의 선구자인 루드비히 놈멘젠Ludwig I. Nommensen, 1834-1918은 바탁 언어에 정통하고 바탁 문화에 해박했기 때문에 사람들에게 존경을 받았다. 놈멘젠은 현지의 문화인 아닷adat에 대한 토론에 참가할 정도로 수준이 높았다. 알베르트 크루이트Albert C. Kruyt, 1869-1949는 놈멘젠과 같이 언어와 문화에 정통하고, 게다가 중부 술라웨시 지방의 숲과 산의 먼거리를 도보로 선교했기에 존경받았다. 파푸아에서 선교사 가운데는 적대적인 이웃 종족의 공격에도 불구하고 그들이 살며 사역했던 지역을 피난하지 않고 일정한 거리를 유지하면서도 마을 공동체 운명에 함께하였기에 존중을 받았다. 그러나 대다수 선교사들은 언어 실력이 모자라고, 현지 풍습과 문화를 이해하지 못했기 때문에 현지인들에게 비웃음이 되었다. 선교사들의 서투른 언어 실력과 문화에 대한 몰이해로 황당한 실수가 저질러졌고 백성들 사이에서 선교사의 명망이 손상을 입기도 하였다. 선교사들이 채용했던 선교 정책은 크게 두 가지로 요약할 수 있는데, 하나는 낚시바늘 식이라면 다른 하나는 그물던지기 식이다. 혹은 개인주의적인 방식과 공동체적 집단개종 방식이다. 주로 독일 출신 선교사들이 사용한 방식이 후자이다.

인도네시아 교회는 전통 종교 문화의 렌즈를 통해 복음을 받아들였기에 토착화된 기독교를 형성하였다. 무엇보다 주술적이며 신화적인 세계관으로 복음을 수용하고 해석하였다. 하나님을 믿는 것은 죄인이 구원받는 하나님의 은혜이기보다 악에서 신자를 보호하는 하나님의 능력을 믿는 것으로 해석되었다. 예수님 역시 죄와 죄책감에서보다는 악한 권세의 강력한 지배로부터의 구세주로 이해되었다. 인도네시아 교회는 아프리카 "독립교회" 식의 토착교회로 보기는 어렵다. 아프리카 독립교회는 서구적인 전통과 형식을 탈피한 형태를 취하는 것이 주류지만 인도네시아 교회는 비록 전통 문화와 종교 전통의 토대에서 복음을 받아들였지만 서구적인 교회 형식과 구조를 다분히 많이 수용하였다고 본다.

인도네시아 선교에 있어서 매우 독특한 사항은 헌법에 포함된 "판차실라"Panca Sila라는 다섯 가지 국가형성의 헌장이다. 이에 따라 신을 믿는 종교로 힌두교, 불교, 유교, 기독교, 가톨릭, 이슬람을 공인하는 점이다.유교는 최근에 추가되었다 특히 일본 식민지 이후 국가철학인 판차실라 덕분에 기독교 선교는 더 활기를 띠었고, 근대화 정책과 더불어 기독교는 확장되었다. 한편 급진이며 근본주의적인 무슬림들에게 기독교는 여전히 서구식민주의 확장된 팔로 간주되고 있으며, 기독교와 타종교와의 갈등이 계속되고 있다. 실제로 기독교는 여러 섬에서 인종 간 장벽을 무너뜨리고 화합하는데 기여했으며 다소위기가 있었지만 평화적인 공존을 도모하는 노력은 계속되고 있다.

기독교 현황

인도네시아 정부 공식 통계에 의하면, 2010년 현재 무슬림 87.2%, 개신교 6.9%개신교 단체에서 추정하기는 약 15-20%, 가톨릭 2.9%, 힌두교 1.7%, 불교 0.7%, 그리고 유교가 0.05%에 이른다. 인도네시아 전역에서 개신교가 생존력이 있고 강한 지역은 북 수마트라, 칼리만탄, 북 술라웨시, 서 술라웨시, 말루꾸 제도, 파푸아, 플로레스, 숨바, 서티모르 등이다. 현재 인구가 만 명에서 3천 2

백만 명에 이르는 128개 종족이 미전도 종족으로 남아 있다. 인도네시아 교회는 수많은 종족과 문화에 영향을 입어, 또한 선교사가 도입한 교파의 후유증으로 많은 교단 교파가 있다. 언어와 문화를 공유하는 종족 교회도 적지 않다. 그렇지만 인도네시아 교회는 고난 속에서 성장하는 교회로서 미래 아시아 선교에 큰 기여를 할 것으로 기대한다.

인도네시아 기독교의 최신 정보에 의하면, 기독교인 비율은 다음과 같다. 2020년 통계를 기준으로 할 때, 총 기독교인의 비율은 총인구 대비 12.2%1970년, 9.8%이다. 각 종파별, 교파별로는 내림차순으로, 종파별, 교파별 1970년 통계는 어깨글자로 표시하였으며, 개신교 [주류] 7.4%5.5%, 오순절 및 은사주의 계열 4.0%1.9%, 복음주의 계열 3.5%1.5%, 가톨릭 3.0%2.3%, 독립교회 2.3%1.9% 정도이다.[2]

대표적인 기독교사가 및 교회사 책

인도네시아 기독교 역사에 대한 전문가는 주로 식민 지배를 했던 네덜란드 사람이었다. 대표적인 학자는 판 덴 엔드Th. van den End로, 그의 저서는 인도네시아어로 기록된 『다시 이야기하기: 인도네시아교회사』 *Lagi Carita; Sejarah Gereja di Indonesia*, 두 권으로 되었으며, 여러 판이 출간되었음이다. 이 책은 백성영 선교사가 번역하여 『인도네시아교회사상』으로 출판되었다.[3] 테오도르 뮐러-크뤼거Theodor Mueller-krueger 역시 인도네시아어와 독일어로 교회사를 발간하였다. 그는 『인도네시아교회사』 *Sejarah Gereja di Indonesia*와 『인도네시아개신교, 역사와 현상』 *Der Protestantismus in Indonesien, Geschichte und Gestalt*을 펴냈다.[4] 최근

2) Kenneth R. Ross, Francis Alvareze, Todd M. Johnson, eds., *Christianity in East and Southeast Asia* (Edinburgh: Edinburgh University Press, 2020), 201.
3) Th. Van den End, *Lagi Carita: Sejarah Gereja di Indonesia*(Jakarta: BPK Gunung Mulia), (Th. 판 덴 엔드, 백성영 역, 『인도네시아교회사 상』 (서울: 아누거리출판사, 2004).
4) Theodor Mueller-Krueger, *Sejarah Gereja di Indonesia*(Jakarta: Badan Penerbit Kristen,

에 나온 종합적이고 방대한 인도네시아 기독교사 책은 자카르타신학교 역사 신학 교수인 아리토낭Jan Aritonang과 스틴브링크Karel Steenbrink가 편집한 『인 도네시아기독교사』A History of Christianity in Indonesia가 있다.[5]

1966); Theodor AuthorMüller-Krüger, *Der Protestantismus in Indonesien. Geschichte und Gestalt*(Stuttgart: Evangelisches Verlagswerk, 1968).

5) Jan Aritonang and Karel Steenbrink, *A History of Christianity in Indonesia*(Leiden & Boston: Brill, 2008).

말레이시아 기독교: 이슬람교의 융성과 제국주의 선교 유산

김칠성_목원대학교 교수

말레이시아는 13개 주와 3개의 연방 직할구로 이루어진 연방제 입헌 군주 국가로서, 영토는 크게 말레이 반도와 보르네오 섬브루나이 제외으로 이루어져 있다. 그러나 '말레이시아'라는 말은 비록 인도와 중국 출신 이주민들이 대거 유입되었다 하더라도 본래 지금의 국가개념이 아닌 말레이 인종Malay race이 주로 살아가는 지역을 나타내는 통칭으로 사용되던 용어였다.[6] 이 말레이시 아가 국가적인 개념으로 사용된 것은 서구열강들의 제국주의 혹은 식민주의 지배 이후 독립하는 과정에서 보다 구체화 되었다고 할 수 있다. 즉, 1957년 말라얀 연방Malayan Union이 영국으로부터 독립하였고, 1961년 사바 주, 사라 와 주는 싱가포르, 브루나이가 영국으로부터 독립하여 현재의 말레이시아 연 방을 성립하였다. 그러나 1962년에 브루나이가, 1965년에는 싱가포르가 말 레이시아로부터 다시 독립하여 오늘에 이르고 있다. 따라서 1960년대 이후 에는 브루나이 기독교와 싱가포르 기독교는 말레이시아 기독교와 별도로 구 분하여 역사 연구가 진행되고 있다.[7]

---

6) 김칠성, "말레이시아 선교의 아버지 제임스 토번," 한국복음주의선교신학회, 「복음과 선교」 Vol. 26, No. 2(2014), 23.

7) Kenneth R. Ross et al., *Christianity in East and Southeast Asia* (Edinburgh: Edinburgh

말레이시아 기독교 역사

말레이시아의 기독교 역사는 흔히 경교景教라고 불리는 동방시리아교회네스토리안, Nestorian 기독교도들이 7세기에 접촉했을 가능성으로부터 시작된다고 볼 수 있다.[8] 그러나 본격적인 기독교 선교는 로마 카톨릭 국가였던 포르투갈Portugal이 1511년 풍부한 향료로 유명했던 멜라카Melaka 지역을 점령하면서부터 시작되었다. 그리고 1545년 예수회 선교사인 하비에르Francis Xavier, 1505-1552가 멜라카에서 선교를 시도했다. 그 이후 말레이시아에서는 포르투갈1511-1641, 네덜란드1641-1786, 영국1786-1842등과 같은 소위 기독교 국가들의 식민지배와 더불어 기독교 선교는 지속되었다. 네덜란드 식민지배 당시인 1662년 멜라유어Bahasa Melayu로 신약이 번역되기도 하였다. 혹자는 14세기부터 전래된 이슬람이 말레이시아에서 국가종교로 융성하게 된 이유를 기독교카톨릭 국가들의 식민지배와 무관하지 않다고 보기도 한다.

성공회 선교

영국 성공회는 1847년 보르네오 교회선교회Borneo Church Mission를 조직하였고, 프랜시스 맥두걸Francis Thomas McDougall, 1817-1886 [9]을 사라왁Sarawak 지역을 위한 첫 번째 선교사로 파송한다. 또한 1860년대 영국 성공회 해외복음전도협회The Society for the Propagation of the Gospel in Foreign Parts는 인도에 거점을 두고 활동하던 동인도 회사East India Company의 사목들chaplains을 통해 단기 선

University Press, 2020), 238-241, 225-237; Mark A. Lamport, ed., *Encyclopedia of Christianity in Global South* (Lanham; Boulder; New York; London: Rowman & Littlefield, 2018), *Vol.* I, 100-103; *Vol.* II, 722-725.

8) John Roxborogh, "A Short History of Christianity in Malaysia," in https://www.roxborogh.com/sea/country/shmalaysia.htm, 2014. 9. 17. 접속.

9) Charles John Bunyan, *Memoirs Of Francis Thomas McDougall: Sometime Bishop of Labuan and Sarawak and, of Harriette, His Wife* (London: Longmans, Green, and Co., 1889).

교short-term mission 형태로 주로 말레이시아에 거주하던 유럽인들을 상대로 선교활동을 펼쳐 나갔다. 또한 1860년대에 싱가포르 성공회와 장로교 교회들도 말레이시아 선교를 위한 활동outreach을 실시하였다.[10]

감리교 선교

미국 북감리교 해외선교부는 1883년부터 인도와 중국선교의 연결 지점으로써 싱가포르 선교의 필요성에 관한 논의를 시작했고, 1859년부터 인도선교사로 활동하던 제임스 토번James Mills Thoburn, 1836-1922은 1884년 *Western Christian Advocate* 라는 잡지에 '싱가포르 선교를 위해 두 명의 젊은 선교사들이 필요하다'는 내용의 글을 기고하면서 싱가포르 선교를 위한 본격적인 준비를 시작하였다.[11] 이러한 노력의 일환으로 토번은 인도에서 태어나고 자란 윌리엄 올덤William Fitzjames Oldham, 1854-1937 부부를 싱가포르 선교사로 파송하였고, 올덤은 싱가포르 뿐만 아니라 보르네오, 자바Java, 수마트라Sumatra 지역으로까지 선교의 영역을 넓혀나갔다.

선교단체

1942년부터 1945년까지 말레이시아는 잠시 일본의 지배하에 놓이게 되었고, 일본이 패망한 이후에 영국은 또다시 말레이시아를 차지하려고 시도했다. 이에 대해 공산주의자들은 반대 입장을 표명 했고, 이로 인해 말레이시아는 1960년까지 일대 혼란기를 겪게 되었는데, 이시기 동안 다양한 해외선교 단체들이 말레이시아에서 선교활동을 시작하였다. 예를 들어, 미국 루터교 American Lutherans, 미국 남침례교Southern Baptists, 영국 성공회 복음주의 계열의

---

10) John Roxborogh, "A Short History of Christianity in Malaysia."
11) J. M. Thoburn, *India and Malaysia* (Cincinnati: Cranston & Curts, 1892), 520; 김칠성, "말레이시아 선교의 아버지 제임스 토번," 25에서 재인용.

교회선교회Church Missionary Society, 그리고 1964년 OMFOverseas Missionary Fellowship, 현재 OMF International로 명칭을 바꾼 중국내지선교회China Inland Mission 등이 이에 해당 된다. 특히 OMF International은 1949년 중국 공산화 이후 아시아 지역을 중요한 사역지로 삼았고, 중국인 디아스포라 선교도 중요한 사역 분야로 생각하고 있다.

종교 및 기독교 현황

2010년 통계자료에 의하면, 말레이시아 총인구 28,334,135명중에 이슬람 17,375,794명61.3%, 불교 5,620,483명19.8%, 기독교 2,617,159명9.2%, 힌두교 1,777,694명6.3%, 유교-도교-중국전통종교 356,718명1.3%, 무응답 271,765명1%, 기타종교 111,759명0.4%, 종교없음 202,763명0.8%라고 한다.[12] 기독교에 대한 대략적인 통계는, 로마 카톨릭 신자가 약 850,000명3%, 감리교 신자는 509,844명1.7%, 성공회 신자는 171,632명0.6%, 그리고 장로교 신자는 10,500명0.03%이다.[13]

〈지역별, 인종별 기독교 인구 통계표[14]〉

번호	지역	인종				합계(명)
		Bumiptr (Non-Malay)	Chinese	Indian	Others	
1	Johor	21,835	70,179	8,792	10,318	111,124
2	Kedah	1,651	6,084	4,990	2,349	15,074
3	Kelantan	2,304	1,432	142	497	4,375
4	Malacca	4,252	13,960	3,253	3,398	24,863

---

12) http://www.indexmundi.com/malaysia/demographics_profile.html, 2014. 9. 18. 접속.
13) http://ccmalaysia.org/index.php/about-ccm/members, 2014. 9. 20. 접속.
14) http://www.youtube.com/watch?v=ifAdI97s9pA, 2014. 9. 20. 접속.

5	Negeri Sembilan	5,116	8,006	7,274	4,127	24,523
6	Pahang	8,593	15,370	1,606	2,371	27,940
7	Perak	14,640	63,651	17,120	5,052	100,463
8	Perlis	657	326	296	101	1,380
9	Penang	2,315	59,096	10,774	7,850	80,035
10	Sabah	624,933	96,422	1,328	131,043	853,726
11	Sarawak	824,034	210,306	1,595	17,051	1,052,986
12	Selangor	23,368	106,390	44,587	35,400	209,745
13	Terengganu	661	1,234	126	248	2,269
14	Kuala Lumpur	7,849	51,781	12,237	25,374	97,241
15	Labuan	6,585	2,167	83	1,953	10,788
16	Putrajaya	400	75	78	74	627
	합계	1,549,193	706,479	114,281	247,206	2,617,159

위의 통계와 최근 통계를 비교하는 것도 도움이 될 것이다. 말레이시아 기독교의 최신 정보에 의하면, 기독교인 비율은 다음과 같다. 2020년 통계를 기준으로 할 때, 총 기독교인의 비율은 총인구 대비 9.1%[1970년, 5.3%]이다. 각 종파별, 교파별로는 내림차순으로, 종파별, 교파별 1970년 통계는 어깨 글자로 표기했으며, 가톨릭 4.6%[2.8%], 개신교 [주류] 2.7%[1.5%], 복음주의 계열 1.9%[1.2%], 오순절 및 은사주의 계열 1.9%[0.3%], 성공회 0.9%[0.6%], 독립교회 0.7%[0.2%] 정도이다.[15]

---

15) Kenneth R. Ross et al., *Christianity in East and Southeast Asia* (Edinburgh: Edinburgh University Press, 2020), 213.

참고 자료

김칠성, "말레이시아 선교의 아버지 제임스 토번," 한국복음주의선교신학회, 「복음과
  선교」 Vol. 26, No. 2(2014), 9-37.

Bunyan, Charles John. *Memoirs of Francis Thomas McDougall: Sometime Bishop of
  Labuan and Sarawak and, of Harriette, his Wife.* London: Longmans, Green, and
  Co., 1889.

Hunt, Robert; Lee, Kam Hing; and Roxborogh, John(ed.). *Christianity in Malaysia: A
  Denominational History*, Petaling Jaya, Selangor Darul Ehsan, Malaysia: Pelanduk
  Publications, 1992.

Roxborogh, John. *A History of Christianity in Malaysia,* Singapore: Armour, 2014.

Roxborogh, John. "A Bibliography of Christianity in Malaysia" in www.roxborogh.
  com/malaysia (2014. 9. 20. 접속).

Roxborogh, John. "A Short History of Christianity in Malaysia," in www.roxborogh.
  com/sea/country/shmalaysia.htm (2014. 9. 17. 접속).

미얀마 기독교: 서구 선교와 기독교의 정착

백종구_전 서울기독대학교 교수

지리, 종족, 역사 개관

미얀마1998년 이전에는 버마; 여기서는 필요에 따라 두 용어를 번갈아 사용한다는 동남아시아에 위치한 불교 국가로 1946년 1월 영국의 식민지에서 해방된 신생 독립 국가이다.[16] 미얀마는 서북에 방글라데시와 인도, 동북에 중국, 동에 라오스, 동남에 태국과 국경을 접하고 있다. 국토의 총면적은 약 68만㎢로 한반도의 3배이다. 지형은 동부 고원지대, 중부 평야지대, 서부 산악지대, 그리고 벵갈만 연안의 라카인지역으로 구분된다. 다종족 국가로 주종족은 버마족이고, 기타 소수종족은 샨족, 까렌꺼인족, 라카인족, 까친족, 몬족, 친족, 까야족 등이다. 버마족은 중부 평야와 동부 고원의 남쪽, 샨족은 동부 고원, 까렌족은 동부 샨족 지역의 남부, 라카인족은 북서 고산지대, 몬족은 중남부 해안, 친족은 북서부 고산, 까친족은 최북단에 집중적으로 거주하고 있다.전체 인구는 약 4,800만 명으로 버마족 68%, 샨족 9%, 까렌족 7%, 라카인족 4%, 몬족 2%, 그 외 까친족, 친족, 꺼야족 등이 5%를 차지하고 있다.2004년 추산

---

16) 미얀마와 버마는 같은 어원에서 나온 단어인데, 미얀마 군사정부가 1989년 버마(식민주의가 연상되는 단어) 대신 미얀마를 택했다. 이에 반대하는 입장도 있으나, 현재 국제연합과 대다수 나라가 미얀마를 사용한다.

미얀마의 역사는 크게 버마족, 샨족, 몬족 간의 정치적 갈등의 역사이다. 이 갈등에서 주종족인 버마족이 오랫동안 정치적 주도권을 잡았다. 버마족은 11세기 첫 왕조 국가버간왕국, 1044-1287를 창건한 이래 왕조 체제를 유지하고 불교문화를 발전시켰다. 마지막 왕조 국가꽁바우왕국, 1752-1886는 비교적 강력한 세력을 형성했지만, 19세기 초 이 지역의 주도권을 놓고 프랑스를 견제하던 영국과의 전쟁에 패하여 식민지가 되었다.[17] 이후 미얀마는 70여 년 동안 영국의 식민통치를 받았고, 식민통치는 미얀마의 정치, 경제, 교육 및 종교에 적지 않은 영향을 주었다.[18] 미얀마는 1948년 1월 영국으로부터 해방되어 미얀마연방을 수립하였다.

초대 우누 정부1948-1956, 1960-1962는 의회민주주의를 실시하였지만 정국을 안정시키는 데 실패하였다. 1962년 쿠데타로 정권을 잡은 네윈 정부1962-1988는 미얀마식 사회주의 도입으로 외부와의 관계를 단절하고, 종족분쟁의 해결, 경제건설, 국민통합을 추구하였으나 실효를 거두지 못했다. 1988년 대학생을 중심으로 반정부 민주화 요구가 전국으로 확대되자 소마웅이 쿠데타를 일으켜 국가법질서평의회1992년 국가평화발전위원회로 변경를 설치하고 전권을 장악하였다. 국가법질서평의회는 군정부의 안정을 위해 부분적인 경제개방과 종족 화해 정책을 추구하였는데 이 정책이 일정부분 실효를 거두었다. 군정부는 2007년 불교 승려 시위의 무력진압을 계기로 정통성과 신뢰를 잃고, 2011년 출범한 민선정부에 정권을 이양하였다. 2015년 아웅산수찌가 이끄는 국민민주주의연맹이 총선에 승리하여 정권을 교체하고, 2020년 총선에서

---

17) 미얀마는 영국과 세 차례에 걸친 전쟁(1824-1826, 1854, 1886)에 패하여 식민지가 되었다. 처음에 영국-인도의 한 주로 편입되었다가 1937년 영국-인도로 분리되어 직영 식민지가 되었다.
18) 영국의 식민통치는 '분할통치'로 버마족이 거주한 중부 평야 지역(행정미얀마)을 영국식 관료제도와 성문법으로 통치한 반면, 까렌족, 카친족, 친족 등 소수종족이 거주하는 지역(변방지역)을 세습 촌장들을 통해 다스렸다.

도 크게 승리하였다. 그러나 선거결과에 불복한 군부가 쿠데타를 일으켰다. 현재 군부는 반군부 민주화 세력의 저항에 부딪쳤으며 양방간 충돌은 유혈사태로 번지어 세계의 주목을 받고 있다.

영국-미얀마 전쟁 시기의 기독교(1692-1886)

미얀마의 기독교 전래는 13세기로 소급된다고 추정된다. 몽골 미얀마 전쟁에 참여한 몽골군 중 동방시리아 기독교인을 통해 전해진 것으로 보이는데, 미얀마 왕 석굴 벽돌 벽화에 그려진 연꽃 위의 십자가라는 경교 십자가 무늬를 통해 확인된다. 이후 서구 상인이나 탐험가가 모습을 나타내곤 했다.[19]

본격적인 서구 기독교의 미얀마 선교는 1692년 파리 해외선교회Society for Foreign Missions, 파리외방전교회의 가톨릭 선교사 파송으로 시작되었다. 역대 미얀마 왕들의 관용 정책으로 가톨릭 선교활동은 비교적 자유롭게 진행되었다. 19세기 초 개신교프로테스탄트 선교사가 들어오기 전, 양곤에는 2개 교회와 3,000명의 가톨릭 신자가 있었다. 개신교 미얀마 선교는 1807년 영국침례교 선교사들의 양곤 도착으로 시작되지만, 본격적인 선교사업은 영국-미얀마 식민지전쟁 개시 이후부터이다.[20] 미얀마의 첫 상주 선교사는 미국침례교 선교부American Baptist Mission Board 소속 저드슨Adoniram Judson, 1788-1850이다. 1813년 양곤에 도착한 저드슨은 처음에 회중교인이었는데, 인도에서 세례를 받고 침례교인이 되었다. 저드슨에 이어 소수의 미국침례교 선교사들이 미얀마 선교에 합류했다.

영국-미얀마 1차 전쟁으로 영국이 라카인과 테나서림 지역을 양도받자 이

---

19) Mark A. Lamport, ed., *Encyclopedia of Christianity in Global South* (Lanham; Boulder; New York; London: Rowman & Littlefield, 2018), 562.

20) Vuta Khawl Thang, "A Brief History of the Church in Burma" (Ph.D. dissertation, Fuller Theological University, 1983), 39-50.

지역 내 선교활동이 자유로워졌다. 미국침례교 선교사들은 양곤, 물메인, 타보이, 아바 등 주요 도시를 중심으로 불교도 몬족과 버마족에게 복음을 전파하였으나 성과는 극히 적었다. 1820년대 후반 이후 복음전도사역은 소수종족 까렌족으로 확대되었다. 까렌인 고타부가 첫 까렌족 세례교인이 되고 첫 본토인 목회자가 되었다. 복음은 까렌 신 '유아'와 '잃어버린 책'에 대한 까렌 전통 때문에 까렌인들 사이에 빠르게 전파되었다.[21] 까렌족에 알려진 복음은 1867년 샨족, 1878년 까친족, 1899년 친족에게 전해졌다. 선교사들은 까렌 본토인 조력자들을 교사로 또는 순회 설교자로 세워 소수종족들에 복음을 전파하는 데 성공하였다. 영국-미얀마 2차 전쟁으로 영국이 버고를 포함한 하부 미얀마를 지배하면서, 침례교 외 개신교 선교사들이 이 지역에서 선교활동을 시작하였다. 1854년 영국성공회Anglican Church, 1879년 미국감리교 Methodist Episcopal Church가 하부 미얀마 선교에 착수했다.

선교사들의 복음전도사업은 문서, 교육, 의료사업과 병행되었다. 1816년 저드슨의 마태복음 번역을 시작으로 버마역 성경이 출판되고, 영어-버마/버마-영어 사전이 완성되었다. 시간이 지나면서 까렌, 몬, 샨, 까친 등 소수 종족어로 전도문서가 제작되고 성경이 번역, 출판되었다.[22] 미국침례교는 1820년 양곤에 첫 남녀공학 학교를 설립하고 이후 여자기숙학교와 까렌족을 위한 학교를 세웠다. 또 1845년 물메인에 까렌 신학교1864년 양곤으로 옮김를 세워 본토인 목회자를 양성하고, 1872년 양곤에 침례교대학을 설립하여 까렌 청년들을 교육시켰다.[23] 성공회는 1863년 양곤에 최초의 고등교육기관인 성 존

---

21) 까렌 교인은 1832년 216명, 1842년 1,421명, 1852년 7,750명으로 증가했다. 위의 논문, 141.

22) 성경은 1835년 버마어, 1853년 스고 까렌어, 1895년 파오 까렌어, 1925년 경 몬어, 1892년 샨어, 1926년 까친어, 1979년 하카 친어(1940년 하카 신약 번역, 1959년 하카 구약 번역)로 번역, 출판되었다. 위의 논문, 267-285.

23) 침례교대학은 1909년 저드슨대학으로 개명하고 1920년 양곤대학교의 일부가 되었다.

스 대학St. John's College을, 1898년 기독교 교사를 양성하는 사범대학을 설립했다. 본격적 의료선교는 1860년대 미국침례교와 영국성공회가 토웅구에 병원과 진료소를 세우면서 시작되었다. 언급한 활동 외에 선교사들은 복지사업 특히 신체장애인과 소외계층을 위한 사업시각장애인과 청각장애인학교와 고아원 설립등에 헌신했다.

미얀마 교회들은 일찍부터 자전을 실천하였다. 침례교인들은 1833년 본토인 전도자와 목회자, 그리고 교회개척을 지원하기 위해, 물메인과 타보이에 국내선교회Home Mission Society를 조직하였다. 까렌 교인들은 1851년 바세인, 1853년 양곤에 유사한 선교회를 조직하였다. 빠르게 성장하는 미얀마 선교지는 초기부터 본토인 사역자들의 활동이 두드러졌고,[24] 신학교를 통한 본토인 사역자 양성은 미얀마 교회의 자치를 앞당겼다. 침례교의 경우, 본토인 사역자들의 증가는 1865년 미국침례교선교사들과 국내선교회들 간 일치와 상호 협력을 모색하는 미얀마침례교협회Burma Baptist Convention의 조직으로 이어졌다.

영국식민지 시기의 기독교(1886-1948)

개신교 선교사역은 1886년 영국이 미얀마를 합병하면서 상부 미얀마와 산간지대로 확장되었다. 이 시기 식민정부는 정교분리의 원칙 아래 종교의 자유를 보장하여 미얀마 전 지역에 선교활동이 자유로웠다. 그러나 1900년대 불교계의 불교진흥사업, 1920년대 미얀마 민족주의운동과 세계적인 경기 침체, 1940년대 전반 일본의 미얀마 점령과 기독교인 박해, 독립 직후 소수종족의 반정부활동 등 외적 요인들이 기독교의 성장을 저해하였다. 내적으로

---

24) 1841년 까렌 전도자들의 수(48명)는 선교사들의 수(10명)를 능가했고 까렌 전도자들이 수천 명의 까렌 교인들을 돌보았다. 선교사들은 가끔 선교여행을 가는 것 외에 대부분 시간을 선교기지에서 혹은 학교를 세우고 성경 및 문서를 번역하는 데 시간을 보냈다.

선교사 주도 아래 미얀마 침례교가 1910년대 전개한 복음전도집회가 실효를 거두지 못했다. 다른 한편 새로운 개신교 교단인 '하나님의총회'Assembly of God, 하나님의 성회가 1920년대 미얀마에 들어와 선교를 시작하였고, 1940년대 중반 인도 미조람 장로교회의 부흥전도집회로 친족이 거주하는 고지대에 장로교회가 생겨났다. 영국의 식민통치 시기, 가톨릭과 개신교는 불교와 문화가 상대적으로 더 발전된 하부 미얀마에 거주하는 버마, 몬, 샨, 라카인 종족보다는, 정령신앙이 강하고 후진되었지만 외부에 열려있는 변방 지역에 거주하는 까렌, 카친, 친족 등 소수종족으로부터 많은 개종자를 얻었다. 이 시기 미얀마 교회의 자급률이 크게 증가하고[25] 교인의 숫자는 전체 인구 1,800만의 2.9%인 52만5천 명 정도였다.[26]

독립 후 미얀마연방의 기독교 (1948-현재)

영국으로부터 독립한 신생 미얀마정부의 종교정책은 기독교에 적지 않은 영향을 미쳤다. 초대 우누 정부는 국민의 대다수가 신봉하는 불교에 특권적 지위를 부여하고 불교진흥사업을 지원하였다. 그러나 기독교를 힌두교, 이슬람, 정령신앙과 함께 공인종교로 인정하였기 때문에 기독교는 지속적으로 성장하였다.[27] 쿠데타로 정권을 잡은 네윈 정부는 '정교분리' 정책이라는 명분 아래 종교활동을 크게 제한했다. 기독교의 경우 외부와의 단절을 목적으로 선교사 추방명령을 내리고 기독교를 견제하는 조치를 취했다. 선교사에게 개교회 목회나 주요 행정직을 금지하고, 기독교 학교와 병원을 국유화하였다. 교회 건물은 처음에 국유화했으나 후에 소속 교단에 돌려주었다. 영어 대신 버마어가 학교, 대학, 단체의 통공용어가 되었다. 선교사 강제추방을 기

---

25) 자급률은 1883년 42%에서 1890년 82%, 1896년 93%로 증가하였다.
26) Vuta Khawl Thang, "A Brief History of the Church in Burma," 311.
27) 양승윤 외, 『미얀마』(서울: 한국외국어대학교, 1999), 218-231.

점으로 미얀마 교회는 변화를 겪었다. 주류 개신교침례교, 감리교, 하나님의총회, 장로교 등는 대부분 자급 자치하는 교회로 발전하였다. 침례교의 경우, 미얀마침례교협회가 선교사들로부터 교회치리권을 넘겨받고, 선교부의 재산을 인수했다. 동 협회는 회원교회들이 사용하는 종족언어에 따라 종족언어별 협회로 구성되었다. 미얀마 교인들의 신앙생활 방식, 즉 의식, 매너태도, 사고, 사역 방식이 전에 비해 더 미얀마식으로 토착화되었다. 침례교를 위시한 미얀마 개신교성공회, 감리교, 장로교 등는 에큐메니즘과 자유신학의 영향으로 선교사역을 중지했다. 이 시기 성령강림주의를 주장한 하나님의총회와 복음전도를 앞세운 장로교를 제외한 모든 교회는 성장이 저하되었다.

1988년 민주화운동을 계기로 정권을 잡은 군부는 경제적으로 외국과의 관계를 개선하고 국민통합의 일환으로 소수종족, 특히 자치와 독립을 원하는 개신교 소수종족 단체들과 정치협상을 통해 반정부활동을 완화시켜 나갔다.[28] 군부는 1990년 초 반정부활동이 활발한 소수종족 가운데 개신교 비율이 높은 지역예를 들면 친족 지역을 경계하여 대규모 군사를 주둔시키고, 또 불교 포교지역으로 지목하여 지역주민들대부분 기독교인을 불교로 유도하였다. 특히 1995년 미얀마-태국 국경지대에서 활발하게 반정부활동을 전개하는 개신교 중심의 까렌 반정부단체까렌민족연합를 총공격하여 미얀마-태국 국경지대에 많은 까렌 난민들을 발생시켰다.

기독교 현황

미얀마는 다종교국가로 전체 인구 4천8백만 가운데 90%가 불교, 5%가 기독교, 4%가 이슬람교, 1%가 힌두교나 정령신앙낫신앙을 신봉하고 있다.[2004

---

28) 대표적인 기독교인 소수종족 반정부단체는 까렌민족해방군(Karen National Liberation Army), 까렌민족연합(Karen National Union), 친민족군(Chin National Army), 까친독립군(Kachin Independence Army) 등이다.

년 추산] 현재 미얀마에서 가장 크고 지도적인 교회는 미얀마침례교로 양곤을 비롯하여 전국에 3천여 개의 교회와 110만 명의 교인을 가지고 있다. 미국침례교 다음으로 큰 교회는 가톨릭교회이다. 가톨릭교회는 식민지 시기부터 강한 선교회를 배경으로 전국적인 복음전도 사업을 펼쳐 큰 교세를 확보했다. 특히 불교계 버마족과 몬족의 전도에서 개신교를 앞지르고 있다. 가톨릭교회 다음으로 그리스도의교회들, 하나님의총회, 감리교, 장로교, 성공회 등 20여개의 중소교단교회들이 공존하고 있다.

미얀마 기독교의 최신 정보에 의하면, 기독교인 비율을 다음과 같다. 2020년 통계를 기준으로 할 때, 총 기독교인의 비율은 총인구 대비 8.04%1970년, 5.1%이다. 각 종파별, 교파별로는 내림차순으로 -종파별, 교파별 1970년 통계는 어깨글자로-, 개신교 [주류] 4,8%3.6%, 복음주의 계열 2.9%1.7%, 오순절 및 은사주의 계열 2.1%0.3%, 독립교회 1.2%0.3%, 가톨릭 1.2%1.0% 정도이다.[29]

참고할 문헌

미얀마의 제반 사항에 대해서는 양승윤 외, 『미얀마』서울: 한국외국어대학교, 1999을 참조할 만하다. 미얀마 기독교 통사로는 탕Vuta Khawl Thang의 박사학위논문인 "버마교회 약사" A Brief History of the Church in Burma, Ph.D. dissertation, Fuller Theological University, 1983가 있다. 미국침례교선교역사에 대해서는 존슨 Robert G. Johnson의 『미국침례교 친족 선교 역사』History of American Baptist Chin Mission. 2 vols. N.p.: R. G. Johnson, 1988와 Maung Shwe Wa의 『버마침례교 연대기: 버마교회의 개척과 성장에 관한 연구, 1813-1963』Burma Baptist Chronicle: A Study of the Planting and Growth of the Church in Burma 1813-1963, *Rangoon: Board of*

---

29) Kenneth R. Ross et al., *Christianity in East and Southeast Asia* (Edinburgh: Edinburgh University Press, 2020), 146.

Publications, Burma Baptist Convention, 1963을 들 수 있다. 종족별 기독교 역사에 대해서는 테켈펠트Tegenfeldt Hermang G.의 『성장 백년: 버마 카친 침례교회』*A Century of Growth: The Kachin Baptist Church of Burma*, South Pasadena, California: The William Carey Library, 1974; 쿠앙Nawni Khuang의 "미얀마, 친족 지역 교회의 역사와 성장"The History and Growth of the Churches in Chin State, Myanmar, Th.M. thesis, Fuller Theological Seminary, 1990, 그리고 마샬Harry Ignatius Marshall의 『버마 카렌족』 *The Karen People of Burma*, 1992; Reprint, Bangkok: White Lotus Press, 1997을 참고할 수 있다.

최근 한국학자에 의한 연구물로는 오영철의 『카렌! 그들을 통해 배우다』를 들 수 있다.[30] 카렌족은 태국과 미얀마에 걸쳐 있고, 오영철의 책은 태국의 경우를 중심으로 하지만, 미얀마 연구에도 도움이 된다.

---

30) 오영철, 『카렌! 그들을 통해 배우다』(서울: 요단, 2020)

태국 기독교: 뿌리 깊은 불교 나라에서의 복음 전도와 확산

염신승_태국 파얍대학교 신학대학 교수

태국 개관

태국Thailand이라는 단어는 '자유의 땅'land of the freedom이라는 의미를 가지고 있다. 태국의 면적은 513,120 평방킬로미터이고, 지리적으로 동남아시아의 인도차이나 반도에 속해 있으며 미얀마, 라오스, 캄보디아, 말레이시아와 국경을 이룬다. 태국은 25-28도의 더운 날씨와 연중 강우량 1,000mm-1,600mm의 풍부한 강우량으로 농산물, 과일이 풍성하다. 또한 너른 바다를 가지고 있어서 해산물이 많으며 산, 강, 바다 등 천연의 아름다운 자연조건으로 인해 관광대국으로 계속 성장하고 있다.

태국의 인구는 2021년 6월 8일 기준으로 69,963,441명이다.[31] 민족 구성은 전체 약 70개의 민족으로 구성되어 있으며, 민족 구성은 약 90%의 타이족, 소수민족들로서는 6%의 크메르 및 몬-크메르족, 3%의 남부 말레이족, 1% 정도의 카렌, 미옌족 등이 있다.

언어 구성은 태국 전역에서 통용되는 공식어인 태국어를 사용한다. 이 외

---

31) https://www.worldometers.info/world-population/thailand-population/. 접속일자 2021년 6월 9일.

에 몬-크메르어, 시노-티베트어, 말라요-폴리네시안어, 몽-미옌어, 타이-인디언어 및 소수부족어 등이 많아 모두 80개 이상의 언어를 사용한다.

태국의 종교 개관으로는 2018년 기준 불교 93.46%, 무슬림 5.37%, 기독교 1.13%, 힌두교와 시크교 0.018% 등이다.[32] 태국은 불교가 지배적이나 태국 헌법에 국교로 명시되지는 않았다.[33] 태국 전역에는 약 30,000개의 불교 사찰절이 있으며, 약 250,000명 이상의 승려들이 활동하고 있다.

태국의 기독교 역사는 로마 카톨릭이 1518년, 개신교가 1828년 8월 23일에 시작되었으나 기독교 인구는 겨우 1% 정도에 머물고 있다. 반면 이슬람은 방콕 일부 중심과 대부분 남부에 편중되어 있었으나 태국 전역에 걸쳐 급성장하고 있는 추세이다.

태국의 기독교 초기 역사: 동방시리아교회 및 가톨릭교회

태국에 최초로 기독교가 전래된 것은 아마도 동방시리아교회네스토리안에 의해 주후 6세기 경이라고 보는 견해가 있다. 서기 525년 코마스Comas가 실론스리랑카, 갠지스, 통킹Tonking, 그리고 현 태국인 사얌Siam을 방문했을 때 기독교인들을 만날 수 있었다. 로빈슨Robinson의 선교역사History of Mission에서도 태국의 초기선교 시기를 서기 약 800년경으로 추산한다.

태국에 가톨릭교회가 전래된 것은 아유타야 왕조 때 포르투갈 상인들에 의해서인데, 1518년까지 거슬러 올라간다.[34] 이때 태국 왕은 태국 땅에 첫 가

---

32) https://en.wikipedia.org/wiki/Religion_in_Thailand. 접속일자 2021년 6월 9일.

33) 태국의 종교 인구 통계는 산출 기관마다 다르다. 일부 통계는 불교 94.%, 무슬림 4.6%, 기독교 0.7%, 기타 0.1% 등으로 상대적으로 불교가 많고 인구가 현저히 낮게 나타나 있기도 하다. 참조: http://www.30-days.net/muslims/muslims-in/asia-east/thailand/, 접속일자 2014년 10월 1일.

34) John C. England et al., eds., *Asian Christian Theologies Vol. 2 Southeast Asia* (Delhi : ISPCK ; Quezon City : Claretian Publishers ; Maryknoll, N.Y. : Orbis Books, 2003), 531-555.

톨릭교회를 지을 수 있도록 많은 양의 물질을 지원하였다.

일반적으로 공인된 태국의 가톨릭 선교 역사는 1567년에 입국한 도미니코 수도회 소속의 두 선교사Friar Jeronimo da Cruz, Sebasti ão da Canto이다. 하지만 이들은 버마인에 의해 살해되고 말았다. 이후 프란시스코 수도회와 예수회 소속 선교사들이 들어오게 되었다.[35) 또한 프랑스의 파리외방전교회Sociét é des Missions Étrangēres de Paris, The Society of Foreign Missions of Paris가 17세기에 들어왔다. 1655년부터 1709년도에는 예수회Jesuit Mission, 1662년에는 파리외방전교회가 들어와 가톨릭 선교를 활발히 전개하였다. 1665년에는 카톨릭 사제 양성을 위한 신학교Seminary for Southeast Asia를 세워 태국을 비롯한 미얀마, 라오스, 캄보디아, 베트남 등을 위한 선교의 발판으로 삼았다.

18세기에 이르러서도 태국 국왕의 후의에 힘입어 여러 가톨릭 선교사들이 들어와서 선교하였다.[36) 특히 몽쿳 왕Mongkut, 1851-68과 쭐라롱껀 왕Chulaong-korn, 1868-1910 때에는 카톨릭 선교의 절정기를 맞아 더욱 활발한 선교가 이루어졌다.[37)

3. 태국의 개신교 선교

태국의 개신교 전래는 뜻밖의 손길을 통해 시작되었다. 태국의 개신교 선교의 시작은 미얀마의 저드슨Adoniram Judson, Jr., 1788-1850 선교사의 아내인 앤Ann Hasseltine Judson, 1789-1826 선교사에 의해 1819년, 미얀마에서 이루어졌다. 앤 선교사는 당시 미얀마 군대에 의해 포로로 잡혀간 태국 사람들을 만나게

---

35) http://en.wikipedia.org/wiki/Christianity_in_Thailand, 접속일자 2014년 10월 1일.
36) Bishops Texier de Kerlay and de Lolière-Puycontat(1755), Bishop Brigot, Father Corre(1769) and Mgr Lebon(1772-89).
37) John C. England et al., eds., *Asian Christian Theologies Vol. 2 Southeast Asia*, 531. The Catholic Church in Siam under Pallegoix's successors, Bishops Dupont (1862-72) and Vey(1875-1909).

되었고, 그들로부터 태국어를 배워 신앙교리문답과 마태복음 등을 번역하고 인쇄하여 태국으로 보냈다. 그는 한 번도 태국 땅을 밟아보지 못했고 상주常駐한 적도 없었으나 태국의 개신교 전래를 말할 때는 빼놓을 수 없는 귀한 선교사가 되었다.

태국의 최초 개신교 선교사는 톰린Jacob Tomlin, 1793-1880과 귀츨라프Carl Friedrich August Gützlaff, 1803-1851로서 톰린은 런던선교회London Missionary Society의 파송으로, 귀츨라프는 같은 해 본인의 소속이었던 네덜란드선교회Netherlands Missionary Society를 떠난 후 두 사람이 1828년 8월 23일토 함께 입국하였다. 그들은 태국의 라마 3세의 통치기간1824-1851에 활동한 태국 최초의 상주 개신교 선교사로 기록되었다.

톰린과 귀츨라프는 그들과 함께 일할 선교동역자가 필요했다. 그들의 노력은 미국공리회 해외선교부American Board of Commissioners for Foreign Missions, ABCFM와 연결되었고, 그 결과 회중교회Congregational churches와 장로교회Presbyterian churches 등으로 구성된 선교회에 의해 데이비드 아빌David Abeel, 1804-1846이 태국으로 파송된다.[38] 미국화란개혁교회The American Dutch Reformed Church 소속 의사인 데이비드 아빌은 싱가포르에서 톰린을 만나 1831년 6월 30일 태국에 입국하게 된다.

태국 선교 초기, 외국 선교사에 의한 태국인 전도는 대단히 어려웠다. 선교사들로서는 태국인들보다는 오히려 중국계 화교들에게 전도하는 것이 더 효과적이었다. 그리하여 1833년 존스Jones 목사에 의해 네 사람이 세례를 받았다. 1835년부터는 중국어를 배워 화교 선교에 전적으로 헌신한 딘William Dean 목사의 노력으로 같은 해 교인들이 34명이 되었고, 불과 두 달 후 50명으로 증가하게 되었다. 이에 딘 목사는 1837년 7월 1일 동양 최초의 개신교회

---

38) 이 선교기관은 최초에 초교파선교회로 시작되었으나, 후에 회중교회 선교부가 되었다.

the first Protestant church in the East이자 전체 아시아 지역의 최초 중국인교회the first Chinese church in all of Asia인 마이뜨리찟교회Maitri Chit Church를 조직하게 되었다.

태국의 성경 번역은 귀츨라프 선교사가 1834년 누가복음을 번역하여 싱가포르에서 인쇄되었고, 1842년에는 로빈슨Charles Robinson에 의해 사복음서가 번역되어 방콕에서 인쇄되었다. 이어서 존스John Taylor Jones는 1843년 신약성경 전체를 다 번역하였다. 1860년부터 조직된 기독교신학과 미국선교회협의회Association of Christian theology and the American Mission는 1883년 신구약 성경을 모두 태국어로 번역하였다.[39] 1840년에는 방콕에 미국 장로교American Presbyterian 선교부가 선교사역을 시작하게 된다. 선교사들에 의한 학교 교육도 활발하게 전개되었는데, 당시 태국의 통용어인 사얌어로 신약성경을 번역하였고 사얌 주재 미국의 첫 영사로 임명 받은 마툰Stephen Mattoon, 1816. 5. 5-1889. 8. 15의 아내인 여성선교사 마툰Mrs. Mary Lourie Mattoon에 의해 1848년 장로교 기숙사 학교가 가난한 학생들을 위해 문을 열었고, 이 무렵 최초의 여성 개종자를 얻게 되었다.

태국 선교역사를 말할 때 **빼놓을** 수 없는 사람이 있다면 바로 맥길버리Rev. Daniel McGilvary, 1828. 5. 16-1911. 8. 22와 그의 아내인 소피아Sophia Royce Bradley, 1839. 10. 8-1923. 7. 5 선교사 부부이다. 맥길버리는 1828년 미국에서 태어나 그의 신학수업을 프린스턴신학교에서 마쳤다. 그는 이후 목회자로서의 과정을 밟고 오렌지노회Orange Presbytery로부터 1857년 12월 13일 사얌선교사missionary to Siam로 임명 받고 1858년 6월 20일 주일, 방콕에 도착하였다. 그는 같은 반 친구인 윌슨J. H. Wilson과 함께 당시 태국 선교부 책임자로 있던 브레들리Dr. Dan Beach Bradley1804. 7. 18-1873. 6. 23 선교사와 합류하게 된다.[40]

---

39) https://thai.bible/, 접속일자 2021년 6월 9일.
40) The Chiang Mai Foreign Cemetery Committee, *De Mortuis: The Story of the Chiang Mai Foreign Cemetery* (Chiang Mai: Within Design, 2009), 13.

그는 1860년 브레들리 선교사의 딸인 소피아Sophia Royce와 결혼하였다. 그들은 선교에 대한 열망을 가지고 페차부리Pechaburi에 거주하면서 사역을 계속하였으나 선교의 결실이 별로 없음에 실망하였다. 그들은 복음 사역지를 위해 기도하던 중 태국 북부지역을 사모하게 된다.

맥길버리 선교사 부부는 페차부리를 떠났고, 이후 두 어린 자녀들과 함께 1867년 1월 3일 방콕을 떠나 4월 3일 치앙마이에 도착한다.[41] 선교지 이주 여정이 90일 걸린 셈이다. 그들은 치앙마이에서 네 명의 개종자들을 얻었으나, 그들 중 너이 순야와 난 차이 두 사람이 외국 종교를 믿고 주일에 부역을 나오지 않는다는 구실로 1869년 죽임을 당해 태국 최초의 개신교 순교자들이 되었다.

맥길버리 선교사 부부는 기독교 복음의 불모지인 태국 북부지역을 태국 복음의 옥토요 산실로 만들었다. 그들은 많은 협력자들과 함께 교회, 학교, 병원, 전도처 등을 세워갔다. 또한 그는 치앙마이를 중심으로 시작하여 1885년 람빵Lampang, 1893년 프레Phrae, 1894년 난Nan, 1897년 치앙라이Chiang Rai, 1899년 피사눌록Phitsanulok에 이르기까지 70세 고령에도 불구하고 선교를 계속하였다. 뿐만 아니라 라오스까지 선교지역을 확대하여 많은 결신자를 얻었다.[42]

맥길버리 선교사의 아내인 소피아 선교사 역시 그의 남편 맥길버리 선교사 곁에서 선생이요 음악가, 학자로서 최선의 역할을 다했다.[43] 그녀는 효과적인 복음 전도자였을 뿐 아니라 특별히 언어에 재능이 많아서 1875년 마태복음을 사얌어Siamese로 번역하여 출판하였다.[44]

---

41) Ibid., 15.
42) Ibid, 19.
43) Ibid., 20.
44) John C. England et al., eds., *Asian Christian Theologies Vol. 2 Southeast Asia*, 506.

4. 태국 교인의 순교: 최초 개신교 순교자

맥길버리 선교사가 치앙마이 지역에서 선교를 시작할 때 주변의 분위기가 그리 호의적이지 않았다. 특히 치앙마이 지역의 지방 통치자인 짜오 까위라 룻Chao Kawilaroot이 더욱 강하게 반대했다. 그는 1869년 9월 10일, 기독교 개종자를 잡아오라고 명령했다. 이 때 맥길버리 선교사에 의해 기독교로 개종하고 목회자로 훈련 중인 너이 순야Noi Sunya와 난 차이Nan Chai가 붙들렸다. 그들은 거짓 증인들에 의해 누명을 쓰고 심문을 받았다.

그들은 심문을 받는 과정에서 '절에 다녔느냐?'는 질문에 '전에는요, 그러나 지금은 아닙니다'라고 대답했다. 그들은 배교背敎를 강요 받았으나 거절하자 손이 등쪽으로 묶인 채 집 대들보에 밤새도록 매달리는 고통을 받았다. 이튿날 심문에도 배교를 하지 않자 각목으로 무참히 때리고 짓밟았다. 결국 그들은 월요일부터 화요일 아침까지 심한 고문을 당하고 매를 맞았으며 화요일 오전 10시경 가까운 정글로 끌려가 무참히 죽임을 당했다.[45] 이 때가 1869년 9월 12일이었고 현재 그 순교지 가까운 곳에 순교 기념 교회가 있으며, 현재 예배당 옆에 작은 순교기념관이 건립되어 그들의 순교 과정을 글과 그림으로 묘사하고 있다.

이 순교 사건과 기독교 핍박의 일로 인하여 맥길버리 선교사를 비롯한 선교 동역자들은 크게 위축되었고 주변 태국 사람들마저 선교사를 멀리하게 되었다. 이에 선교사들은 중앙 정부인 왕궁에 종교 자유를 허용해달라는 탄원을 하게 되었고, 1878년 10월 8일 태국 국왕 라마 5세인 쭐라롱껀 왕King Chu-lalongkorn, 1853. 9. 20-1910. 10. 23은 '종교 자유 칙령'Edict of Religious Toleration을 선포하게 되었다. 결국 두 순교자의 피의 값으로 태국 전체에 종교의 자유가 선

---

45) Daniel McGilvary, *A Half Century Among The Siamese and the Lāo* (New York: Fleming H. Revell Company, 1912), 116.

포된 것이다.

5. 사얌(Siam)에서 타이랜드(Thailand, 1939) 시대의 선교

이 시기의 선교는 다음과 같이 전개되었다. 첫째, 교회, 노회 중심의 복음 전파 사역이다. 태국 북부지역에서 활발하게 전개된 선교는 교회 개척, 학교, 의료 선교 사역 등으로 이어졌다. 교회 개척, 노회 형성 사역은 선교사들 중심으로 이루어졌다. 하지만 이같은 움직임 속에서도 현지인들을 지도자로 세워가는 것을 잊지 않았다. 교회가 성장해가면서 노회가 형성되게 되었는데 1853년에 선교사를 중심으로 하는 노회가 치앙마이에서 조직되었다.[46] 사실 미국 장로교선교회가 1840년에 들어왔으나 회심자에게 처음으로 세례를 베푼 것은 19년만인 1859년 8월 3일이었다.[47] 제2노회는 치앙라이를 중심으로 1883년에 조직되었다. 태국 선교는 쉽지 않아 1900년까지 태국인은 오직 한 명만 목사안수를 받을 수 있었다.

둘째, 교육 선교이다. 선교 방법의 일환으로 교육선교를 위한 학교 사역도 활기를 띠게 되었다. 태국의 최초 기독교 교육이라고 한다면 마툰 선교사가 1848년부터 1860년 사이 그의 집 근처에서 남녀 어린이들을 모아 가르친 것이라고 할 수 있다. 그의 이런 노력이 효시가 되어 시작된 학교가 방콕기독학교Bangkok Christian College이다.

태국 북부 지역에서는 1879년에는 메리 캄벨Marry Campbell과 에드나 콜

---

46) 태국기독교총회(CCT)는 노회를 명명(命名)할 때 특별한 이름을 쓰지 않고 노회의 형성 연도에 따라 순차별로 번호를 붙였다. 그리하여 노회 조직 연도에 따라 1노회는 치앙마이, 2노회는 치앙라이, 3노회는 람빵, 4노회는 프레, 5노회는 난, 6노회는 방콕, 7노회는 중국인(화교) 노회 등으로 명명되었다. 이들 초기 노회의 형성을 보면 1노회부터 5노회까지가 모두 태국 북부지역이어서 수도가 있는 방콕지역보다 북부지역의 선교가 얼마나 활발하게 이루어졌는지를 알 수 있다.

47) 한국세계선교협의회(KWMA)/마닐라포럼 편저, 『산동반도에서 페르시아까지』 (서울: 한선협, 2012), 311.

Edna Cole에 의해 여자학교가 세워지게 되었고 프라라차야학교Pra Rachaya School로 이름하였다. 이 학교는 현재 태국의 교육 정책에 따라 남녀공학이 되었고 1923년 다라학교Dara Wittayalai Academy로 이름을 바꾸었다. 2014년에는 유치원부터 고등학생까지 모두 7,000여명에 달하는 재학생으로 태국 전체에서 학생 수가 제일 많은 학교, 기독교 교육과 일반 교육을 잘 시키는 학교로 명성이 높다. 또한 1888년에는 콜린스 선교사Rev. D. G. Collins 부부에 의해 학교가 세워졌는데 학교의 이름은 라마 5세 쭐라롱껀 왕의 명명에 의해 프린스학교Prince Royal's College로 불려지고 있다. 이같은 기독교 교육에 힘입어 2014년 현재 태국에는 23개의 각종 기독교학교와 2개의 종합대학교 등이 설립되어 교육선교를 하고 있다.

셋째, 신학교 및 현지지도자 양육이다. 선교 역사 중 신학교 사역은 빼놓을 수 없는 중요한 일이다. 태국에서의 개신교 신학 사역은 1889년 맥길버리 선교사Rev. Daniel McGilvary에 의해 성경학교Bible school을 엶으로써 시작되었다. 이 신학교는 차후 태국신학교Thailand Theological Seminary로 개명되었다.

1974년 간호학과와 함께 태국 정부로부터 태국 최초의 사립대학Payap College 인가를 받았고, 이후 1984년 단과대학인 파얍대학이 파얍대학교라는 종합대학교로 승격되었으며, 신학대학McGilvary College of Divinity, Payap University은 태국기독교총회 직영 신학대학으로서 태국의 신학교육, 목회자 양성 및 영적 산실의 역할을 감당하고 있다.

태국기독교총회의 또 다른 신학교는 방콕신학교Bangkok Institute of Theology로서 제7노회에 소속되어 태국 내의 중국인들을 위한 사역을 위한 신학교로 출발하였다. 이후 학교가 거듭 성장하게 되었으며, 그동안 대학 학력 인정을 받지 못하다가 기독교대학Christian University의 단과대학으로 편입되면서 태국 정부로부터 학위를 인정받게 되었다.

태국기독교총회 소속의 또 다른 신학교들로서는 각 노회에 소속되어 주로 특정 부족을 대상으로 하는 카렌 신학교, 라후 신학교 등이 있으며 치앙라이에는 중국인들을 위한 벤엘신학교가 있어서 모든 강의를 중국어로 한다.

한편 태국복음주의협회The Evangelical Fellowship of Thailand에 속한 신학교들도 많이 있다. 이들 신학교들은 대도시와 소도시 및 산지 부족 도시 등에 산재해 있으며 태국 정부로부터 인가를 받고 있지는 않지만 각 신학교 협의회 등을 통해 학력 인정을 받아 졸업생들이 교회, 학교, 병원, 기관 등으로 나아가 사역하고 있다.

넷째, 의료 선교이다. 태국의 의료 선교 역시 북쪽지역부터 시작되었다. 태국 최초의 기독병원인 맥코믹병원McCormick Hospital은 1880년대 본래 미국장로교 선교사들 자신이 가져온 약들을 나누어주기 시작하면서 시작되었다. 이후 자원 봉사 의사들에 의해 진료소 형태를 유지하다가 1888년 치앙마이 뼁강, 현재 치앙마이 적십자사 자리에 8개의 병상 규모로 개원을 하게 되었다. 1928 1929년 경에는 제9대 왕인 푸미폰 아둔야뎃Bhumibol Adulyadej, 1927. 12. 5 2016. 10. 13의 부친인 마히돈 왕자가 미국 하바드 대학교에서 의학 공부를 마치고 태국으로 돌아온 후 맥코믹병원에서 외과 수련의로서 근무하기도 했다.

1896년에는 람빵에 빈센트우드병원Vincent Woods Hospital이, 1897년에는 멕케인Rev. Dr. James McKean에 의해 한센환우를 위한 병원McKean Leprosy Colony이 시작되었고 현재 재활센터McKean Institute for Rehablitation로 운영되고 있다.[48] 1903년에는 윌리암 브릭스Dr. William A Briggs에 의해 치앙라이에 오버브룩병원Overbrook Hospital이 문을 열었다.

---

[48] 이 병원의 한국인 의사로서는 송예근 장로(의학박사)가 1964년 12월 예장(통합) 총회의 파송을 받아 4년간 사역하였다. 그는 합법적인 의료 사역을 위해 1965년 태국 의사 면허를 취득하고 한세 미감염 아동들과 재활 환자, 인근 주민의 건강관리에 힘쓰다가 1968년 12월 안식년으로 귀국하였고 후에 이디오피아로 선교지를 옮겼다. 한국세계선교협의회(KWMA)/마닐라포럼 편저, 『산동반도에서 페르시아까지』, 266-267.

방콕에서는 방콕기독교병원Bangkok Christian Hospital이 1949년 미국장로교선교부American Presbyterian Mission에 의해 설립되어 비영리 기독병원으로서 의술을 통한 복음선교를 감당하고 있다.

6. 태국기독교총회(CCT)

태국의 교회들이 노회를 형성하고 노회들이 늘어나면서 자연스럽게 태국총회도 조직되게 되었다. 이 총회는 북쪽 지역 5개 노회와 방콕의 제6노회, 그리고 중국인 사역을 위해 형성된 제7노회 등 7개의 노회가 1934 사얌기독교총회CCS / The Church of Christ in Siam로 출발했다. 이 총회의 대부분 선교사는 미국 장로교였으며 소수의 미국침례교, 영국회중교회, 독일 마르부르거선교회German Marburger Mission에서 파송된 루터란선교사들이 합류하였다. 이 CCS는 1939년 '사얌'이 '태국'으로 바뀌면서 태국기독교총회CCT / The Church of Christ in Thailand로 변경되었다.

태국기독교총회는 1948년 세계교회협의회World Council of Churches, WCC의 회원이 되었으며 세계개혁교회연맹World Communion of Reformed Churches, WCRC과 아시아기독교협의회Christian Conference of Asia, CCA 등의 회원으로서 에큐메니칼 중심 역할을 잘 감당하고 있다.[49]

6. 한인 선교사 및 선교회에 의한 태국 선교[50]

한인 선교사와 선교회는 태국에서 다양한 관계를 맺으면서 선교를 진행하

---

49) http://en.wikipedia.org/wiki/Church_of_Christ_in_Thailand, 접속일자 2014년 9월 29일.
50) 한국세계선교협의회(KWMA)/마닐라포럼 편저, 『산동반도에서 페르시아까지』, 268-294. 이 부분은 신홍식 선교사가 집필한 부분으로서 각 교단 선교부, 선교단체 소속의 한인선교사들이 태국에서 어떻게 선교를 시작했고 진행하고 있는지를 매우 자세하게 기록하고 있다.

고 있다. 먼저 태국기독교총회CCT에 소속된 교단 및 단체가 있다.[51] 또한 태국복음주의협회EFT에 소속된 교단 및 단체가 있다.[52] 그리고 태국기독교침례회에 소속된 교단 및 단체가 있다.[53]

한인 선교사들은 또한 태국 한인선교사회를 운영하면서 연합을 하고 있다. 전국조직으로는 주태한인선교사회가 있고, 지방조직으로는 4개 지회가 있다. 먼저 태국 한인선교사회는 1988년에 처음 조직되어 제1대 회장에 신홍식 선교사, 2대에 김정웅, 이후 윤수길, 양병화, 황윤수, 김성곤, 김중식, 조준형, 정석천 선교사 등이 회장으로 섬겼다. 하지만 한인 선교사들이 많아지고

---

51) (1) 예장(통합 / PCK) - 1955년 4월 24일, 제40회 총회(영락교회)에서 파송 받은 최찬영 선교사 가정은 1956년 5월 23일에 태국으로, 1956년 9월, 제41회 총회(새문안교회)에서 파송 받은 김순일 선교사 가정은 1956년 11월 초 태국 입국함. 이후 1986년 PCK와 CCT 총회간 협약 후 조준형 선교사가정이 1987년 입국한 이래 최승근, 김장원, 홍경환, 김은빈, 염신승 가정 등이 지속적으로 들어와 CCT와 협력하여 사역함 (2) KIM 선교회 - 신홍식(1971), 김정웅, 윤수길 선교사 (3) 기독교대한성결교 - 김용식 선교사 (4) 예장(합동 / KGAM) - 강대흥 선교사 (5) 세계선교동역기구(WMP) - 신홍식 선교사(1989)

52) (1) 예장(합동 / GMS) - 정승회(1979), 김성곤, 김학영 선교사 (2) 기독교대한성결교 - 박희성 선교사(1980) (3) 서문세계선교회 - 유인섭(1989), 김종일, 송용자, 김성희 선교사 (4) 한국지구촌선교회 - 김정웅, 양병화, 윤수길, 김중식 선교사 (5) 기독교대한감리회 - 신광준 선교사(1989) (6) 바울선교회 - 장병조 선교사(1989) (7) 예장(개혁) - 방정열(1990), 이양동 선교사 (8) UPM(The United Presbyterian Mission, 1998) - 김성희 선교사 (9) KPM(The Korea Presbyterian Mission, 2004) - 정승회, 김학영 선교사 (10) CPM(The Church Planting Mission, 2003) - 김정배 선교사 (11) TEAM(The Thai Evangelization Assembly Mission, 2003) - 차대영, 김문수, 권오혁, 김농원, 김석우 선교사 (12) GMS 직속 - 송영자, 김정숙 선교사 (13) 예장(개혁) KRPM - 정도연(1990), 박문수, 신옥련 선교사 (14) GP(Global Partners: KGM과 PWM의 통합) - 김정웅, 윤수길, 김중식 선교사 (15) CBMG(The Christian Brethren Missionary Group) - 김태민(1990), 임스데반 선교사 (16) 태국복음세계선교회 - 김성곤, 신철환, 손윤식 선교사 (17) 예장(고신) - 이규식(1992), 고선재, 김주만 선교사 (18) YWAM - 김남현(1993), 김성일, 권혜조, 박대성 선교사 (19) UBF(The University Bible Fellowship) - 이반석 선교사(1993) (20) 어린이전도협회(CEF) - 조순진 선교사(1994) (21) 한국국제기아대책기구 - 허기동 선교사(1994) (22) GMP(The Global Mission Pioneer) - 정태영(1995), 권삼승, 송영관 선교사 (24) 컴퓨터 전문인 선교사 - 이선기 선교사(1995) (25) 태국 임마누엘 축구선교회 - 강성민 선교사(1995) (26) 예장(대신) - 정원일(1997), 구충회, 정대현 선교사 (27) 성서 침례교 - 박여호수아 선교사(1998) (28) KAOGM(Korea Assemblies of God Mission) - 김홍석 선교사 (29) NSM(New Spark Movement) / WBM(World Benediction Mission) - 성령일 선교사(2000) (30) 엘림선교회 - 도주환 선교사(2001) (31) 예장(합신) - 신현두, 김재원 선교사(2002) (32) 국제개발협회(IDA) - 한용관 선교사(2002) (33) BTC - 송용태 선교사(2004) (34) OM(Operation Mobilization) - 김우종 선교사

53) (1) 한국기독교침례회 해외선교회(KBFMB) - 장인식 선교사(1992) (2) 한국기독교침례회 대전지방회 - 김차웅 선교사(1999)

선교지가 확장되면서 2009년부터 북부, 동북부, 중부, 남부지회 등 4개 지회로 나누어 지회를 두고, 한인선교사로서 전체적인 사안에 대한 논의나 수련회 등은 주태한인선교사회에서 진행한다.

위에서 언급한 각 지회가 나누어지기 전부터 치앙마이를 중심한 태국 북쪽 지역은 선교사들이 증가하고 서로 친교, 협의해야 할 일들이 생기면서 자연스럽게 북부 선교사회가 조직되었다. 이에 2001년 정도연 선교사를 필두로, 이어서 김석우, 김문수, 오영철, 박문수, 손승호, 김농원 선교사 등이 회장으로 섬겨왔다. 태국 북동부, 중부, 남부는 2009년도 전체 지회 분립 이후 자체적인 모임과 임원 선출 등을 통해 지회별 활동을 진행하고 있으며 회원 허입도 지회에서 승인하면 주태한인선교사회에서 동일하게 회원으로 인정하고 있다.

7. 태국 기독교의 현황과 전망

태국교회의 현황은 일단 태국인 전체에서 기독교인들의 비율을 보면 더이상 설명할 필요가 없다. 가톨릭 선교 500년, 개신교 선교 200여 년 역사에 기독교 인구는 많이 보아야 겨우 1%에 불과하다. 그럼에도 불구하고 긍정적인 면과 부정적인 면이 공존한다고 할 수 있다.

우선 긍정적인 면은 태국의 젊은이들이 찬양과 학교 전도, 대형 집회 등을 통해 구세주 예수님께 돌아온다는 것이다. 이들은 주님과의 뜨거운 만남을 통해 회심할 뿐만 아니라 사역자로서 헌신하기까지 한다.

부정적인 면은 이미 기성 성도들의 연령층이 너무 높다는 것이다. 그리고 태국교회의 예배 형태가 전통적인 장로교 예배 모범을 많이 따르다보니 형식적인 부분이 많은 점이다. 더구나 물질 문명의 발달과 바쁜 사회 생활이 하나님과의 만남, 예배 생활, 신앙 생활을 방해하고 있다. 사실 기성 교회에 가 보면 젊은이, 어린이보다는 연세 드신 교인들이 훨씬 많다.

한편 태국 기독교의 전망이 그리 '밝다'고만 할 수는 없다. 태국교회가 절대적으로 거듭나지 않고는 결코 성장할 수 없다. 말 그대로 총체적인 갱신과 개혁이 필요하다. 우선은 선교사 자신부터요, 태국인 교회나 교계 지도자, 사역자, 교인들에 이르기까지 뼈를 깎는 개혁이 있지 않는 한 태국교회의 미래는 '어둡다'라고 하지 않을 수 없다.

우선 종교적으로도 불교가 끊임없는 강세를 보인다.[54] 둘째는 이슬람 세력의 도전적 포교와 적극적 공세이다. 반면 기독교 지도자나 교역자, 교인들을 보면 이들을 이겨낼 수 있는 힘이 없어 보인다. 자신의 과거 습관, 경험, 지식 등을 모두 버리고 오직 성령님의 능력으로 저들을 대항하고 이겨야만 태국의 복음화가 잘 이루어질 것이다.

태국 기독교의 최신 정보에 의하면, 기독교인 비율은 다음과 같다. 2020년 통계를 기준으로 할 때, 총 기독교인의 비율은 총인구 대비 1.3%[1970년, 0.6%]이다. 각 종파별, 교파별로는 내림차순으로 -종파별, 교파별 1970년 통계는 어깨글자로-, 개신교 [주류] 0.6%[0.1%], 가톨릭 0.6%[0.4%], 복음주의 계열 0.6%[0.1%], 오순절 및 은사주의 계열 0.2%[0.1%], 독립교회 0.1%[0.1%] 정도이다.[55]

---

54) 주태한인선교사회 편, 『태국선교백서』 (치앙마이: 하베스트 프레스, 2012), 289. 태국의 불교는 태국인의 정신, 사상, 문화 등 모든 것을 장악한다. 태국의 왕은 절대적인 존재와 살아있는 부처, 즉 생불(生佛)이라 부른다. 그럼에도 불구하고 왕도 스님 앞에서는 머리를 숙이고 낮은 자리에 앉는다.

55) Kenneth R. Ross et al., *Christianity in East and Southeast Asia* (Edinburgh: Edinburgh University Press, 2020), 156.

〈참고문헌〉

손승호, 『(성령의 역사, 부흥으로) 태국선교: 1900년부터 1941년 사이 태국장로교회 안에 일어난 기독교 부흥』, 서울: 누가출판사, 2020.
주태한인선교사회 편, 『태국선교백서』, 치앙마이: 하베스트 프레스, 2012.
한국세계선교협의회(KWMA)/마닐라포럼 편저, 『산동반도에서 페르시아까지』, 서울: 한선협, 2012.

The Chiang Mai Foreign Cemetery Committee. *De Mortuis: The Story of the Chiang Mai Foreign Cemetery.* Chiang Mai: Within Design, 2009.
England, John C. et al. eds. *Asian Christian Theologies Vol. 2 Southeast Asia.* Delhi : ISPCK ; Quezon City : Claretian Publishers ; Maryknoll, N.Y. : Orbis Books, 2003..
McFarland, George Bradley. ed. *Historical Sketch of Protestant Missions in Siam 1828-1928.* Bangkok: White Lotus, 1999.
McGilvary, Daniel. *A Half Century Among The Siamese and the Lāo.* New York: Fleming H. Revell Company, 1912.
Moffett, Samuel Hugh. *A History of Christianity in Asia Volum II: 1500 to 1900.* New York: Orbis Books, 2007.
Wells, Kenneth E. *History of Protestant Work in Thailand 1828-1858.* Bangkok: The Church of Christ in Thailand, 1958.

http://en.wikipedia.org/wiki/Christianity_in_Thailand. 접속일자 2014년 10월 1일.
http://www.30-days.net/muslims/muslims-in/asia-east/thailand/. 접속일자 2014년 10월 1일.
http://www.nationmaster.com/country-info/profiles/Thailand/Religion. 접속일자 2014년 10월 1일.
https://www.worldometers.info/world-population/thailand-population/. 접속일자 2021년 6월 9일.
https://en.wikipedia.org/wiki/Religion_in_Thailand. 접속일자 2021년 6월 9일.
https://thai.bible/ 접속일자 2021년 6월 9일.

캄보디아 기독교: 킬링필드에서 리빙필드로 가는 도상의 기독교

장완익_ 대한예수교장로회(합동) 파송 캄보디아 선교사, 아신대학교(ACTS) 교수

캄보디아 개관

캄보디아는 세계 7대 불가사의 중 하나인 '앙코르 와트'Ankor Wat가 있는 나라 또는 '킬링필드'Killing Field의 역사를 지닌 나라로 널리 알려져 있다. 캄보디아의 공식 국가명은 '캄보디아 왕국'Kingdom of Cambodia이며, 인도차이나 반도 동남부에 위치하고 있다. 면적은 약 18만 제곱킬로미터이며, 인구는 약 1,520만 명으로 크메르족을 비롯한 20여 개 소수 종족으로 구성되어 있다. 전체 인구의 90% 이상을 차지하는 크메르족은 캄보디아의 주요 인종으로 크메르족의 절대 대수는 불교를 신봉하고 있다. 불교는 캄보디아 헌법에 국교國敎로 명시되어 있으며, 단순히 종교 차원만이 아닌 캄보디아인들의 역사, 문화, 생활의 일부로 스리랑카, 미얀마, 태국, 라오스와 같은 소승불교 계통이다.

캄보디아의 주요 도시로는 수도이자 가장 큰 프놈펜Phnom Penh과 농업 중심지이자 두 번째로 큰 도시 바탐봉Battambang, 동북부 지역 교통과 산업의 중심지인 깜뽕짬Kampong Cham, 앙코르 와트가 있는 시엠리엡Siem Reap 그리고 해변 휴양지인 시아누크빌Sihanouk Ville 등이 있으며, 도시화율은 20% 정도이

다. 캄보디아의 주요 산업은 쌀, 사탕수수, 고무, 천연가스, 석유 등이고, 앙코르 와트와 킬링필드를 중심으로 한 관광업도 주요 수입원이 되고 있다.

기독교의 전래

캄보디아에 기독교가 전래된 초기 역사는 다음과 같다. 첫째, 동방시리아 네스토리안, 중국의 경교 교회 선교이다. 캄보디아 개신교 초기 선교사인 데이빗 엘리슨David Ellison의 아들 폴 엘리슨Paul Ellison은 오랜 연구 끝에, 동방시리아 교회 선교사들이 인접국인 베트남뿐 아니라 캄보디아에까지 다녀갔다는 증거가 있다고 주장하였다.[56] 이 의견을 뒷받침할 만한 직접적인 증거는 마땅히 없으나, 몇 가지 간접적인 고증은 있다. 먼저 7세기 당나라 시대 당시 수도인 서안西安에 경교 선교사들이 살았다는 증거가 있다. 이들은 중국 외에도 실크로드를 따라 아시아 여러 지역에서 활동하였는데, 그런 지역 중 하나인 인도차이나에서 기독교 활동에 대한 이들의 필사본이 발견된다는 것이다. 또한, 네스토리안 선교사들은 스스로 무역상의 일을 하였는데, 캄보디아가 중국이나 인도 지역으로부터 문물을 받아들였기에 그들이 들어왔을 가능성이 있다.김조동 외 2013, 30-31 [57]

둘째, 천주교의 선교이다. 크메르 왕국의 쇠퇴기인 1555년, 앙찬Ang Chan 왕의 통치가 거의 끝나갈 무렵, 포르투갈 도미니코 수도회의 가스퍼 다 크루즈Gaspar da Cruz, c. 1520-1570 수사는 당시의 수도인 롱백현재의 우동 지역에 도착했다. 그는 일 년 동안 천주교 포교를 했으나 개종자를 얻지 못한 채 돌아갔다.[58] 이후 같은 선교회의 두 명의 선교사가 파송되었으나 성과를 거두지 못

---

56) 김조동 외 8인 공저, 『캄보디아 선교역사』 (서울: 도서출판 첨탑, 2013), 29.
57) 위의 책, 30-31.
58) 가스퍼가 캄보디아에 정착한 포르투갈인을 위한 목회자였는가 혹은 선교사였는가에 대해서는 좀 더 연구가 필요하다. 가스퍼는 캄보디아 선교 실패 후, 1557년 광조우(廣州) 만 입구의 랑파자오(浪白澳) 섬에 상륙하였고, 이후 광조우까지 가서 잠시 선교를 시도했고, 중국에 대

했다. 1574년 역시 같은 선교회의 실베스터 다제베도P. Sylvester D'Azevedo, 16세기 중반-1596 수사가 약 20년간 캄보디아에 머물면서 교회 건물을 지었으나 큰 성과를 얻지는 못하였다. 개종자 중 한 명인 승려가 죽음의 위기에 처하기도 했다. 1585년에 3-4명의 가톨릭 선교사들이 들어와 왕으로부터 자유롭게 가톨릭 포교를 허락받았다. 이에 먼저 들어온 다제베도 수사는 처음으로 기독교를 소개하는 캄보디아어 책자를 만들어냈다.[59]

1650년에는 또 다른 가톨릭 그룹인 포르투갈인 및 그들의 혼혈 자손들이 우동Oudong 지역에 정착했다. 이들은 이미 베트남 안남 지방에 왔던 예수회 출신의 신부들에 의해 전도를 받고 가톨릭으로 개종 후, 핍박을 피해 캄보디아로 피난 나온 이들 그리고 일본의 가톨릭 핍박을 피해 캄보디아로 피난 나온 이들과 함께 가톨릭 세력을 이루기 시작하였다. 18세기 중반에 들어서는 캄보디아의 주 종족인 크메르족에게 포교를 시작하였으며, 1863년 프랑스 보호령에 들어간 캄보디아는 사실상 천주교의 자유로운 포교 활동에 노출되었다.

개신교 선교사의 입국과 활동

1923년 1월 말, C&MAChristian and Missionary Alliance, 기독교와선교연맹에서 파송한 개신교 선교사가 캄보디아에 처음으로 입국하였으며, 같은 해 캄보디아에 입국한 선교사와 함께 아래의 사역을 중심으로 캄보디아 기독교의 기초를 놓았다.

한 최초의 상세한 기록 중 하나를 남겼다. 랑파자오 섬은 유명한 샹추안 섬(上川島) 북쪽에 위치한 인근 도서요 중국과 포르투갈의 무역항이었는데, 샹추안 섬은 선교사 프란시스 하비에르(Francis Xavier)가 1552년 상륙하여 본토에 들어가기를 기다리다가 숨진 곳이다.

59) Scott W. Sunquist, ed., *A Dictionary of Asian Christianity* (Grand Rapids, Mi: Wm. B. Eerdmans, 2001), 227-228.

첫째, 성경 번역이다.[60] 아더 하몬드Arthur L. Hammond 선교사 부부는 수도인 프놈펜에 정착하여 캄보디아어 성경 번역을 하였는데, 1924년에 시작하여 1952년에 신구약 성경을 완역하였다. 이는 세계에서 201번째로 성경 전체가 번역된 것이며, 1954년 영국성서공회를 통해 출판된 성경두 컨테이너 분량이 프놈펜에 도착하여 성경학교 졸업자에게 그리고 노르돔 시아누크 국왕에게 전달되었다.[61]

둘째, 성경학교 사역이다. 데이빗 엘리슨David W. Ellison & Muriel Ellison 선교사 부부는 바탐봉에 정착하여 교회와 성경학교를 세웠는데, 성경학교는 1925년 10월에 시작하여 1948년 따끄마으Takhmau로 이전하기까지 많은 교회 사역자를 훈련하였다. 그러나 첫 졸업식은 성경학교를 시작한 지 23년 후인 1947년 12월 10일에 가졌으며, 졸업생은 4명이었다.[62] 이렇게 졸업생 배출이 늦어진 것은 성경 번역이 이루어지지 않았기 때문이었으며, 세계 제2차 대전으로 인한 일본의 바탐봉 점령으로 인해 당시 사역하던 C&MA 선교사들의 강제 출국이라는 정치적 요인 등 2가지 때문이었다.[63]

셋째, 교회개척 사역이다. 교회 개척은 프놈펜과 바탐봉 센터를 중심으로 시작되었는데, 초기에는 선교사들을 돕는 베트남인 조력자의 도움이 컸다. 프놈펜의 경우, 1923년에 베트남인 5명과 캄보디아인 2명이 첫 세례를 받았으며, 1927년에 캄보디아인이 캄보디아어로 예배를 드리기 시작하였다.

1925년에는 캄보디아 교회에 큰 부흥이 있었는데, 일 년 전 불과 10명이던

---

60) 캄보디아에는 선교사가 입국하기 전, 이미 캄보디아어로 번역된 쪽 복음이 있었다. 태국에서 사역한 칼 귀츨라프 선교사는 가장 먼저 캄보디아어로 성경 번역을 하였는데, 1828년 신약 성경을 태국어로 번역하고 1830년에는 신약 성경의 일부를 라오스어와 캄보디아로 번역하였다. 그는 한국 선교와도 관련이 있는데, 한국 땅에 최초로 발을 디딘 서양 개신교 선교사로 1832년 배를 타고 서해안에 나타나 지금의 충남 보령에 도착해 중국어 성경과 전도지를 배포하였다. 김조동 외 8인 공저, 『캄보디아 선교 역사』, 57.

61) 위의 책, 60.

62) ICCHI, *100 Years of Khmer Mission* (Phnom Penh: ICCHI, 2020), 43.

63) 김조동 외 8인 공저, 『캄보디아 선교 역사』, 56.

신자가 80명으로 늘었으며, 바탐봉 센터에서 돈테오Donteo 처소와 뽀삿Pursat 처소를 그리고 프놈펜 센터에서 따께오Takeo 처소와 끄라체Kratie 처소를 개척하거나 처소 개척을 위한 전도 여행이 있었다. 그 이후에도 처소 개척과 세례자가 이어졌으며, 1929년에는 끄라체 그리고 1931년에는 깜뽓Kampot에서 멀지 않은 깜뽕뜨라Kampong Trach에 선교센터가 개척되었다. 이로써 1933년에는 교회Independent church [64] 16개, 기도처Outstation from above church 4개, 선교 교회Mission church 8개, 신자 304명을 확보하게 되었는데, 당시 거주하던 선교사는 4가정이었다.[65]

1948년, 캄보디아인 교회 사역자들이 크메르복음주의교단Khmer Evangelical Church, KEC를 구성하면서 자국인 교회로 독립하였으며, C&MA에서는 1954년에 이를 인정하였다.[66]

1953년에는 캄보디아의 14개 도Province 중, 다섯 개 도에 선교사들이 주재하였고, 나머지 일곱 개 도에는 19명의 현지인 사역자들이 거주하며 사역하였다. 이들 중에는 세 명의 베트남계와 네 명의 중국계 사역자가 포함되어 있었다.[67]

정치적 변동 속의 기독교

1923년 첫 개신교 선교사의 입국 이후 느리지만 꾸준히 성장한 캄보디아 기독교는 1960년대에 접어들면서 정치적 소용돌이에 휩싸이게 된다. 이는

---

64) 뒤에 '선교 교회'라는 구분이 있는 것으로 보아 '교회'는 현지인 사역자가 사역하는 교회 그리고 '선교 교회'는 선교사가 사역하는 교회로 구분할 수 있다. 아울러 'Independent church'의 의미는 특정 교단에 속하지 않은 독립교회라는 의미보다는 선교사의 간섭을 받지 않는 자립 교회의 의미로 해석할 수 있겠다.
65) 김조동외 8인 공저, 『캄보디아 선교 역사』, 64.
66) 장완익, "캄보디아 개신교 90년사에 나타난 교회 자립과 지도력 이양" (미간행발표논문, 아시아기독교사학회 제5회 학술대회 자료집, 2013), 73.
67) 김조동외 8인 공저, 『캄보디아 선교 역사』, 65.

그동안 캄보디아 개신교를 대표하던 C&MA 외의 선교단체가 캄보디아 선교에 참여함과 더불어 캄보디아 기독교가 정치적 어려움을 거치면서 성장하는 계기가 되었다.

첫째, 교회 성장에 따른 진통이다. 캄보디아 국민들은 여러 번의 정치적 변화를 거치면서 기독교를 접하는 기회가 많아졌고, 특별히 도시에서는 기독교가 급속히 확장되어 갔는데, 이는 전시 상황 속에서 참된 평안을 추구하는 캄보디아인들의 바램과 국제 관계 속에서 유익을 얻고자 기독교를 호의적으로 대하는 캄보디아 정부의 정책 때문이었다. 그러나 이러한 기독교의 성장은 일부 교회 지도자들의 분열이라는 결과도 가져왔는데, 이로 인해 캄보디아의 기독교는 오늘에 이르기까지 여러 진통을 겪어왔다. 아직도 하나 되기 어려운데, 캄보디아 정부에서조차 캄보디아 기독교를 한 창구로 만들지 못하고 있다.

둘째, 다수 선교단체의 활동이다. 1970년 이후, 여러 선교단체와 구호기관이 캄보디아에서 또는 캄보디아 난민이 거주하는 태국에서 캄보디아인 대상의 사역을 하였다. 이에는 월드비전World Vision, OMFOverseas Missionary Fellowship, 위클리프Wycliffe, YWAMYouth With A Mission, CCCCampus Crusade for Christ, 메노나이트Mennonite Central Committee, CWSChurch World Service, LWSLutheran World Service, UNICEF, AFSC, OXFAM, COER 등이 포함된다. 아울러 한국인 역시 캄보디아 선교에 참여하였는데, 당시 태국에서 사역하던 최찬영 선교사는 1958년과 1975년 캄보디아를 방문하여 캄보디아 주요 7개 도시에서 23일간 부흥집회를 인도하고 성경을 배부하였으며, 임세종 태권도 교관은 민간인 자비량 사역자로 고아원과 학교를 세웠다. 1989년 베를린 장벽 붕괴 이후 공산권 선교가 가능해졌고, 그 일환으로 1993년부터 캄보디아에 입국한 한국인 선교사들은 교회 개척과 학교 사역을 중심으로 다양한 사역을 활발하게 진행하는 중이며, 감리교회와 장로교회는 교단 연합사역의 모범을 보이고, 또한 헤브론병원은 의료 사역의 모범을 보이고 있다.

셋째, 기독교 현황이다. 캄보디아 개신교의 약 70%가 참여하고 있는 EFCEvangelical Fellowship in Cambodia를 중심으로 캄보디아 내 개신교단과 선교단체들의 교회개척운동 'MKMission Kampuchea 2021'에서 발표한 자료에 따르면, 캄보디아 내의 개신교회는 2,697개, 기독교인은 168,887명으로 이는 총 인구 14,240,114명 중 1.19%에 해당된다. 아울러 14,058개 전체 마을village 중 교회가 있는 마을은 2,174개이며, 아직도 11,884개 마을에는 교회가 없다. 교회가 있는 마을은 전체 마을의 15%뿐이다.[68]

캄보디아 기독교의 과제

2013년 5월, 캄보디아에 첫 개신교 선교사가 입국한 지 90년 그리고 첫 한인 선교사가 입국한 지 20년을 맞아, 주캄보디아한인선교사회KMAC: Korean Missionary Association in Cambodia에서는 단행본을 출판하였으며, "캄보디아 개신교 90주년 선교포럼"을 가졌다. 『캄보디아 선교역사』는 한국어로 출판된 최초의 캄보디아 기독교 역사서이며, 4일간 진행된 "캄보디아 개신교 90주년 선교포럼"은 캄보디아인 교회 지도자와 외국인 선교사 150여 명이 캄보디아 기독교의 어제와 오늘 그리고 내일을 심도 있게 다루었다. 이를 통해 얻은 캄보디아 기독교의 과제는 다음과 같다.

첫째, 100주년을 바라보는 캄보디아 개신교회이다. 2023년 1월이면 캄보디아 개신교회는 설립 100주년을 맞이하게 된다. 그러나 100주년을 맞이하는 교회임을 생각할 때, 더 많은 부분이 필요함을 느낀다. 가장 중요하고 우선

---

68) Mission Kampuchea, 2021, "Status of the Cambodia Church Presentation Using 2017 Data" (2017).

적인 것은 캄보디아 교회의 일치이다. 천주교와는 달리 개신교에는 여러 교파가 있다. 그러나 개신교 안의 모든 교파는 종교개혁 이후에 세워진 교회로 복음주의라는 공통점을 안고 있다. 이제부터라도 캄보디아 개신교회가 하나 되도록 노력해야 한다.

둘째, 외국인 선교사와 캄보디아 교회의 협력 및 역할 분담이다. 첫 개신교 선교사가 입국한 지 98년 지났는데도 외국인 선교사가 여전히 활동하고 있다는 것은 결코 자랑스러운 일만은 아니다. 그러나 캄보디아의 역사와 교회의 실정을 생각할 때, 일정 기간 선교사의 역할이 적지 않은 것도 현실이라고 볼 수 있다. 캄보디아 교회가 자립하도록 훈련하고 지도해야 할 일차적 책임이 선교사에게 있으며, 캄보디아 교회의 지도력을 개발해야 할 일차적 책임 역시 선교사에게 있다.[69] 캄보디아 교회는 자국인 교회의 자립을 위해 부지런히 노력해야 한다. 선교사나 외국 교회를 의존하는 태도를 지양하고 교회 자립과 자국 복음화의 근본적인 책임이 캄보디아 교회에 있음을 명심해야 한다.

셋째, 교회와 민족의 지도자 양성이다. 외국인 선교사와 캄보디아 교회는 교회와 민족을 이끌고 나갈 지도자 양성에 힘써야 한다. 교회 지도자인 목회자, 신학자는 물론 캄보디아인 선교사를 훈련하고 파송해야 한다. 특별히, 캄보디아 교회는 200만 명 이상의 캄보디아인 디아스포라[70]를 위해서 전도자

---

69) 보통 선교지에서 선교사가 교회를 세우면서 교회의 지도력을 갖고, 일정 기간이 지나면 그 교회의 지도력을 현지 교회에 이양한다고 하는데, 성경을 배경으로 할 때 이는 바르지 못한 표현이다. 비록 선교사에 의해 세워지는 교회라 할지라도 세워지는 교회의 지도력은 처음부터 현지 교회 스스로 갖고 있기 때문이다. 그러기에 지도력 이양보다는 지도력 개발이라는 표현이 바르다.

70) 지금의 베트남 메콩 델타는 과거 크메르제국의 영토였으며, 현재 약 200만 명의 크메르족이 거주하고 있다. 이들은 복음의 사각지대에 살고 있으며, 전 세계의 가장 큰 미전도 종족 중 하나이다. 아울러 미국에 거주하는 수만 명 캄보디아인 대부분은 자국어로 복음을 듣지 못한 채 살아가고 있으며, 50,000명 이상의 캄보디아인이 체류하고 있는 한국 역시, 캄보디아인 디아스포라 선교 현장이다.

와 선교사를 파송해야 한다. 아울러 모든 교인은 역사의식을 가진 교회 구성원이자 사회와 국가의 각 분야에서 기독교인의 정체성을 가지고 살아야 한다. 그러기 위해서는 대학생 사역이 매주 중요하다. 정치, 경제, 사회, 문화, 역사, 외교, 스포츠, 언론 등의 분야에서 미래의 캄보디아를 섬길 일군을 부지런히 찾고 기르고 훈련해야 한다.

참고목록

김조동 외 8인 공저. 『캄보디아 선교역사』. 서울: 도서출판 첨탑, 2013.

턴 코맥(최태희 역) 『킬링필드 리빙필드 1』. 부산: OMF RODEM BOOKS, 2010.

장완익. "캄보디아 개신교 90년사에 나타난 교회 자립과 지도력 이양". 아시아기독교사학회 제5회 학술대회 자료집, 2013.

주캄보디아한인선교사회 실행위원회. "캄보디아 개신교 90주년 선교포럼", 프놈펜, 2013.

ICCHI. *100 Years of Khmer Mission*. Phnom Penh: ICCHI, 2020.

Mission Kampuchea 2021. "Status of the Cambodia Church Presentation Using 2017 Data" (Mission Kampuchea Cambodia Church report 2012 and 2017).

라오스 기독교: 경미한 수용과 강한 배척의 역사

이종현_대한예수교장로회(합동) 파송 라오스선교사

라오스통계청 자료에 의하면 2019년 라오스의 인구는 약 712만명으로[71] 47개의 부족들과 92개의 방언이 있고, 라오Lao는 국민, 언어 문화를 지칭할 때 사용하고 나라를 말할 때는 라오스Laos를 사용한다. 가장 넓게 퍼져 있는 종교는 테라바다 불교소승불교로 약 65%이고 정령숭배가 35%를 차지한다. 불교는 라오스사회를 구조화시키고 문화의 영속성을 유지시키는 핵심적인 역할 즉 수세기 동안 라오인의 도덕적 가치뿐만 아니라 그들의 사고와 행동 양식에 절대적인 영향을 미치고 있다. 자신들의 역사를 란쌍왕국 이전시대14세기, 란쌍왕국시대1353-1890, 프랑스식민지1890-1945와, 라오PDR시대로 구분한다. 1975년도 공산정권이 들어선 후 여전히 강력한 공산주의를 국가의 통치 이념으로 삼고 있는데 국제종교자유에 대한 미국위원회는 종교자유훼손 주목국가에 2009년부터 다시 라오스를 리스트에 올렸을 정도로 여전히 강력하게 기독교를 핍박하는 나라로 기록하고 있다.[72] 라오스는 헌법에 종교의 자유가 명시되어 있고, 정부가 인정하는 5대 종교는 불교, 프로테스탄트, 가

---

71) https://www.lsb.gov.la, 접속일자 2021.5.19.
72) http://www.uscirf.gov, 접속일자 2011.12.20.

톨릭, 이슬람교, 바하이교 등이다.

라오스 최초의 가톨릭 선교사는 1642년에 예수회 신부인 쟝 드 레리아Jean de Leria가 들어와 라오스 왕실의 인정을 받으며 정식 선교활동을 벌였으나, 활발하게 가톨릭선교가 진행된 시기는 프랑스의 식민통치기간으로 1967년 통계에 의하면 31,978명의 가톨릭 성도가 있었다고 한다.[73] 라오스의 기독교 선교는 가톨릭이 먼저 시작했고 개신교는 상당히 늦은 19세기 말에 이르러 시작되었다. 흥미로운 것은 레리아 선교사가 입국하기 일 년 전인 1641년에, "반교황파"이자 "정직한 청교도 상인"이었던 예렛 폰 우스트호프Jerret von Wusthoff가 네덜란드동인도회사를 위해 라오스 여행을 했다는 것이다.[74]

라오스 최초의 프로테스탄트 선교사: 다니엘 맥길버리

라오스 최초의 프로테스탄트 선교사는 미북장로교의 다니엘 맥길버리 Daniel McGilvary, 1828-1911이다. 그는 1860년에 태국 치앙마이에 선교센터를 세우고 의료사역을 중심으로 태국선교를 시작한 후 비거주 선교사로 라오스 북부, 중국 남부 일부까지도 담당하면서 1863년 라오스를 방문하였고 1867년부터 라오족과 함께 거주하면서 의료사역을 통해 접근하였고 주민들과 왕의 호감을 얻게 되었다.[75] 1872-98년 사이에도 라오스선교를 하였는데 그때 주 사역은 구호사역과 학교사역이었다. 1884-94년 통계에 의하면 라오스 북부 지역에 152개의 교회와 1,841명의 성도를 얻었고 이후 라오스교회들에게 많은 권한들이 이양되었고 교회는 계속하여 성장세를 보였고 맥길버리 선교사가 세상을 뜬 해인 1911년 약 4,000여명의 신자들이 생겼다. 휴 테일러Hugh

---

73) Maha Khampeuy Vannasopha, *Religious Affairs in Laos* (Vientiane: Education Printing, 2005), 104-113.

74) Donald E. Hoke, ed., *The Church in Asia* (Chicago: Moody Press, 1975), 405.

75) Hugh Taylor, *Siam and Laos* (New York: The Board of Foreign Missions of the Presbyterian Church in the USA, 1912), 10.

Taylor는 의사로 맥길버리와 협력하면서 몽족 선교를 시도하였고 1900년에는 몽족 290명이 예수를 믿게 된다. 그는 미국장로교 해외선교회에 보고하기를 "태국과 라오스의 미국 장로교선교사들 88명은 한 단체로 사역하였고 161명의 현지사역자들, 조직된 33개의 현지교회와 5,519명의 성도들이 있다" 고 했다.[76] 사실 위의 두 선교사는 라오스로 파송 받은 선교사도 라오스에 상주하였던 선교사도 아니었으나 순회하면서 치료하고 가르치고 양육하는 일에 최선을 다하였다.

라오스에 상주한 최초의 프로테스탄트 선교사: 스위스 형제단

라오스에 상주한 최초의 선교사는 1902년 스위스복음주의선교회Swiss Evangelical Mission, SEM 소속 24세의 가브리엘 컨테스Gabriel Contesse로 싸완나켙Savannakhet에서 복음을 전파하였다.[77] 첫 신자는 1905년 부활절에 세례를 받은 60여세 된 노인이었고 이 일을 시작으로 싸완나켙 쏭콘에 교회가 세워지게 되었다. 그러나 1906년 전염병이 라오스에 전역에 돌 때 컨테스 부부는 헌신적인 사랑을 펴다 병에 걸려 7개월 된 자녀를 남겨 두고 30세의 나이로 소천하여 라오스 땅에 묻히게 되고 그를 이어 1908년에 7명의 선교사가 남부로 입국하여 사역을 하였다. 1920년에는 오데따Odetta 선교사가 입국하여 문서사역에 힘을 기울여 마침내 1932년 라오스성경을 번역하였다. 1914년의 자료에 의하면 싸완나켙을 중심으로 라오스의 남부에 26개 교회와 6,299명의 성도가 있는 것으로 보고되었다. 프랑스는 프랑스 식민지 하에 있던 인도

---

76) Kenneth Scott Latourette, *A History of The Expansion of Christianity Vol VI The Great Century: North Africa and Asia 1800A.D to 1914 A.D.* (New York: Zondervan, 1970), 245.

77) John Caldwell Thiessen, *A Survey of World Missions* (Chicago: Moody Press, 1970), 65-66. 최근 연구에 의하면 스위스 선교사는 두 명의 형제교회 선교사(Brethren missionaries)로 가브리엘 컨테스와 모리스 윌리(Maurice Willy)였다. Kenneth R. Ross et al., *Christianity in East and Southeast Asia* (Edinburgh: Edinburgh University Press, 2020), 167.

차이나에서 가톨릭교회로 편중하는 방침에 의해서 개신교의 선교사업을 허용하는데 아주 인색하였고 특히 다른 나라에서 선교사가 들어오는 것을 환영하지 않아 프랑스 본국에 요청하여 프랑스 개신교회 선교단을 초청하였고 1929년에 들어서 개신교 선교단체들의 선교를 허락하게 되었다.

가장 활발한 행보를 보였던 개신교 프로테스탄트 선교와 현지교단 설립기: C&MA^(기독교와선교연맹)의 1929-1975

이시기에는 C&MA Christian & Missionary Alliance의 선교활동이 두드러지게 나타났는데 특히 라오스 북부지방에서 이루어졌다. 1950년 큰 결실들을 맺어 4,000여명의 성도들이 생겼고 1950년대 초에 시작된 공산당의 침략으로 일단 중단된 사업은 1955년 다시 일어났다. 로프G. Edward Roffe 선교사는 C&MA 라오스 대표였으며 1929년부터 라오스 선교사역을 시작하였고 뒤를 이어 안드리아노프Ted Andrianoff선교사가 몽족 중심의 선교로 큰 결실을 거두었고 장로교 개척선교사들도 북부지방을 담당하였다. 남부지방은 스위스복음주의선교SEM, 해외선교회Overseas Missionary Fellowship, OMF, 중국내지선교회의 후신 소속 선교사들이 담당하였고, 중부지방은 침례교회, 해외선교회와 장로교회가 복음을 전했다.

1954년 라오스교회 최초의 도Province를 아우르는 노회가 씨엥쿠왕과 루앙파방에서 시작되었고 이것이 발전되어 1956년 라오스복음교회Lao Evangelical Church, LEC 78)가 되었으며 최초의 총회가 1957년 씨엥쿠왕에서 개최되어 쌀리 쿤따빤야Saly Kounthapanya 목사가 총회장으로 선출되었고 그 당시 인구

---

78) 라오스복음교회(LEC)라는 이름은 라오스가 1975년도 공산화되면서 미국, 캐나다로 간 라오스난민들이 미국, 캐나다에 정착 후 이룬 라오스 출신 교회들의 연합체(몽족교회들이 주류) 명칭으로도 사용하고 또한 라오스 본토에서 공산화 과정의 모진 핍박을 통과한 후 1989년 라오스 정부의 허락 하에 다시 시작된 개신교단의 의미로도 사용되고 있다.

의 2%인 약 50,000여 성도가 있다고 발표하였다.

1973년 서울서 개최된 아시아선교대회 때 동서선교연구개발원은 라오스의 인구는 312만이고 기독교가 1%이며 불교 75%, 기타 24%의 비율이며 8,500여명의 기독교인들과 123개의 예배처소가 있다고 보고하였다.[79] 기독교와선교연맹의 로프Roffe 선교사는 1970년에는 프로테스탄트가 0.14%였으나 공산화 당시인 1975년에는 0.3%인 약 10,000여명의 신도가 있고 이 가운데 라오 룸이 40%, 라오 텅이 34%, 라오 타이가 16%. 라오 쑹이 9% 였으며, 족속별 복음화 율은 라오 쑹이 약 7%로 가장 높은 복음화 율을 보인 것으로 집계되었으며 가톨릭은 전 인구의 약 1%인 32,000명이라고 보고했으나, 기독교는 공산정권이 들어서면서 강한 핍박과 탄압에 부딪히며 그 존재감을 잃어가게 되었다.

1975년 공산화 와 LEC

라오스가 공산화가 된 후 기독교에 많은 어려움과 박해가 시작되어 1975년도 약 10,000여명의 기독교인들 중 50%의 성도들과 85%의 기독교 지도자들이 미국, 캐나다, 프랑스, 오스트레일리아 등으로 흩어졌다. 공산정부는 1980년대까지 기독교의 활동을 강하게 억압하였으나 1985년에 들어와 예배와 약간의 자유를 허락하였다. 1989년 전국에서 약 100여명의 대표들이 참석하는 회의를 거쳐 라오스복음교회라는 단일교단으로 정부로부터 허가를 받게 되었고, 전국에 150개의 예배처소와 1,500여명의 기독교인이 있는 것으로 밝혔고 당시 라오스복음교회 총회장이었던 '비타오Bee Thao' 목사는 많은 사람들이 라오스에 더 이상 교회가 없을 것이라고 생각하지만 우리는 이곳에

---

79) David J. Cho, ed., *New Forces in Missions. The Official Report of the Asia Missions Association* (Seoul: East-West Center, 1976), 448-449.

이렇게 남아 증인이 되고 있다고 말했다. 1992년에 전국적으로 2,000명의 성도가 있었는데, 1993년에 6,000명의 성도로 증가되었고 1995년에는 250개 교회와 30,000명의 교인들이 있는 것으로 알려졌다. 2000년도 이후 성장하는 기독교를 공산정부는 강력히 핍박하였음에도 기독교는 성장을 계속하여 가고 있다. 라오스복음교회는 1967년 아시아기독교협의회Christian Conference of Asia, CCA에 가입하였으나 1975-1990년까지는 공산화 과정 가운데서 어떤 관계도 가지지 못하는 정치적 어려움을 겪었고 2008년 세계교회협의회World Council of Churches, WCC의 멤버가 되었는데 세계교회협의회는 2008년도 라오스의 기독교현황을 개신교 125,000명, 가톨릭 52,000명, 독립교회 16,500명, 성공회 200명이 있다고 발표하였는데 이는 라오스 총 인구의 약 3%에 해당하는 것으로 기독교 특히 개신교의 지속적인 성장이 있음을 말해준다.

현재 라오스 정부로부터 허가된 개신교는 라오스복음교회가 유일하며 선교 사역이 공식적으로 허용된 것은 아니지만 월드비전World Vision, 해외선교회OMF, 월드컨선World Concern, 스위스선교연맹Swiss Mission Alliance, SIL, 기독교와선교연맹C&MA, NTM 그리고 약 80여 가정의 한국선교사들이 NGO사역과 교육사역, 현지교단과의 협력 등을 통해 사역하고 있다.

라오스 종교현황 및 기독교에 대한 정부입장

라오스 정부는 1995년/2005년/2015년 인구 센서스를 통하여 라오스 종교현황을 발표하였다.[80]

---

80) https://www.lsb.gov.la, Results of Population and Housing Census 2015, 접속일자 2021.5.19.

센서스 연도	불교	기타	기독교	바하이교(Bahai)
1995년	2,993,515(65.5%)	1,515,205(33.1%)	60,057(1.3%)	4,655(0.1%)
2005년	3,900,000(75.1%)	1,180,000(22.7%)	102,446(2.0%)	8,537(0.2%)
2015년	4,201,993(64.7%)	2,175,883(33.5%)	112,230(1.7%)	2,122(0.02%)

라오스 정부는 여전히 기독교에 대해 적대적이며 특히 2000년 이후 강하게 성장하는 기독교를 경계하면서 핍박의 강도를 늦추지 않고 있다. 기독교에 대한 부정적 이해를 가지고 있는 배경으로 라오스가 공산화되기 전 미국 선교사가 미국의 인도차이나 전쟁을 계획적으로 준비해서 미국을 도왔고 선교사가 사역하던 지역의 산족, 특히 몽족 기독교인들이 미국 편에 서서 공산주의자들과 싸웠다고 판단하며 기독교는 미국 종교이기 때문에 나라를 팔아먹고 부모의 은혜를 져버리는 종교이며, 선교사들이 들어와 돈으로 라오인들을 매수하여 그들을 통해 정부를 전복하려 한다고 선전하고 있다. 특히 교회 내에 외부자본 유입에 대한 강경한 입장을 취하고 있는데 지금도 수감 중인 교회 지도자들 대부분은 외부 불순세력과 만나서 밀거래 했다는 이유로 수감되어 있다.

결론

영문으로 된 라오스 선교역사는 C&MA 라오스선교사로 사역하였던 로프G. Edward Roffe의 "라오스 [교회]", 안드리아노프David I. Andrianoff의 "라오스 교회", 미국장로교 선교부 소속인 테일Hugh Taylor의 『시암과 라오스』태국과 라오스가 있다.[81] 무엇보다도 스위스복음주의선교회SEM 소속인 뒤페르튀이

---

81) G. Edward Roffe, "Laos", Donald E. Hoke, ed., *The Church in Asia* (Chicago: Moody Press, 1975), 391-409; David I. Andrianoff, "The Church in Laos", Saphir Athyal, ed., *Church in Asia Today: Challenges and Opportunities* (Singapore: The Asia Lausanne Committee for World Evangelization, 1996), 216-225; Hugh Taylor, *Siam and Laos* (New York: The Board of Foreign Missions of the Presbyterian Church in the USA,

Silvain Dupertuis와 C&MA 소속인 안드리아노프David I. Andrianoff 공저의 『백만마리 코끼리의 나라의 복음』은 전반적이고 풍성한 자료를 제공한다.[82] 태국어로 된 라오스기독교사는 싸앗 싸이야완. 『아시아교회 역사』치앙마이: 파얍대학교, 1991가 있다.

라오인들에 의한 라오스교회사가 2014년부터 집필 중에 있다. 한국선교사들의 지원으로 "라오스교회사위원회"가 구성되었고 라오스복음교회의 산증인이요 라오스 남부지역 선교사들의 모습들을 직접 보았던 70대인 '쁘라픽Prafix' 목사에게 이 일을 전임하였는데, "쁘라픽"은 2002년 이미 소책자로 기록한 라오스남부 지역 중심의 교회역사인 "라오스 교회 역사 100년"을 바탕으로 라오스 중북부지역 역사를 보완하고 미국과 프랑스로 망명한 원로교역자들의 증언과 자료들을 모아 2021년 중으로 라오인들이 라오어로 쓴 라오스교회사가 정식 발간할 수 있을 것이다.

"라오스"는 필자에게는 특별한 의미를 지닌 이름으로 다가온다.

ລາວ 라오스 어로라오, 영어로는 Laos, 헬라어로는 λαό 라오 혹은 λαός 라오스인데, 벧전 2: 9-10절 "오직 너희는… 그의 소유된 백성λαός이니…너희가 전에는 백성이 아니더니 이제는 하나님의 백성λαός이요"에 나오듯이 Laos는 하나님의 백성my people라는 뜻이다. 이 땅과 이 땅의 백성들이 이 이름처럼 되어지길 소망한다.

1912).

82) David I. Andrianoff, *The Gospel in the Land of a Million Elephants* (Chiangmai: Acts-Co Printing, 2013).

베트남 기독교: 사회주의 국가의 교회 실험

이용민_연세대학교 연합신학대학원 강사

베트남은 공식적으로 '베트남 사회주의 공화국'Socialist Republic of Vietnam 이라는 국가명을 가지고 있다. 따라서 베트남이 사회주의 공화제를 시작한 1976년 이래 기독교는 국가적 차원에서의 탄압을 받아왔다. 그러나 최근에는 베트남 정부가 적극적인 개방을 추진하는 상황에서 베트남 기독교의 역사도 새로운 전환점을 맞이하고 있다.

현재 한국에서 베트남 기독교의 역사와 관련된 연구는 제한적이다. 최근 한국으로 유학 온 베트남 학생들을 통해 관련 연구가 본격적으로 시작되고 있다.[83] 그리고 한국기독교역사학회와 아시아기독교사학회 등이 베트남 학자들과 점차 교류를 확대해 나가고 있다. 그러나 아직까지 베트남 기독교 역사에 관한 전문적인 학술 영역에서 성과는 크게 없다. 이와 같이 베트남 기독교에 대한 연구가 저조한 현상은 베트남 자국 내에서도 크게 다르지 않은 것으로 보인다. 이는 동남아시아의 다른 국가들의 경우에 있어서도 마찬가지라고 할 수 있는데, 바로 이점이 아시아 기독교 역사에 대해 우리의 관심을 높여야 할 이유이자 과제라고 할 수 있다.

---

[83] Nguyen Huu Davit, "Toward the Healthy Contextualization of the Work of Evangelism and Church Planting in Vietnam: in the Relation between the Gospel and Culture," (Unpublished Th.M. Thesis, Presbyterian College and Theological Seminary, 2013).

이를 위해 C&MAChristian and Missionary Alliance, 기독교와선교연맹에 주목할 필요가 있다. C&MA는 베트남뿐 아니라 동남아시아 지역 전반에 걸쳐 기독교 선교 사업을 개척해온 단체이다. 이러한 C&MA에 대한 연구 또한 별로 없다. 하지만 C&MA의 선교 활동을 면밀하게 살펴볼 수 있는 방대한 자료를 쉽게 접근할 수 있다. 현재 운영중인 C&MA 홈페이지를 통해서 초창기 활동이 담긴 잡지와 연례보고서Annual Report, 베트남 선교사와 관련된 개별적인 자료 등이 pdf파일로 링크되어 있어 쉽게 활용할 수 있다.[84] 여기에서는 위에서 말한 자료들을 토대로 베트남 기독교의 역사를 C&MA의 활동을 중심으로, 그리고 현재의 기독교 현황 등에 대해 간략하게 살펴보고자 한다. 베트남의 가톨릭교회는 중요하지만, 간단하게 언급하기로 하자.

베트남의 기독교 전래

베트남 기독교는 가톨릭 선교 이전의 선교 역사는 분명하지 않아서, 가톨릭 선교로부터 역사를 시작되는 것이 통상적이다. 16세기에 포르투갈 도미니코 수도회 선교사와 스페인 프란시스코 수도회 선교사들이 베트남을 방문했다. 그러나 본격적인 가톨릭 선교는 1615년 예수회 선교사들의 베트남 방문으로 시작되었는데, 대표적인 인물이 바로 알렉상드르 드 로드Alexandre de Rhodes, 1591-1660이다. 그는 두 가지 면에서 큰 업적을 남겼다. 하나는 베트남어 로마자 표기를 집대성하여 완성하였고, 다른 하나는 토착화된 교리문답서를 저술했다. 이런 업적을 통하여 그는 선교를 넘어서 문화 발전에 크게 공헌하였다. 이후 프랑스가 베트남을 식민지화하면서, 가톨릭이 강세를 이루게 되었다. 프랑스는 국내에서는 세속화를 추구했지만, 식민지에서는 프랑스화의 일원으로 가톨릭을 지원했던 것이다. 그럼에도 불구하고, 1933년에 가서

---

84) https://www.cmalliance.org, 접속일자 2021년 5월 14일.

야 비로소 베트남 출신 성직자인 응웬 바 통Nguyen Ba Ton이 처음으로 주교가 되었다. 1954년 베트남 분단으로 인하여 많은 가톨릭 교인들이 남하하였고, 공산화 이후 종교 자유가 다시 주어지기 시작하면서 1980년 베트남가톨릭주교회의가 재건되었다.

C&MA의 창설과 활동

베트남 개신교 역사에서 C&MA의 역할은, 적어도 초창기에는 절대적이라고 할 수 있을 정도로 중요하였다. C&MA는 1887년 심프슨Albert Benjamin Simpson, 1843-1919 목사에 의해 창설되었다. 설립과정에서 중요한 점은 C&MA가 처음부터 한 교단으로 설립된 것이 아니라 원래 별도로 시작했던 두 개의 선교단체parachurch가 하나로 합병했다는 것이다. 그 선교단체들은 수준 높은 기독교인의 생활을 강조하는 기독교연맹Christian Alliance과 해외선교 및 구별된 기독교인의 역할을 강조하는 복음주의선교연맹Evangelical Missionary Alliance로, 이 둘이 1897년 합병하여 C&MA가 되었다.

당시 심프슨은 대도시의 중산층이 아닌 매춘부, 항만 노동자, 노숙자홈리스 등 사회적 약자를 대상으로 선교활동을 전개하였다. 모든 사람은 그리스도의 은혜를 받을 자격이 있다는 중심적인 메시지를 전달하면서 많은 신자들을 확보하게 되었다. 그리고 이를 전 세계로 확대하기 위해 선교사훈련학교Missionary Training Institute를 설립하였다. 이 학교는 현재 미국 뉴욕의 나약대학교Nyack University가 되었으며, 그 산하에 신학대학원으로 연맹신학교Alliance Theological Seminary가 운영되고 있다.

C&MA는 1884년 처음으로 아프리카 콩고에 선교사를 파송하면서 본격적인 해외선교활동을 전개하였다. 이후 해외선교와 교회설립을 중점으로 하면서 현지교회 지도자들을 양성하고, 광범위한 구호사업을 펼치며 각종 의료

사업을 펼치고 있다. 1974년 C&MA는 공식적인 교단으로 등록하였지만 핵심적인 사업으로 해외선교를 중심에 두고 있다. 현재 C&MA는 400만 교세로 성장하여 미국과 캐나다를 비롯한 전 세계에서 활동하고 있다.[85]

C&MA의 신학적 핵심은 4중 복음이라고 불리는 기독론으로, 예수 그리스도를 구세주, 성결케 하는 자, 치유자, 재림하실 왕으로 구분하였다. 이는 중생, 성결, 신유, 재림을 강조하는 한국의 성결교회의 신학적 강조점과 일치한다. 이러한 신학적 강조는 예수 그리스도의 지상명령인 해외선교를 적극적으로 전개하는 원천이라고 할 수 있다. 이는 C&MA의 창설자인 심프슨 목사에 의해 주창되어 지금까지 이어져 내려오고 있다. 그리고 이러한 C&MA의 신학적 핵심들은 '20세기의 예언자'라고 불리는 토저Aiden W. Tozer, 1897-1963에 의해 세상에 널리 알려졌다. 토저의 책들은 현재 한국어로도 쉽게 찾아볼 수 있다.

C&MA 베트남 선교 착수의 계기

물론 C&MA가 베트남 선교를 시작하기 이전에도 기독교 선교의 시도가 있었지만, 베트남에 관심을 갖고 선교 사업을 추진한 선교단체는 C&MA이었다. 그 계기는 다음과 같은 심프슨의 글이었다.

동남아시아 반도가 오랫동안 잊혀진 상태로 있었습니다. 베트남은 그리스도 복음의 빛으로 밝혀질 필요가 있습니다. 왜 주님의 일꾼들이 베트남에서 일하지 못하고 있습니까? 티베트에서와 같이 새로운 영적 전쟁의 현장에 참여하여 승리함으로 수많은 죄인들의 영혼이 주님께로 돌아

---

85) "Today, the C&MA's global ministries encompass 13,609 churches and church groups including more than 4 million people in 81 countries and territories." http://www.cmalliance.org/about/family/, 접속일자 2015년 2월.

갈 수 있도록 해야 합니다.[86]

C&MA는 베트남 선교를 시작하기 전에, 중국, 티베트, 몽골, 일본, 팔레스타인, 인도, 콩고, 수단, 서인도제도, 브라질, 베네수엘라, 남아프리카공화국 등지에 약 300여 명의 선교사를 파송하여 모두 77개의 선교지부Mission Station를 운영하고 있었다. 1895년에만 중국에 30명, 콩고에 24명, 인도에 8명, 수단에 4명, 남아프리카공화국에 2명, 서인도제도에 2명, 팔레스타인에 3명, 일본에 3명 등 모두 80명의 선교사를 파송하고 있었다.

이와 같은 광범위한 선교지에서의 활동을 통해 C&MA는 베트남에 대해 베트남을 포함한 동남아시아의 넓은 지역을 선교 후보지역으로 간주하고 있었다. 안남, 통킹. 코친차이나, 캄보디아의 모든 지역에 대해서는 20세기 들어서면서 선교에 착수할 계획을 갖고 있었다. 그와 더불어 말레이 군도 동쪽의 3천만 영혼들을 위해 복음을 전할 계획을 갖고 있었다. 이는 그 이전에 이 지역에 대한 선교지 조사를 통해서 미리 마련된 계획이었다.

1893년도 보고서에서는 베트남에 대해 동남아시아의 광범위한 지역의 중요 거점으로 지금은 단 한 명의 개신교 사역자도 없지만 머지않아 이 거대한 지역에 첫 번째 개신교 선교의 개척자가 나타나게 될 것이라고 확신한다는 전망을 보고하고 있었다.[87] 그러나 실제로 베트남 선교가 본격화되기까지는 다소 많은 시간이 소요되었다.

C&MA의 초기 베트남 선교

1911년 봄 C&MA는 제프리R. A. Jaffray, 호슬러Paul M. Hosler, 휴즈G. L.

---

86) Albert B. Simpson, "Editorial Paragraphs," *Word, Work, and World* (Feb. 1887), 128.
87) *Sixth Annual Report of the International Missionary Alliance*, *Presented at the Annual Meeting*, Oct. 11, 1893, 54-55.

Hughs를 베트남 개척 선교사로 파송하였다. 이들은 베트남 중부의 큰 항구도시인 다낭에 정착하여 프랑스어와 베트남어를 배우는 것으로 선교사역의 준비를 하면서 복음서와 전도지를 이웃에게 전달하였다. 이것이 베트남 개선교 역사의 시작이었다. 다낭에 선교사들이 정착한 이래 점차적으로 베트남 기독교인들이 증가하기 시작하였다. 그들의 첫 열매는 베트남 기독교인 6명을 전도하여 그 가운데 3명에게 세례를 준 것이었다. 1914년 3월 30일에는 다낭에 첫 번째 베트남 개신교교회가 설립되었다. 베트남 선교사들도 9명으로 보강되었다. 이에 따라 베트남 선교에 자신감을 갖게 된 선교사들은 선교 영역을 확대하고자 하였다. 이들은 곧바로 다낭의 투란에 이어 하노이와 하이퐁에도 선교지부를 설립하기로 결정하였다.

이 시기 베트남 선교를 위해 집중적으로 전개한 선교 전략은 복음을 전하고 교회를 설립하는 것이었다. 이를 위해 C&MA 선교사들은 베트남어를 활용한 문서선교에 주력하였다. 이들은 1914년부터 베트남어 신약성서의 번역을 시작하여 1925년에는 구약성서까지 베트남어로 번역을 완료하였고, 이듬해인 19216년 대영성서공회의 지원을 받아 하노이에서 처음으로 신구약성서 전체를 베트남어로 출판하였다. 이와 병행하여 주일학교 학생들을 위한 교과서를 비롯한 각종 잡지와 성서공부 교재 등을 출판하였다.[88] 선교사들은 하나의 선교지부가 견고하게 형성되면 그곳을 현지 목회자에게 맡기고 새로운 거점을 찾아 선교지부를 개설하는 방식으로 선교지역을 넓혀갔다. 이를 통해 다낭, 하노이, 하이퐁에 이어 1928년에는 랑손, 1929년에는 달랏, 1932년에는 호아빈에 새로운 선교지부가 개설되었으며 1940년까지 베트남 기독교인 가운데 세례교인이 2만 명을 넘게 되었다.

---

88) Nguyen Huu Davit, "Toward the Healthy Contextualization", 75.

베트남교회의 형성

초기부터 베트남 현지에 교회를 설립하기 위한 정책으로 자립, 자치, 자전의 베트남교회를 설립하고자 하였기 때문에 베트남 기독교 신자들을 위한 교육에 특별히 신경을 썼다. 그 결과 1921년 9월 다낭에서 8명의 학생을 선발하여 공식적인 성서학원을 시작하였다. 1927년에는 첫 번째 과정에 입학한 8명의 학생들이 졸업을 하고 목사 안수를 받았다. C&MA 선교사들은 자립, 자치, 자전의 현지교회 설립이라는 목표를 이행하기 위해 베트남 목사 및 교인들과 함께 1928년 베트남교회인 베트남복음주의교회Evangelical Church in Vietnam, ECVN의 헌법을 통과시켰다. 그러나 프랑스 식민지의 베트남 정부는 가톨릭과 전통 종교를 제외하고 기독교는 전적으로 금지한다는 칙령을 발표하며 베트남교회를 탄압하여 수많은 목사와 교사들이 투옥되었고 성서는 압수되었다. 이러한 탄압은 1935년까지 계속되었다.

이와 같은 상황에서 베트남교회는 대부흥을 경험하였다. 1938년 남부의 빈롱에서 모인 베트남복음주의교회 총회에 초청된 중국의 존 성John Sung, 宋尙節, 1901-1944 박사의 부흥을 촉구하는 설교가 도화선이 되어 남부는 물론 중부와 북부지역으로 대부흥의 흐름이 이어졌다. 여기에는 베트남 전체의 선교 지부와 각 소속 교회들이 모두 참여하여 전도 운동을 전개하였다. 이를 통해 베트남교회는 베트남 소수 민족을 위한 베트남 기독교인 선교사를 파송하기 시작하였다. 1940년부터 1954년까지 기간 동안 베트남의 크고 작은 사건들이 교회에도 많은 영향을 주었다. 1944년에서 1947년까지 극심한 기근으로 2백만 이상의 사망자가 발생했다. 베트남 전역이 혼란에 빠졌고 국가적으로 위기를 맞게 되었다. 베트남교회의 목회자들과 교인들이 수없이 감옥에 갇히고 처형당했으며 교회 건물은 전쟁으로 파괴되었다. 베트남교회는 1950년 Evangelical Church in Vietnam직역하면 베트남 소재 복음주의교회에서 Evangelical Church of Vietnam직역하면 베트남의 복음주의교회로 이름을 바꾸었다. 교회 Church에서 국가Vietnam로 강조점이 바뀐 것이다. 베트남교회는 새로운 이름 으로 새로운 체제를 갖추고 새로운 시기를 맞았다.

베트남 기독교의 현대 역사

1954년 프랑스군을 물리친 베트남 군대의 승리는 제네바 조약을 통해 새 로운 베트남의 역사를 쓰게 되었다. 그리고 베트남은 17도선을 기준으로 남 과 북으로 나뉘게 되었다. 이에 따라 베트남교회도 남과 북으로 나뉘었다. 북 베트남교회는 사회주의의 영향으로 교회의 기능이 사회적 조직으로 축소되 면서 탄압을 받아 어려운 상황을 맞이하게 되었다. 그에 반해 남베트남교회 는 지속적으로 성장하면서 다양한 형태의 선교 활동을 전개할 수 있었다. 특 히 1970년대에 이르러 남베트남교회는 제2의 대부흥을 맞았으며 그 결과 1972년에는 45,287명의 세례교인을 지니게 되었고 전체교인 수는 127,287 명에 달했다. 490개의 교회가 설립되었으며 424명의 공식 목회자가 활동하 였다.

그러나 1975년 4월 30일 사이공이 함락되면서 베트남은 통일되었다. 베 트남교회는 새로운 상황에 직면하였다. 많은 목회자들과 교인들이 베트남을 떠나 다른 나라로 이민을 갔으며, 새 정부는 수많은 목회자들과 교인들을 체 포하여 재교육을 시켰다. 사회주의 정부는 수백여 교회들을 강제로 인수하여 교회 문을 닫게 하였다. 교회를 중심으로 전개되었던 모든 기독교 활동은 다 른 목적을 위해 사용되었다. 그나마 주일에 한해 교회 활동을 할 수 있도록 허 락된 것이 다행스러운 일이었다. 이 시기의 베트남교회는 정부의 감시가 소 홀한 고산지역에서 크게 활동하였다. 그 결과 2000년에는 베트남 기독교인 의 수가 60만 명에 이르게 되었다.

베트남 정부는 2001년 베트남교회를 합법적인 기관으로 인정했다. 2003년에는 신학교를 재개하여 현지 목회자를 양성할 수 있게 되었다. 최근까지 베트남의 종교의 자유는 많은 변화를 보여 왔다. 베트남 정부는 모든 교회의 활동을 인정하고 있다. 이런 맥락에서 베트남교회는 사회주의 국가의 교회라는 실험을 이어가고 있다. 지난 2011년 6월 다낭에 있는 베트남틴란교회는 설립 100주년 기념식을 개최하였다. 이제 베트남 프로테스탄트 기독교의 역사는 새로운 100년을 만들어 가고 있다.

베트남 기독교의 최신 정보에 의하면, 기독교인 비율은 다음과 같다. 2020년 통계를 기준으로 할 때, 총 기독교인의 비율은 총인구 대비 9.1%[1970년, 7.5%]이다. 각 종파별, 교파별로는 내림차순으로 –종파별, 교파별 1970년 통계는 어깨글자로–, 가톨릭 7.3%[6.7%], 복음주의 계열 1.7%[0.4%], 개신교 [주류] 1.6%[0.4%], 오순절 및 은사주의 계열 0.8%[0.1%], 독립교회 0.5%[0.1%] 정도이다.[89]

89) Kenneth R. Ross et al., *Christianity in East and Southeast Asia* (Edinburgh: Edinburgh University Press, 2020), 188.

참고문헌

베트남 선교백서 편집위원회 편, 『베트남 선교백서』, 서울: V.D.F., 1999.

베트남 선교백서, 『베트남 선교백서=Vision Vietnam』, 제3권, [서울]: VDF, 2013.

베트남선교협회 편, 『베트남선교 10년사: 1990-2000』, 서울: 베트남선교협회 10년사편찬위원회, 2000.

베트남선교협회 편, 『베트남선교 20년사: 1990-2010』, 서울; 베트남선교협회 20년사편찬위원회, 2010.

장완익, 『베트남의 등대: 베트남 개신교회 지도자 4인의 전기』, 서울: 첨탑, 2011.

전호진, 『아시아 기독교와 선교전략』, 서울: 영문도서출판사, 2003.

Reg Reimer, 영 김 역, 『(예수를 따르는) 베트남의 그리스도인: 역경 가운데 놀랍게 성장하는 베트남 교회 이야기』, 부산: 로뎀북스, 2014.

Peter Phan, *Mission and Catechisis: Alexandre de Rhodes and inculturation in seventeenth-century Vietnam,* Maryknoll, NY: Orbis, 1998.

Philip Taylor, ed., *Modernity and Re-enchantment: Religion in Post-revolutionary Vietnam,* Lanham: Lexington Books/Rowman & Littlefield, 2007.

Le Hoang Phu. "A short history of the Evangelical Church of Vietnam: Lịch Sử Hội Thánh Tin Lãnh Việt Nam (1911-1965)", Unpublished Ph.D. dissertation, New York University. 1972.

필리핀 기독교: 식민주의자의 교회에서 저항하는 교회로

박형신_남서울대학교 교수

다채로운 필리핀

7,100여 개의 섬으로 이루어진 필리핀은 네그리토인the Negritos, 말레이인, 인도네시아인, 중국인, 스페인계 혼혈 '메스티조' 등으로 이루어진 다양한 인종과 종족 구성으로써 이른바 혼종성hybridity을 보여주는 대표적인 나라이다. 구성원들의 다양성과 결부되어 기본적으로 다채로운 문화가 형성되었고, 400년에 가까운 스페인 및 미국의 식민지배는 유럽과 미국의 문화를 이식하였다. 종교적으로, 필리핀은 토착적인 정령신앙animism, 인도의 브라만교Brahmanism, 중국 불교 등의 다양한 유산을 소유하고 있는데, 이들은 종종 필리핀 사회 안에 드러나며, 심지어 기독교 문화 안에도 그 일부가 녹아있다.[90] 또한 필리핀의 최남단에 위치한 민다나오섬에는 14세기에 유입된 이슬람교가 지배적 종교이다. 그럼에도 불구하고, 필리핀 전체적으로 볼 때에 국민 대다수가 가톨릭교를 신봉한다는 점에서 다른 아시아 국가들과 큰 차이점을 보여주고 있다.

---

90) 양승윤, 김태명, 박광섭 외, 『필리핀』 (서울: 한국외국어대학교출판사, 2003), 349-350.

가톨릭교회와 개신교회의 시작

15세기 말에 이르러 로마 교황청은 유럽 국가들에게 '선교보호권'Patronato Real을 부여하며 비서구에서의 기독교 선교를 장려하였다. 스페인의 후원을 받은 마젤란Ferdinand Magellan, 1480-1521은 남미를 거쳐 1521년에는 필리핀 중부의 세부Cebu에까지 항해하였고, 그곳의 한 부족에서 800여 명에게 세례를 베풀었지만, 결국 이웃 부족과의 전투 중에 사망하고 만다. 가톨릭교회의 역사는 1565년에 이르러 아우구스티누스 수도회 수도사들Augustinians이 원정대를 따라 입국하여 선교활동을 전개한 일에서 공식적 기원을 찾을 수 있다. 그후 프란시스코 수도회, 예수회, 도미니코 수도회 등을 통하여 선교사들이 도입되었고, 지역분할, 집단적 개종, 정교일치 등의 선교방침을 통하여 17세기 초엽까지는 산간지방과 남부의 섬들을 제외한 모든 지역에서 대부분의 필리핀인을 개종시키는 성과를 거두게 된다.

한편, 필리핀 개신교의 역사는, 산발적으로 성서가 유입된 것을 제외하면, 미서전쟁Spanish-American War, 1898 이후에 주로 미국 선교사들과 함께 시작되었다. 미국북장로교회는 1899년에 제임스 로저스James B. Rodgers 부부, 앤드루 홀Dr. J. Andrew Hall 등을 파송하였으며 1903년에 노회를 조직하였다. 미국감리교회는 1900년에 애니 노톤Annie Norton, 토마스 마틴Thomas Martin 부부와 같은 선교사들을 파송하여 선교를 시작하였으며, 1933년에는 필리핀감리교회the Philippine Methodist Church 그룹이 미국 감리교회로부터 분립되어 나갔다. 한편 그 이전인 1913년에 분립된 또 다른 특색있는 그룹 이글레시아 니 크리스토Iglesia ni Christo는 비정통적인 교회가 되고 말았다. 그 외에 침례교회, 형제교회, 그리스도교회, 성공회, 회중교회, C&MA기독교와선교연맹, 제칠일안식교, YMCA, YWCA, 영국성서공회, 미국성서공회 등 다양한 교회와 선교기관들이 이 시기에 사역을 시작하였다. 교회통합운동도 수 차례 시도되었는데, 1929년에 연합형제교회the United Brethren, 회중교회the Congregational Church, 장로교회the Presbyterian Church가 연합복음주의교회the United Evangelical Church로 통합하였다. 1943년에는 일본 식민정부의 압력 하에 여러 교단들이 복음주의교회the Evangelical Church로 통합되었다. 마침내, 1948년에는 연합복음주의교회, 필리핀감리교회 및 복음주의교회가 필리핀그리스도연합교회the United Church of Christ in the Philippines, UCCP로 통합하여 주류 교단으로 자리잡았다.[91] 한편, 중국이 공산화될 때에 그곳에서 사역하던 복음주의를 표방하는 여러 교단과 선교기관들이 필리핀으로 넘어왔는데, 남침례교가 1948년에, 위클리프성경번역선교회가 1953년에 각각 도입되었다. 1963년에 전통적 교단들을 중심으로 필리핀교회협의회National Council of Churches in the Philippines, NCCP가 조직되었으며, 나중에 들어온 복음주의자들은 필리핀복음주의교회협의회the Philippine Council of Evangelical Churches, PCEC를 별도로 결성하였다. 한국의 감리교회와 장로교회는 1970년대에, 성결교회는 1980년대에 필리핀에 선교사를 파송하기 시작하였다.

스페인 식민주의와 가톨릭교회의 유착관계

필리핀 공화국Republic of the Philippines 명칭의 기원이 된 스페인의 국왕 펠리페 2세Felipe II는 1565년에 이르러 레가스피Miguel López de Legazpi, 1502-1572를 대장으로 하는 원정대를 파견하고 필리핀의 실효적 지배권을 장악하였다. 그 후 스페인은 1572년에 루손Luzon의 마닐라Manila를 수도로 정하고 본격적인 필리핀 식민통치의 시대를 열었다.

---

91) John C. England et al., eds., *Asian Christian Theologies: A Research Guide to Authors, Movements, Sources Vol. 2. Southeast Asia* (Delhi: ISPCK, Quezon City : Claretian Publishers ; Maryknoll, N.Y. : Orbis Books, 2003), 358-360; Mariano C. Apilado, "The United Church of Christ in the Philippines: Historical and Theological Essay," *The Asian Journal of Theology* Vol.10. No.1(April 1996), 147-148.

원정대와 함께 들어온 필리핀의 가톨릭교회는 처음부터 식민정부와 강한 유착관계를 유지하였다. 필리핀 최초의 주교인 도밍고 데 살라사르Domingo de Salazar, 1512-1594가 개최한 마닐라 종교회의Synod of Manila, 1582는, "스페인의 국왕은 그 지역 사람들에게 복음선교가 가능한 상황을 만들 목적 하에 정치적 지배를 수단으로써 취할 권리가 있다"고 명시하여 스페인 식민주의를 정당화해주고 교회와 국가가 유착되는 길을 닦았다.[92] 식민당국은 수도회 소속 선교사들로 하여금 중앙과 지방 차원에서 행정을 대리하도록 하였는데, 선교사들은 특별히 지방에서 주민들과 가깝게 접촉함으로 식민당국의 요구사항을 효과적으로 얻어내는 방편이 되었다. 마르틴 데 라다.Martin de Lada와 같은 정의감에 찬 수도사들이 잔인한 식민주의자들을 스페인에 고발하는 경우가 있었으나, 교회는 대체로 식민주의를 승인하였고 통치에 협력한 대가로 대토지를 소유하게 되었다.

서구문명의 전달자로서의 교회

필리핀의 가톨릭교회와 개신교회는 서구 문명의 전달자가 되었다. 가톨릭교회가 정치적 차원에서는 정복자들의 종교였지만, 사회 문화적으로는 유럽에서 축적된 문명, 즉 과학, 기술, 의료, 인쇄술, 교육 등을 전파하는 통로가 되었다. 예를 들면, 필리핀에서 고등교육의 출현은 가톨릭교회의 노력에 힘입은 바가 크다.[93] 현재 필리핀의 1,600여 개의 사립대학교 가운데 최고의 명문으로 꼽히는 산토토마스대학교University of Santo Thomas, 1611, 아테네오대학교Ateneo de Manila University, 1859, 그리고 라살대학교De La Salle University, 1911

---

92) 루벤 아피토, 야마타 케이조 편. 소륜 옮김, 『필리핀의 민중과 해방신학』 (서울: 일신사, 1986), 15-16.
93) 김동엽, 정법모, "필리핀 대학교육의 역사와 현황", 「동남아시아연구」 22권 3호 (2012), 80-81.

는 각각 가톨릭 기관인 도미니코 수도회, 예수회, 및 그리스도교교육형제회 Brothers of the Christian Schools에 의해 설립되었다. 개신교계는 선교초기인 1901년에 실리만대학교Silliman University를 세우고, 1946년에는 현 필리핀기독대학교Philippine Christian University의 전신인 마닐라유니온대학교Manila Union University를 설립하였다.

하지만 교회가 필리핀 사회에 서구 문명을 전달했던 것을 긍정적으로만 평가할 수는 없다. 스페인 통치 시기에 대학교육의 수혜자는 주로 스페인계와 소수의 토착 엘리트 가문의 자녀들이었기 때문이다. 1672년에 통치를 시작한 스페인 식민당국은 191년이 지난 1863년에 와서야 필리핀 서민 계층의 자녀들을 위한 초중등교육을 제도화하였으며, 그 오랜 세월 동안 가톨릭교회 역시 필리핀인들을 위한 공립교육의 확대에는 눈을 감았던 것이다.

필리핀혁명과 필리핀독립교회의 등장

19세기 후반이 되자 필리핀 사회에서는 리살José Rizal, 1861-1896과 같은 유학생들을 중심으로 하여 스페인 식민통치의 문제점을 개혁해보려는 운동이 일어났다. 1890년대 초에 이르러 급진론자 보니파시오Andrés Bonifacio, 1863-1897의 주도로 비밀결사체인 '까띠푸난'Katipunan을 통한 무력 혁명운동이 전개되었으며,[94] 아기날도Emilio Aguinaldo, 1869-1964 장군은 이를 계승하여 1898년에 마닐라 북부에 필리핀 혁명정부를 세우고 반스페인 및 반미 독립운동을 일으켰다.

스페인에 대항한 필리핀 사회의 독립운동은 식민당국과 깊은 유착관계에 있던 가톨릭교회, 특히 수도회 소속 선교사들에 대한 저항운동이기도 했다. 19세기 후반에 의식화된 필리핀 사회가 주목하였던 바, 식민통치 최악의 폐

---

94) 양승윤, 김태명, 박광섭 외, 『필리핀』, 37.

단은 수도회들의 대토지 소유, 그리고 성직자들의 식민통치에의 참여를 뜻하는 '교권주의'clericalism였다. 온건한 개혁운동과 급진적 혁명운동 양자가 이 문제를 강하게 비판하고 나섰다. 필리핀 혁명정부의 국무총리로 취임한 마비니Apolinario Mabini는 '반교권주의'anti-clericalism에 기반하여 교회와 국가의 분리를 강력히 주장하였다. 그러나 수백 년 동안 정교일치의 논리에 젖어온 필리핀 가톨릭교회의 신자들이 그와 같은 '급진적인' 사상을 수용하기에는 좀 더 시간이 필요한 것도 사실이었다.

필리핀독립교회Iglesia Filipina Independiente, IFI의 결성은 식민주의와 유착관계에 있는 스페인 가톨릭교회를 거부하고 필리핀인들이 직접 주도하는 민족주의적 가톨릭교회를 세우려는 대담한 시도였다. 1898년에 혁명정부에 의해 교회의 최고지도자Military Vicar General로 임명된 아글리파이 신부Gregorio Aglipay, 1860-1940는 필리핀의 모든 사제들이 스페인교회 감독이 아니라 자신의 규준에 따라야 한다고 선언하여 종교 차원의 반식민주의를 선포하였다.[95] 그리하여 로마가톨릭교회에 의해 파문된 아글리파이는 1902년에 출범한 필리핀독립교회의 대주교Supreme Bishop 직위를 수락하였으며, 그 교회는 스페인교회를 떠난 필리핀교회, 로마가톨릭교회에 속하지 않으나 여전히 가톨릭교회의 전통에 서 있는 교회, 그리고 정교일치의 원칙에 있는 교회를 지향하였다. 이 교회는 창립 직후 폭발적인 성장을 기록하였으나, 재산권 소송에서 로마가톨릭교회에 패소한 후 교세가 한 풀 꺾였다.

독재정권에 대항한 교회의 저항운동

'EDSAEpifanio de los Santos Avenue Revolution'으로 불리는 1986년의 평화적

---

95) Pedro S. de Achútegui and Miguel A. Bernad, *Religious Revolution in the Philippines: the life and church of Gregorio Aglipay Vol. 2* (Manila: Ateneo de Manila, 1968), v.

시민혁명을 통하여, 필리핀인들은 무려 21년에 걸친 마르코스Ferdinand Marcos, 1917-1989 대통령의 독재를 종식시키고, 코라손 아키노Corazon Aquino, 1933-2009를 대통령으로 선출하였다. 이 과정에서 가톨릭교회의 지도자 하이메 신 추기경Cardinal Jaime Sin, 1928-2005은 독재정권을 공개적으로 비판하였을 뿐만 아니라, 급진적인 혁명보다는 선거참여를 통한 정권교체를 제시하면서 전 인구의 85%에 해당하는 가톨릭 신자들에게 정치적인 영향력을 뚜렷하게 행사하였다. 개신교계에서도 필리핀그리스도연합교회UCCP와 필리핀교회협의회 NCCP와 같은 진보진영이 독재정치에 대하여 비판하는 한편, 복음주의 진영인 필리핀복음주의교회협의회PCEC 역시 반독재저항운동에 가세하면서 기독교인들의 사회참여를 보여주었다.[96]

오순절 및 은사주의 운동

20세기 세계기독교의 특징인 오순절 운동과 은사주의 운동은 필리핀에서도 예외가 아니었으며, 1970년대와 1980년대에 다양한 그룹들이 출현하였다. 한 통계에 따르면, 가톨릭교인 10명 중 4명, 개신교인 10명 중 7명이 자신을 오순절 또는 은사주의자로 여긴다고 한다. 이와 같은 경향으로서, 가톨릭계에서 가장 눈에 띄는 그룹은 에디 비야누에바Eddie Villanueva가 1978년에 창설한 '예수주님교회'Jesus is Lord Church, JIL, 1980년대 초에 마리아노 마이크 벨라르데Mariano "Mike" Velarde가 진행하는 방송 프로그램에서 기원한 '엘 샤다이'El Shaddai, 그리고 '그리스도를 위한 커플'Couples for Christ, CFC 등을 꼽을 수 있다. 이들은 가톨릭교회의 교리와 체제를 떠나지 않으면서 독자적으로 전국 또는 국제적 네트워크를 소유하고 있다. 이들 중 일부는 정치 사회적 참여를

---

96) David Lim, "Church and State in the Philippines, 1900-1988," *Transformation* Vol.6 No.3 (July/Sept, 1989), 30.

활발히 하고 있다. 개신교계에서 미국적 기원을 가진 오순절 및 은사주의 운동 그룹으로는 하나님의성회Assemblies of God, 필리핀 사중복음교회Foursquare Church in the Philippines, 하나님의교회Church of God 등을 들 수 있다.

필리핀 기독교 현황

필리핀 정부 통계청의 보고서에 근거하면, 2015년의 총인구 100,979,303명 가운데, 은사주의자를 포함한 로마가톨릭교인이 80,304,061명으로 79.5%, 비로마가톨릭교인, 개신교인, 필리핀독립교회IFI/Aglipay교인, 그리고 비주류 기독교인을 포함한 인구는 9,215,297명으로 9.1%에 해당하였다. 그 외에, 무슬림은 6,064,744명으로 6%, 무종교인이 19,953명으로 0.02%, 기타 및 무응답자가 5,375,248명으로 5.3%이었다. 절대다수를 차지하는 로마가톨릭교인의 비율은 5년 전인 2010년의 81%에서 1.5% 감소했다.[97] 한편, 글로벌기독교연구센터Center for the Study of Global Christianity의 〈세계기독교데이터베이스〉World Christian Database는 2020년 필리핀 기독교인의 비율을 90.8%로 추정하였는데, 그 중 가톨릭교인이 75.7%, 독립교회 교인이 17.6%, 개신교인이 5.7%, 성공회 교인이 0.1%를 차지하였다. 또한 이 비율과 다소 중복되는 수치이지만, 복음주의자들을 3.5%로, 오순절 및 은사주의자들을 34.6%로 추정하였는데, 후자의 큰 수치는 위에서도 언급되었듯이 필리핀 기독교인의 특성을 잘 보여준다고 할 수 있다.[98]

기독교사 연구 읽을거리

필리핀 기독교 역사 연구를 위한 일차자료로서는 방대한 스페인어 자료를

---

97) Philippine Statistics Authority, 2019 *Philippines in Figures* (Quezon City: 2019), 23.
98) Kenneth R. Ross et al., *Christianity in East and Southeast Asia* (Edinburgh: Edinburgh University Press, 2020), 201.

영역하여 편집한 블레어와 로버트슨의『필리핀제도, 1493-1898』를 빼놓을 수 없다.[99] 탁월한 역사서로는 시토이의『필리핀기독교사』와 앤더슨의『필리핀교회사연구』가 있다.[100] 한국어 번역서로서 아피토와 케이조가 편집한 『필리핀의 민중과 해방신학』은 식민통치와 독재정권의 시대를 살아온 필리핀 기독교회의 삶과 증언을 전해주고 있다.[101] 그 외의 참고도서로는 존 잉글랜드 등이 편집한『아시아의 기독교 신학들』을 권한다.[102]

---

99) Emma Helen Blair & James Alexander Robertson, eds and tr. *The Philippine Islands, 1493-1898 55 Vols.* (Cleveland, Ohio: Arthur H. Clark Co., 1903-1909).

100) T. Valentino Sitoy, Jr., *A History of Christianity in the Philippines: The Initial Encounter* (Quezon City: New Day Publishers, 1985); Gerald H. Anderson, ed., *Studies in Philippine Church History* (Ithaca & London: Cornell University Press, 1969). 앤더슨의 책은 인터넷에서 디지털화된 것을 무료로 검색할 수 있다.

101) 루 벤 아피토, 케이조 야마다 공편, 소륜 역,『필리핀의 민중과 해방신학』(서울: 일신사, 1986).

102) John C. England et al., eds., *Asian Christian Theologies: A Research Guide to Authors, Movements, Sources Vol. 2. Southeast Asia.*

3부 • 남아시아 기독교사

인도 기독교 1: 도마교회와 가톨릭교회

김명윤_현대교회 담임목사

인도의 기독교 역사는 2000년 기독교 역사의 보고이다. 초대교회까지 이어지는 사도적 전승과 동방교회, 가톨릭교회, 개신교회, 토착교회의 다양한 분파들의 역사가 서로 교차하며 병존하고 있다. 광대한 땅과 수많은 인구에 비해 기독교인들의 수가 상대적으로 왜소해 보이기는 하지만 또한 가장 빠르게 성장하는 교회와 선교적인 열정으로 가득찬 성도들의 살아있는 교회가 존재하는 곳이기도 하다. 인도 기독교인들의 선교적인 열정은 그 대상이 주로 인도 내의 타문화권을 대상으로 하고 있기 때문에 외부 세계에 잘 알려져 있지는 않지만, 통계적으로 볼 때 선교사의 수에서 한국을 압도하고 있다. 최근 출간된 패트릭 존스톤의 『세계교회의 미래: 세계 복음화의 역사와 동향 새로운 도약으로의 가능성』에서 2010년 선교사 파송국 순위를 보면 미국이 9만 5천 명으로 1위, 인도가 8만2천9백5십 명으로 2위, 한국이 2만천 명으로 3위를 차지하고 있다.[1]

---

[1] 패트릭 존스톤(Patrick Johnstone), 정옥배, 한화룡 역, 『세계 교회의 미래: 세계 복음화의 역사와 동향 새로운 도약으로의 가능성』 (서울: IVP한국기독학생회, 2013).

도마교회의 전승

인도 기독교의 기원에 대한 논쟁은 아직까지 지속되고 있지만 사도 도마까지 거슬러 올라가는 전승의 신뢰성에 대한 주장은 여전히 강력하게 제시되고 있다. 3세기 초 기록된 외경인 『도마행전』 *Acts of Thomas* [2])에는 다음과 같은 예수의 제자 도마의 인도 선교 이야기가 기록되어 있다.

> 그 당시 베드로라고 불리는 시몬과 그의 형제 안드레, 세베대의 아들 야고보와 그의 형제 요한, 빌립과 바돌로매, 도마와 세리 마태, 알페오의 아들 야고보, 가나안인 시몬, 야고보의 형제인 유다등 우리 모든 사도들은 예루살렘에 있었다. 우리는 세계를 여러 지역으로 나누었고 우리 각 사람은 주님의 보내심을 따라 각자에게 할당되는 지역과 나라로 가야 했다. 그래서 제비를 뽑자 유다 도마에게 인도가 돌아갔는데 그 역시 쌍둥이였다. 그러나 그는 몸이 약해서 여행할 수 없고 "나는 히브리인인데 내가 어떻게 인도인들 가운데에 가서 가서 진리를 전파할 수 있겠소?"라고 말하면서 가려고 하지 않았다. 그가 이렇게 이유를 대고 있을 때에 구주께서 그에게 밤에 나타나서 말씀하셨다. "도마야, 두려워 말고 인도에 가서 말씀을 전파하라. 나의 은혜가 너와 함께 있기 때문이다."라고 말씀하셨다. 그러나 도마는 순종하려 하지 않고 "어디든지 보내시고자 하시는 곳으로 나를 보내시되 인도가 아닌 다른 곳으로 보내주소서. 인도인들에게로는 나는 가지 않겠습니다."라고 말했다.
>
> 도마가 그렇게 말하고 또 생각하고 있을 때, 마침 거기에 인도에서 온 상

---

2) 기원후 3세기 초 에데사(Edessa)에서 집필된 도마행전(Acts of Thomas)은 사도 도마가 인도에서 선교를 하게 되는 내용을 담고 있는 작품이다. 도마행전은 여러 언어로 필사되어 남아있는데, 그 중에서도 시리아어(Syriac)와 그리스어 사본이 가장 중요하게 여겨지고 있다. 나그함마디 문서중 하나인 콥트어로 기록된 도마복음서(Gospel of Thomas)와는 다른 문헌이다.

인이 한 사람 있었는데 그의 이름은 압바네스였다. 그는 군다포루스 왕이 파견한 사람으로서, 목수를 한 명 사서 데리고 오라는 명령을 받았다. 주님은 정오에 시장을 걸어다니는 압바네스를 보시고는 말씀하셨다. "목수를 사려고 합니까?" 그는 "예."라고 대답했다. 주님은 그에게 말씀하셨다. "내게 목수 노예가 한 명 있는데, 팔고 싶습니다." 이렇게 말씀하시고 주님은 압바네스에게 멀리 떨어져 있는 도마를 보여주시고, 은 덩어리 3 리트라에 계약을 하고는 "목수 요셉의 아들인 나 예수는, 인도인들의 왕인 군다포루스의 상인 압바네스에게 유다라고 하는 내 노예를 팔았음을 확인한다."라고 매도 증서를 써주셨다. 거래가 끝나자 구주께서 유다 도마를 데리고 상인 압바네스에게로 가셨다. 압바네스가 그를 보고는 "이 사람이 네 주인인가?"라고 그에게 물었다. 그 사도가 "네, 그분에 제 주님이십니다."라고 대답했다. 그러자 그는 "내가 너를 그에게서 샀다."라고 말했다. 그러자 사도는 아무 말도 하지 않았다.

다음날 사도는 일찍 일어나서 기도하고 주님께 간청했다. "주 예수여, 원하시는 곳 어디든지 가겠습니다. 당신의 뜻이 이루어지이다"라고 말했다. 사도는 아무 것도 가지지 않고 오직 자기 몸값만을 가지고 상인 압바네스에게로 갔다. 주님이 그것을 그에게 주시며 "네 몸값을 가지고 가라. 네가 어디로 가든지 내 은혜도 너와 함께 하리라"고 말씀하셨기 때문이다.[3]

도마의 인도선교 전승의 역사성에 대해서는 아직까지 일치된 견해가 없지만, 로마제국과 인도 간의 육상 및 해상 교역로가 당시에 이미 확립되어 있었

---

3) M.R. James, *The Apocryphal New Testament* (Oxford: Oxford University Press, 1924), 364-365

고 기독교 신학의 정초를 놓은 첫 번째 공의회인 325년 니케아 공의회의 참석자 명단에는 '인도와 페르시아의 주교 요한Bishop John of the Great India and Persia'이라는 사람의 이름이 기록되어 있다는 사실로 미루어 볼 때, 이른 시기부터 기독교 공동체가 인도에 존재했을 가능성은 높게 평가되고 있다. 북인도에서는 『도마행전』에 등장하는 군다포루스Gundaphorus왕의 실재를 증명하는 유적들이 발굴되었으나 기독교 공동체가 이어져 오지는 못했지만, 남부 케랄라에는 적어도 6세기부터는 토착 기독교 공동체가 있었다.[4]

중세에는 선교와 교역을 위해 유럽과 중국몽골제국을 오가던 여행자들에 의해 인도 기독교인들의 존재가 기록되었다. 프란시스코회 선교사였던 몬테코르비노의 요한John of Montecorvino, 1247-1328은 1307년경 중국으로 가는 여정 중 인도에서 13개월을 체류하며 기록을 남겼고, 마르코 폴로Marco Polo, 1254-1324도 1292년에서 1295년 사이에 유럽으로 귀환하는 과정에서 인도를 거치는 경로를 택했는데 『동방견문록』에는 인도의 기독교인들에 대한 기록이 담겨 있다.3권 18장 [5]

오늘날 도마교회 신자들Mar Thoma Khristianis, Saint Thomas Christians은 나사렛 예수의 추종자들이라는 의미로 나스라니Nasrani라고도 불리는 남부 인도 케랄라주에 분포된 기독교인들을 지칭한다. 이들은 15세기까지는 시리아 정교회의 관할 하에 있었고 포르투갈의 진출 이후에는 가톨릭교회의 영향을 받았으며 영국 식민지 시대에는 영국 국교회의 영향도 받아들였다.

2001년 통계에 의하면 인도에는 2,400만 명의 기독교인이 있으며Census of India, 2001, Census Bureau, Government of India, 2001. 전체 인구의 2.3% 그중에서 도마교회의 전통을 따르는 교회는 800만 명으로 추산된다. 오늘날 도마 교회의 전

---

4) Stephen Neill, *A History of Christianity in India, The Beginnings to AD 1707*, (Cambridge: Cambridge University Press,) 49.
5) 마르코 폴로(Marco Polo), 김호동 역주, 『마르코 폴로의 동방견문록』 (서울: 사계절, 2015).

통을 잇는 인도 교회의 교파는 다음과 같다.

갈대아 시리아 교회The Chaldean Syrian Church

시리아 말라바르 가톨릭 교회The Syro-Malabar Catholic Church

시리아 말란카라 가톨릭 교회The Syro-Malankara Catholic Church

인도 정교회The Indian Orthodox Church

야콥 시리아 교회The Jacobite Syrian Christian Church

말란카라 마르 도마 시리아 교회 The Malankara Mar Thoma Syrian Church

말라바르 독립 시리아교회The Malabar Independent Syrian Church

성도마 인도복음주의교회The St. Thomas Evangelical Church of India

가톨릭교회의 선교

인도에서 본격적인 가톨릭교회의 선교가 시작된 것은 포르투갈이 인도에
진출하면서부터이다. 포르투갈은 16세기에 인도의 고아Goa를 중심으로 하
여 페르시아만의 호르무즈, 동남아시아의 무역거점인 말라카, 중국 광동의
마카오, 일본의 나가사키에 이르는 무역의 거점들을 차지하여 무역로를 장악
하고 동서교역을 중계하는 동방해상제국Estado da India을 구성하게 된다.

십자군 전쟁 이래 이슬람과의 대결구도 속에서 결정적인 승기를 잡기를
갈망하던 로마 교황청은 포르투갈의 연이은 해상진출의 쾌거에 고무되어 포
르투갈에게 보호권padroado을 수여하였다. 보호권라틴어 patronatus, 포르투갈어
padroado, 스페인어 patronato은 넓은 의미에서는 로마시대 콘스탄티누스 황제 이
래로 전통으로 굳어진 관행으로 교회는 교회의 사업을 위하여 토지나 재산을
기증한 세속 권력자에게 그러한 기부로 지어진 성당이나 수도원과 관련된 특
권이를테면 성직자 추천권을 부여하는 것이다. 교황청은 포르투갈이 획득했거나

앞으로 획득할 해외 영토에 대한 독점적인 영유권을 부여하고 이를 통해 얻는 경제적인 수익으로 교회와 수도원을 설립하고 성직자들을 부양하도록 하였다. 포르투갈왕은 교황에게 새로 획득한 인도의 영유권을 인정받는 대신에 인도에서 사역할 선교사의 파견을 요청하게 되었고 교황은 당시 가장 선교의 열정이 두드러졌던 신생 수도회인 예수회의 선교사를 인도로 파송하게 되었다. 이러한 과정을 통해서 16세기 가톨릭교회의 인도와 아시아 선교가 수행되는 기본적인 체계가 구성되었다. 즉 교황에 수여한 보호권에 의해 포르투갈이 부여받은 선교의 임무를 예수회가 중심이 되어 시행하게 된 것이다.

예수회의 인도선교는 1542년 인도의 고아에 도착한 프란치스코 하비에르Francisco Xavier, 1506-1552에 의해 시작되었지만 프란치스코 하비에르는 당시 포르투갈의 억압적인 정책이 선교에 장애가 된다고 생각하여 포르투갈의 영향력이 미치지 않는 인도의 남부 지방으로 사역지를 확대하였고 동남아를 거쳐 1549년 일본에까지 이르러 선교활동을 전개하였다.

인도에서 활동한 예수회 선교사들 가운데 특히 로베르토 데 노빌리Roberto de Nobili, 1577-1656는 힌두교의 브라만들과 적극적으로 교류하며 기독교를 소개하는 데 앞장섰다. 1606년 인도 남부 마두라이Madurai에 도착한 그는 상층 카스트들에게 선교하고자 하였고 기독교를 토착화하기 위하여 노력했다. 당시 남부 인도인들은 유럽에서 온 선교사나 포르투갈의 상인들을 총칭하여 파랑기Farangi로 불렀는데, 파랑기는 페르시아어로 프랑크족을 뜻하는 말이었지만 당시에 현지인들은 이들을 술과 여자에 탐닉하고 소고기를 먹고 잘 씻지 않아 몸에서 악취가 나는 불가촉천민으로 이해했다. 데 노빌리는 이러한 상황에서 선교가 불가능하다는 것을 깨닫고 인도인들과 동료 선교사들에게 자신이 파랑기가 아님을 강조하고 상층 카스트에 속한 인도인들과 교류하고자 하였다. 그는 이탈리아의 귀족계급에서 왔으므로 그 자신은 크샤트리야 카스트와 동등할 수 있다고 생각하고 인도인의 삶의 형태로 살며 타밀어로 기독교를 소개하는 글을 저술하고, 인도 문화를 유럽에 소개하는 저술 활동도 하였다.

데 노빌리와 같은 입장을 취하고 있던 예수회 인도 선교사 안토니 비코 Antony Vico, 1576-1638는 『선교 방법』De Modo이라는 선교지침서를 발표하였다.[6] 비코의 선교방법에는 다음 여섯 가지 원칙을 제시하고 있다. (1) 선교사는 우선 자신이 파랑기가 아님을 선포해야 한다. (2) 선교사는 진리를 향한 구도자인 산야시San[n]yasi, 수도자, 모든 것을 내려놓은 자라는 뜻로 행동해야 한다. (3) 포르투갈의 생활 방식을 포기하고 브라만 카스트와 함께 생활해야 한다. (4) 현지 그리스도교인의 저급한 그리스도교 용어를 브라만식으로 바꾸어 사용해야 한다. (5) 현지 그리스도교인의 그리스도교 예배 형식을 보완하고 브라만식으로 바꾸어야 한다. (6) 파랑기들과 현지 그리스도교인들의 거주지에서 벗어나 브라만 카스트 거주 지역에 교회와 거주지를 마련하고 그곳에서 선교 활동을 전개한다.

포르투갈인들이 인도에 진출하던 시기는 인도에서 무굴제국이 성립되는 시기이기도 하였다. 1526년 무굴제국Mughal Empire의 바부르Babur, 1526-1530 재위는 파니파트Panipat 전투에서 승리하여 인도 북부에 대제국을 건설하였다. 1556년 제위에 오른 바부르의 손자 악바르Akbar, 1556-1605 재위는 이슬람교와 힌두교는 물론 기독교와 여러 다양한 종교들에 관심을 가졌고 이 모든 종교들을 통합하는 새로운 종교적인 비전을 가지고 있어서 기독교 선교에 관대하였다. 악바르의 초청으로 악바르의 궁정을 방문하게 된 예수회 선교사들은 황제의 개종 가능성에 대한 기대를 가지고 있었으나 이러한 기대는 이루어지

---

6) John Correia Afonso, *The Jesuits in India*, 1542-1773 (Gujarat: Gujarat Sahithya Prakash, 1997), 137. 김상근, 『신과 인간의 경계』(서울: 평단, 2006), 194에서 재인용.

지 못하였다. 악바르 대제 사후 무굴제국의 종교정책은 점차 이슬람 중심으로 경화되었다.

인도의 개종자들이 기대했던 것은 당시 인도를 정복하고 동남아지역으로 확산되고 있던 무굴제국과 이슬람 세력으로부터의 보호였다. 그러나 가톨릭 선교사들은 무역항을 중심으로 이슬람과 힌두교 세력 간의 틈새에서 선교의 자리를 찾을 수 있었을 뿐 본격적으로 내륙으로 진출하지는 못하였다.

이 시기에 예수회의 선교전략이 토착문화 안으로 들어가는 적응주의적인 태도를 갖게 된 것은 사실상 인도에서 취할 수 있는 유일한 선교적인 대안이었다. 당시의 유럽인들은 아시아에 대한 우월감을 갖지 못했다. 오히려 그들은 아시아의 부에 이끌려서 동방으로 진출했으며 16세기에서 18세기에 이르는 기간 동안 중국, 인도, 동남아시아 등지의 다양한 산물들과 문화적인 영향이 유럽으로 대량으로 흘러 들어가기 시작했다. 그러므로 당시의 선교는 한편으로는 기독교를 전파하는 과정이었지만 또한 선교사들은 아시아의 문화를 유럽에 소개하는 역할을 감당하기도 하였다.

수도사와 선교사들은 깊은 신앙심의 소유자들이었고 기독교 신앙의 진리를 확신하고 있었다. 그러나 그들에게 허용된 선교의 방법은 그들이 유럽에서 행해왔던 신앙의 모습에 대한 변용을 필요로 했다. 그러나 그러한 적응주의적 전략은 유럽 내에서 이해받지 못하여 선교전략 상의 갈등을 가져오게 되었고 현지 통치자의 기독교에 대한 반감이 더해져 결국 아시아에서 기독교 선교의 쇠퇴를 가져오게 되었다.

인도 기독교 2: 개신교 선교와 인도 교회의 형성

김명윤_현대교회 담임목사

개신교 선교의 시작

인도의 개신교 선교는 덴마크가 남인도에 세운 상관商館이 있는 트란케바르Tranquebar에서 할레의 경건주의자들을 통해서 시작되었다. 독일의 할레를 중심으로 시작된 경건주의 운동은 종교개혁의 열정이 사라지고 교조적인 논쟁이 만연하던 개신교계를 일신하는 신호탄이 되었다. 할레에서 파송을 받은 선교사들은 기독교 선교역사에 큰 획을 긋게 되었다.

덴마크 동인도회사Danish East India Company, Ostindisk Kompagni의 근거지는 1620년에 획득한 인도 남부 말라바르 해안에 인접한 트란케바르와 1678년에 세운 벵골 지역의 세람포르Serampore 두 곳이었다. 덴마크 사람들은 루터교회 신자들이었으나 그들의 신앙을 전파할 모험을 시도하지 않았다. 인도에 개신교 선교사들을 보낼 생각을 처음으로 한 루터교회 신자는 덴마크의 왕 프레드릭Frederick 4세였다. 선교의 열정을 지녔던 프레드릭 4세는 덴마크에서는 선교사로 파송할 만한 목회자를 찾을 수 없어서, 1705년 덴마크 궁정 설교자이며 과거에 베를린의 감독교구장이었던 뤼트켄스Franz Julius Lütkens를 통해 독일에서 선교사 지원자를 찾게 되었고 이에 바돌로메 지겐발크Bartholomäus Ziegenbalg, 1682-1719와 하인리히 플뤼챠우-Heinrich Plütschau, 1675-1752가 자원하여 덴마크-할레 선교회Danish-Halle Mission가 설립되었다.

지겐발크와 플뤼차우의 트란케바르 선교는 이후 개신교 선교에 모범이 되는 몇 가지 중요한 초석을 놓은 것으로 평가된다. 첫째로 교육기관의 설립과 운영을 선교의 중요한 활동으로 자리매김하였다. 둘째로 현지어와 문화의 습득을 중시하고 무엇보다도 현지어 성경 번역에 가장 큰 노력을 기울였다. 지겐발크는 처음 인도에 왔을 때는 인도의 문화와 전통에 대해 무지한 채 인도의 종교를 야만적인 우상숭배로 생각했지만 현지어인 타밀어를 습득하며 타밀어로 기록된 힌두교 경전을 연구하면서 인도인들의 문명과 도덕 수준에 대한 존중하는 태도를 갖게 되었다. 그는 『말라바르 지역의 신의 계보』Genealogy of the Malabarian Gods라는 힌두교 연구 서적을 저술하기도 하였다.[7] 셋째로 현지 선교는 멀리 떨어진 본국의 선교본부에서가 아니라 현지에서 관장되어야 한다는 원칙을 발전시켰다. 넷째로 사역 초기부터 현지인들을 양육하여 선교의 동역자로 세웠다. 다섯째로 카스트의 존재 자체를 부정하지 않았으나 교회 내에서는 카스트의 구분을 제한하고자 하였다. 그러나 현실에 있어서 교인들 중 카스트의 차이에 의한 분리를 완전히 제거할 수 없었고 카스트의 구분은 개종자들의 신앙생활에 여전히 영향을 미쳤다.

트란케바르 선교는 덴마크 왕실의 후원을 받았지만 트란케바르 현지의 덴마크 동인도회사로부터 실제적인 지원을 받지 못했다. 이들을 재정적으로 후원한 것은 영국 국교회에서 설립한 선교회인 기독교이해증진협회Society for Promoting Christian Knowledge, SPCK였다. 트란케바르 인근의 마드라스에 상관

---

7) 영어번역본은 인터넷상에서 무료로 검색 가능하다. Bartholomaeus Ziegenbalg, W. Germann, ed., G. J. Metzger, tr., *Genealogy of the South-Indian Gods: A Manual of the Mythology and Religion of the People of Southern India, including a Description of Popular Hinduism* (Madras: Higginbotham and Col, 1869).

을 가지고 있던 영국 동인도회사East India Company, EIC; English East India Company 나 1707년 이후 British East India Company로도 불림 는 마드라스에서 사역할 성직자를 확보하는 데 어려움을 겪었고 트란케바르의 선교사들이 그러한 역할을 담당해 주는 대가로 영국으로부터의 재정적인 지원을 제공하였다.

지겐발크와 플뤼차우의 사역을 계승하여 덴마크-할레 선교회 출신 중에서 가장 큰 영향력을 미친 사람은 크리스챤 프리드리히 슈바르츠Christian Friedrich Schwar[t]z, 1726-1798이다. 그는 헌신적인 루터교인이며 경건주의의 영향력을 강하게 받은 사람으로서 1750년 인도로 파송되어 그 후 임종할 때까지 48년간 선교사의 임무를 수행하였다. 그는 트란케바르를 넘어서 남인도의 해안을 여행하면서 선교활동을 하여 선교지를 확장하였다. 그는 포르투갈어와 영어 같은 유럽 언어와 타밀어와 지역 방언에 능통하여 효과적으로 사역할 수 있었고 유럽인들에게 뿐 아니라 현지 통치자들로부터도 호감을 얻는 거의 유일한 유럽인으로 평가받고 있다.

트란케바르의 선교사들은 인도에서의 개신교 선교에서 선구적인 위치를 차지하고 있으며 이후 이어지는 다른 지역에서의 선교사역에도 본보기가 되며 큰 영향력을 미쳤다. 그러나 이들의 사역의 결과로 얻어진 개종자들의 수는 그들의 사역지의 인구를 고려해 볼 때 그렇게 주목할 만한 결과는 아니었고 인도인들이 주도하는 교회를 세우려는 비전을 가지고 있지 못한 채 유럽의 교회에 종속적인 선교에 머물렀다는 한계를 가지고 있었다.

영국교회의 인도선교

인도에서의 본격적인 개신교 선교는 영국의 진출과 함께 시작되었다. 영국의 아시아 진출은 초기부터 국가중심적이었던 포르투갈과는 달리 철저한 상업주의적인 원리와 동인도회사라는 독립된 기구에 의해 수행되었다. 초기 영국 동인도회사의 목표는 향신료 무역을 통한 수익의 증대에 있었다. 그러나 향신료의 주산지인 동남아시아를 장악하고 있던 네덜란드와의 경쟁에서 밀려서 영국은 다른 활로를 찾을 수밖에 없었다. 그러면서 영국의 관심을 끌게 된 것은 인도였다. 원래 인도는 동남아의 향료제도를 향한 중간 기착지로서의 의미밖에 갖지 못했다. 그러나 1623년 암보이냐 대학살Amboyna massacre로 네덜란드와의 경쟁은 파탄이 나게 되었고 영국은 인도로 눈을 돌리게 되었다.

1661년 찰스 2세의 포르투갈 왕비 캐서린이 결혼선물로 가져온 서부 해안의 봄베이는 1668년 동인도회사에 양도되어 무역 활동의 거점이 되었다. 이후 무굴제국의 영향력 밖에 있었던 비자야나가르 왕국으로부터 마드라스를 임차하여 남인도의 무역거점으로 삼았다. 동북부의 벵골 지역에서는 무굴제국으로부터 후글리 강변에 임차한 캘커타에 상관을 설치하여 봄베이, 마드라스, 캘커타를 중심으로 영국은 인도에 본격적으로 자리 잡게 되었다.

영국의 인도 진출과 함께 영국 국교회와 스코틀랜드 장로교의 목회자들이 인도에 입국하게 되었다. 그들은 선교사로서의 지위가 아니라 인도 내 거주하는 영국인들을 위해 사역하였지만 그들을 통해 인도에 대한 선교적인 관심이 점점 확산되기 시작했다. 그러나 초기 동인도회사의 정책은 철저하게 인도인들의 종교 문제에 대해 불간섭하는 것이었다. 그들의 목적은 오직 상업적인 이익에 집중되어 있었기 때문에 종교 문제로 인한 불필요한 갈등을 철저하게 배제하고자 하였다. 그러므로 현지인에 대한 선교활동에는 많은 제약이 따랐다.

한편 영국에서의 선교적인 열정은 18세기 후반기에 본격화된 복음주의 부흥운동에 의해 새로운 추동력을 얻었다. 이 시기에 인도 선교의 새로운 문을 연 사람이 바로 윌리엄 케리William Carey, 1761-1834이다. 윌리엄 케리는 1791년

『이방인들을 개종시키기 위한 수단들을 활용해야 하는 그리스도인의 의무에 관한 탐구』*An Enquiry into the Obligations of Christians to use means for the Conversion of the Heathens*를 출간하게 된다.[8] 그리고 이 소책자가 불러일으킨 관심과 도전은 1792년 침례교선교회Baptist Missionary Society, BMS의 설립으로 이어지게 되었고, 그는 침례교선교회의 1호 선교사로 그의 아내, 처제, 자녀들, 그리고 의사인 존 토마스John Thomas와 함께 1793년 인도로 떠나게 된다. 케리가 인도로 향하고자 할 때에 당시 동인도회사는 선교사들을 환영하지 않았기 때문에 결국 그는 영국 배가 아닌 덴마크 배를 타고 인도에 도착하게 되었고 그가 정착한 곳도 덴마크령인 세람포르였다. 그는 41년 동안 인도에 머물면서 세람포르 3총사라고 알려진 조슈아 마쉬만Joshua Marshman, 1768-1837, 윌리엄 워드 William Ward, 1769-1823와 함께 열정적인 선교사역을 펼쳤다.

윌리엄 케리가 설립한 침례교선교회는 이후 초교파인 런던선교회London Missionary Society, LMS; 후에는 회중교회 선교부를 거쳐 오늘날 세계선교협의회[Council of World Mission]으로 발전, 영국 성공회의 교회선교회Church Missionary Society, CMS의 모델이 되며 개신교 선교단체의 한 전형을 이루게 된다. 이들 선교회들은 대부분 국가는 물론이고 영국 국교회의 통제 밖에 있었고, 국교회 내의 선교운동이었던 교회선교회의 경우도 감리교 부흥운동과 국교회 내의 저교회운동 Low Church, 복음주의의 영향으로 설립되어 영국 국교회 내에서 정치적인 영향력을 갖지 못하고 있었다. 개신교 선교사들은 국가의 무력 지원을 통한 선교의 폐해를 깨닫고 있었고 부흥운동의 영향 속에서 개인의 회심을 통한 선교를 추구하였다.

19세기 전반기를 지나면서 영국은 인도에서 교역자에서 제국으로 정체성의 변화를 이루게 된다. 이러한 변화는 1757년 플라시 전투Battle of Plassey의

---

8) 윌리엄 케리, 변창욱 역, 『이교도 선교 방법론』(서울: 야스미디어, 2021).

승리에서부터 시작되어 100년에 걸쳐 진행되었다. 플라시 전투는 인도에서 프랑스와의 경쟁에서 승리하는 계기가 됨은 물론 영국이 교역자에서 징세권을 지닌 지방 영주로서의 지위를 획득하는 계기가 되었다. 물론 초기에는 무굴제국이라는 구조 내에서 한 지역을 다스리는 한 지방세력에 지나지 않았지만 그 영역은 계속되는 팽창과 전쟁을 통해 확대되어 결국 전 인도에 미치게 되었다. 이 과정 속에서 교역의 주체였던 동인도회사의 영향력은 점점 쇠퇴하고 영국 정부가 인도 경략의 전면에 등장하게 되었다. 국가의 역할이 전면에 부각되면서 아시아를 교화시키는 영국의 국가적 사명이 강조되고 동인도회사의 독점에 대한 비난이 고조되면서 동인도회사의 정관에 대한 목소리가 높아졌다. 이러한 상황 속에서 기존의 대인도정책의 기조였던 인도 전통과 문화에 대한 중립적인 입장의 유지에서부터 개입과 개혁의 방향으로의 입장 선회가 점차 분명하게 나타나기 시작했다.

한편 선교사들도 국가의 지원을 배제한 선교전략에 대한 수정의 필요성을 느끼게 되었다. 선교활동의 결과로 개종자들이 발생한다 하더라도 그들을 적절하고 보호할 수 있는 수단이 없이는 모든 노력이 무의미하다는 것을 깨달았기 때문이다. 개종자들은 대부분 그들의 집안이나 지역사회로부터 심한 박해와 추방을 경험하게 되었고 가계 내에서의 경제적인 권리를 인정받지 못하였다. 이러한 압박 속에서 신앙을 포기하는 신자들이 늘어났으며 강제적으로 원래의 공동체로 복귀하게 되는 사례들도 나타났다. 그러므로 선교사들은 개종자들을 보호할 적절한 수단이 절실하게 필요함을 느끼게 되었고 이는 선교활동에 대한 정부 차원에서의 지원에 대한 요구로 나타나게 되었다.

1813년 영국의회는 동인도회사의 정관을 개정하여 선교사의 인도 입국을 허용하고 인도에 영국 국교회 교구를 설치하며 인도인들의 도덕적 개선을 위한 교육활동을 추진하게 된다. 선교사 조항이 삽입된 이후 선교활동이 본격화되었지만, 오히려 영국과 기독교에 대한 이미지에는 손상이 왔다. 인도인들은 포르투갈 시대의 강압적인 선교활동에 비해 인도의 종교와 문화를 존중하는 영국인들에게 호감을 가졌다. 동인도회사는 힌두교와 이슬람교 사원과 축제를 후원했고 문화적인 갈등의 여지를 최소화하였다. 윌리엄 케리와 함께 시작된 초기의 선교활동과 벵골어 연구에 기여한 공과 같은 우호적이고 박애적인 활동에 대해서는 많은 호감을 받았다. 그러나 식민주의적인 국가정책과 결합된 기독교 선교는 오히려 대중의 호감을 잃게 되고 가장 효과적인 선교의 수단인 박애적인 태도에 의구심과 회의를 얻게 하였다. 초기에 기독교에 호의적이었던 지식인들은 힌두교 개혁운동이 활발해지면서 기독교에 대한 관심을 잃게 되어 개종자의 수가 줄어들었고, 사회 하층민으로서 개종한 사람에 대해서는 강압이나 경제적인 회유로 회심했다는 가족들의 주장이 따라다니거나 개종이 확실한 경우 관습적으로 인정되던 공동체의 모든 권리를 박탈당하는 일이 빈번하게 일어나 분쟁의 소지가 되곤 하였다. 선교사들이 활동하는 지역은 정치적인 보호를 받기 어려운 오지인 경우가 많았기에 실제로 선교사들은 필요한 지원은 받지 못하고 반감만을 사게 되는 경우도 많았다.

또 한 번의 전환은 1857년 세포이 항쟁Sepoy Mutiny 혹은 Indian Rebellion of 1857을 통해 이루어졌다. 세포이 항쟁의 원인에 대해서는 다양한 견해들이 제시되어 왔으나 직접적인 발단이 된 것은 상층 카스트들로 구성된 벵골군에 새로운 소총이 보급되면서 사용된 탄약창에 동물의 기름이 사용되어 종이로 봉한 탄약창을 입으로 물어뜯게 되면 카스트를 유지하기 위한 종교적 금기를 어기게 된다는 소문의 확산이었다. 이러한 불안은 점증하는 선교활동의 증가와 연결되어 영국 정부가 광범위한 개종을 시도하고 있다는 오해와 결부되었고 진급의 정체와 처우에 대한 불만 등의 사유들과 결합되어 1857년 5월부터 1년여에 걸쳐 벵골지역과 중부, 북부 여러 지역에서 연이은 군사적 반란으로 이어졌다. 선교사들은 반란의 중심지에서 공개적인 선교활동이 없었으므로 세포이 항쟁이 선교활동에 의한 것이 아니라 잘못된 군사정책에 기인한다고 주장하였지만, 인도의 영국인들에게 선교활동의 잠재적인 위험성에 대한 경계의식이 고조되는 계기가 되었다. 세포이 항쟁이 진압된 후, 동인도회사를 통한 지배를 종식시키고 영국 정부가 인도를 직접적으로 지배하는 새로운 체제가 성립되면서 영국은 종교적인 관용정책을 다시 한 번 천명하였고 이는 선교활동에 대한 위축으로 이어졌다.

20세기에 들어 본격화된 인도의 독립운동 시기에 인도의 기독교는 중요한 도전을 맞이하게 되었다. 내부적으로는 2000년에 가까운 선교의 역사로 형성된 다양한 분파들이 병존하면서 통합적인 연대를 만들어내지 못하고 있는 상황 속에서 독립운동과 민족주의의 대두는 외적으로 인도에서의 기독교의 정체성에 대한 심각한 질문을 제기하였다.

도마교회라고 통칭되는 남부 중심의 공동체들은 오랜 역사를 견뎌왔지만 사실상 인도 내에서 별도의 카스트를 구성하고 있었기 때문에 사회적인 영향력이 제한되어 있었다. 가톨릭교회는 구 포르투갈과 프랑스 식민지를 중심으로 격리되어 있었고 개신교는 영국의 영향력을 벗어나지 못하고 있었다.

시대적인 요구는 인도교회에서 두 가지 방향의 운동을 낳게 되었는데 인도의 전통문화와의 활발한 대화를 통한 토착교회의 발전이며 또 한 가지 방향은 인도교회의 통합운동이었다. 힌두교를 중심으로 한 인도의 전통문화와의 대화는 일찍이 19세기 인도의 개혁운동인 브라모 사마지Brahmo Samaj 운동의 지도자였던 케섭 찬드라 센Keshub Chandra Sen, 1838-1884과 편잡 지방의 시크교 가정에서 태어나 토착적인 신비주의 영성을 개척했던 순다르 싱[Sadhu] Sundar Singh, 1889-미상/1929?에게서 찾아볼 수 있다. 보다 현대적인 접근의 대표자로 20세기 인도교회를 세계에 알리며 지도적인 역할을 담당한 사람은 케랄

라 출신으로 도마교회의 영향 아래 성장한 M.M.토마스Madathilparampil Mam-
men Thomas, 1916-1996이다. 그는 토착교회의 형성뿐만 아니라 마르크스주의의
영향을 받아들여 넓은 맥락에서 아시아에서 일어나는 사회혁명에 주목하고
세속주의와 대화하며 인도의 기독교가 사회문제에 대해 관심을 가질 것을 촉
구하였다.

인도교회의 통합운동의 결실은 영국 성공회의 영향력 아래에 있던 교파들
을 중심으로 하여 1947년 남인도교회Church of South India와 1970년 북인도교
회Church of North India의 설립으로 나타났다. 인도 기독교는 교회 안팎의 도전
에 대해 끊임없는 대화와 새로운 열정으로 응전하며 지금도 21세기 기독교
역사의 새 장을 열어가고 있다.

최근의 기독교 동향

최근 통계에 의하면, 기독교 인구는 2천8백만 명 정도 되고, 이중에서 가
톨릭교회가 1천9백만 명으로 최대교회이고, 남인도교회가 약 4백만 명으로
개신교 최대교단이다. 기타 개신교 교단으로는 북인도교회와 함께 루터교,
감리교, 장로교, 성공회, 연합교회, 침례교 등이 있으며 오순절교회와 인도정
교회도 있다. 기타 토착교회로는 성경선교교회Bible Mission Churches와 박트 싱
운동Bhakt Singh Movement 등이 있다.[9]

읽을거리

인도교회사학회Church History Association of India가 연속 출간하는 『인도기독
교사』가 있다.[10] 그리고 단권으로는 프라이켄버그의 『인도기독교: 시초부

---

9) Mark A. Lamport, ed., *Encyclopedia of Christianity in Global South Vol. 1*(Lanham;
Boulder; New York; London: Rowman & Littlefield, 2018), 370.
10) A. Mathias Mundadan, *From the Beginning up to the Middle of the Sixteenth Century* (up

터 현재까지』가 있다.[11] 오래된 책이지만 니일의 『인도와 파키스탄 기독교 회사』도 유용하다.[12] 물론 니일의 두 권의 『인도 기독교사』는 여전히 중요하다.[13]

최근 한국어로 번역된 책들은 다음과 같은 것들이 있다. 시릴 퍼스의 『인도교회사: 사도 도마로부터 2천 년을 이어온』, 로빈 보이드의 『인도 기독교 사상』, 글래드스톤의 『남인도교회의 연합과 일치추구의 역사』 등이 있다.[14] 한국인의 책으로는 진기영의 『인도 선교의 이해』, 조길태의 『인도 독립운동사』, 이병성, 『인도 선교 전략: 인도복음주의교회를 중심으로』 등이 있다.[15]

---

to 1542), Vol. 1; Joseph Thekkedath, *From the Middle of the Sixteenth Century to the End of the Seventeenth Century (1542-1700)*, Vol. 2; Frederick S. Downs, *North East India in the Nineteenth and Twentieth Centuries*, Vol. 5 (Bangalore: Church History Association of India, 1989-1992).

11) Robert Eric Frykenberg, *Christianity in India: From Beginnings to the Present* (Oxford: Oxford University Press, 2010).

12) Stephen Neill, *The Story of the Christian Church in India and Pakistan* (Grand Rapids: Eerdmans, 1970).

13) Stephen Neill, *A History of Christianity in India: The Beginnings to AD 1707*, Vol. 1; *A History of Christianity in India: 1707-1858*, Vol. 2(Cambridge: Cambridge University Press, 1984, 2004; 1985, 2020).

14) 시릴 B. 퍼스(Cyril B. Firth), 임한중 역, 『인도교회사: 사도 도마로부터 2천 년을 이어온』(*An Introduction to Indian Church History*) (서울: CLC 기독교문서선교회, 2019); 로빈 보이드 (Robin Boyd), 임한중 역, 『인도 기독교 사상』(*An Introduction to Indian Christian Theology*) (서울: CLC, 2020); 글래드스톤(J. W. Gladstone), 박용권 역, 『남인도교회의 연합과 일치추구의 역사』(*United to Unite: History of the Church of South India*) (서울: 한국장로교 출판사, 2010).

15) 진기영, 『인도 선교의 이해』(서울: 기독교문서선교회, 2015); 조길태. 『인도 독립운동사』(서울: 민음사, 2017); 이병성, 『인도 선교 전략:인도 복음주의 교회를 중심으로』(서울: CLC, 2020).

파키스탄 기독교: 분열된 정치사 속에서 일치를 추구하는 교회

정경철 _ 대한예수교장로회(합신), 인터서브 코리아 파송 파키스탄 선교사

파키스탄 역사와 인도 역사는 겹친다. 1947년 8월14일 영국으로부터 독립하기 전까지 파키스탄과 인도는 한 나라였기 때문이다. 그러나 종교, 정치, 문화, 사회적으로 파키스탄 역사는 인도 역사와 다르다. 기독교 역사도 인도와 겹치는 부분도 있지만 독특한 길을 걸어 왔다.

주된 차이점은 현 파키스탄 지역인, 인도반도 서부 지역들이 주로 이슬람 중심으로 발전했다는데 있다. 즉, 힌두교 중심인 인도로부터 종교적으로 분리하고 영국으로부터 정치적으로 독립하여 급기야 파키스탄 이슬람 국가가 탄생한 것이다. 1947년 이슬람 중심으로 독립했을 때, 인도를 중간에 두고, 동 파키스탄과 서 파키스탄으로 독립하였다. 그리고 1971년 동 파키스탄과 서 파키스탄의 내전을 거쳐 동 파키스탄은 1971년 12월 16일 방글라데시로 독립하였고, 서 파키스탄은 오늘의 파키스탄이 되었다.

이런 역사적 배경을 고려하여 파키스탄 기독교 역사를 다섯 시대 구분으로 기술하고자 한다. 특히 1757년부터 1957년까지의 200년에 걸친 영국 점령기는 1873년을 기점으로 3기와 4기로 나눴다.

(1) 1-10세기: 사도 도마를 통한 복음 전도와 712년 이슬람의 도착 그리고

10세기까지의 기간. 10-16세기는 기독교 역사의 침묵 시기인데, 그 이유는 해당 시기의 기독교 역사 기록이 거의 전무하기 때문이다.

(2) 1509-1760년: 1509년 포르투갈의 인도 점령 시작 및 예수회 선교 시작 이후부터 1760년 무굴 제국의 멸망 및 예수회 선교 종료까지의 기간, 곧 예수회 선교 시기.

(3) 1757-1873년: 영국 통치기(1) 쭈흐라 집단 개종 운동 직전까지

(4) 1873-1947년: 영국 통치기(2) 쭈흐라 집단 개종 운동부터 영국으로부터의 독립까지. 편잡의 집단 개종과 기독교 부흥 시기.

(5) 1947년 이후: 파키스탄 독립 이후 현재까지.

1) 1-10세기: 사도 도마를 통한 복음 전도와 712년 이슬람의 도착 그리고 10세기까지

인도 아대륙은 힌두교가 발달한 곳이다. 기원전 333년에 알렉산더 왕이 페르시아를 정복한 후, 기원전 326년경에 현 파키스탄의 페샤와르, 탁실라 등을 점령하고, 편잡을 공격하였다. 기원전 3-2세기에 이곳을 점령한 간다라 왕국은 그리스 문화와 동방 불교 문화를 결합한 간다라 불교 문화를 발전시켰다. 이러한 힌두 불교 문화의 배경에서 사도 도마가 북 파키스탄을 방문한 것이 파키스탄 기독교 역사의 시작이다. 당시 군다포루스 왕Gondulphares, AD 21-50/60통치이 시르깝 현 북 파키스탄의 탁실라에 궁전을 두었는데 그곳에서 도마를 만났다는 것이 파키스탄 기독교의 최초 기록이다. 그러나 이 왕은 AD 60년 쿠샨 왕조에 망하고 나서 불교에 그 영향권을 넘겨 주고 말았다

초대 교회가 이스라엘과 중동에서 출발한 후, 알렉산드리아, 안디옥, 콘스탄티노플 등 세 도시를 중심으로 기독교가 형성되었다. 동방 기독교권의 영향을 받은 페르시아 교회가 파키스탄 교회를 형성하는 데 결정적인 도움을

주었다. 즉 콘스탄틴 황제의 회심AD 313, 그리고 페르시아에 존재한 그리스도인들을 위한 그의 정치적 지원과 페르시아 교회로부터의 지정학적이며 선교적인 영향으로 현재 파키스탄의 초대 기독교가 형성된 것이다. 원래 페르시아는 기원전 7-6세기 조로아스터교의 발상지였지만, 동방시리아교회의 선교로 인해 기독교가 페르시아에 전파되고 파키스탄까지 영향을 준 것이다.

AD 225년 페르시아에는 기독교인들이 소수였지만, 20개 교구Diocese가 있었다. 그러나 AD 309-379년에 샤후뿌르 2세에 의해 큰 핍박을 받았다. 그 핍박으로 인해 기독교가 북 파키스탄으로 퍼져나갔다. 이런 결과로 인해 AD 325년에 북 파키스탄과 남쪽 발루치스탄에 페르시아에서 온 선교사들로 인해 기독교 공동체가 형성되었다.[16] 그리고 AD 650년에 106명의 감독Bishop이 페르시아에 존재했다.[17] 탁실라 등 파키스탄 북쪽과 편잡의 일부, 중부의 물탄과 서부의 발루치스탄에 교회가 형성되었다. 3세기에 파키스탄 접경 나라인 아프가니스탄의 카불과 칸다하르 현 아프가니스탄 남부지역에도 기독교 공동체가 존재하였다. 도마에 의해 세워진 남 인도 중심의 교회가 파키스탄에 영향을 주지 못하였는데, 도마가 파키스탄 북부를 재방문하지 않았다고 본다.

712년 무함마드 까심 장군이 이끄는 군대가 파키스탄 남쪽 신드를 침공한다. 8세기에 신드 주에 기독교 공동체가 있었다는 기록이 있지만, 이 지역을 침공한 무슬림들이 딤미Dhimmi, 비무슬림들에게 이등 시민권을 적용한 차별대우 정책를 적용하므로 신드 기독교 공동체도 사라진 것으로 보인다. 당시는 신라의 혜초가 723-727년 4년간에 불교 성지를 방문하여 『왕오천축국전』을 기록한 시

---

16) John M.H.M. Rooney, *Shadows in the Dark* (Pakistan Christian History Monograph No 1) (Rawalpindi: Christian Study Center.1984), 85.
17) William G. Young, *Patriarch, Shah, and Caliph* (Rawalpindi: Christian Study Center, 1974), 46.

기와 맞먹는 시기이다. 혜초는 파키스탄에 이슬람이 최초로 들어온 12년후 인도와 파키스탄을 포함한 다섯 나라를 방문하고 727년에 『왕오천축국전』을 썼다. 이때는 무슬림들이 공격한 직후, 신드 지역민들의 저항으로 무함마드 이븐 까심과 그 군대가 철수한 시기였다. 당시 인더스 강 하류인 신드 지역에 불교 사찰이 많이 존재하였다.

이 시기에 파키스탄 교회 내에 페르시아에 있었던 두 교파로 인해 신학적 혼란이 있었다. 바로 네스토리안 교회와 야곱파the Jacobites였다.[18] 파키스탄 교회가 사라진 주된 원인은 파키스탄 교회가 페르시아 교회로부터 고립되어 그들의 지원과 교제에서 점차적으로 단절되었고, 동시에 도마와 연결된 남인도의 교회로부터 단절되었기 때문이다. 즉 어떤 제재나 도움이 양쪽으로부터 오지 않았다.[19] 또 다른 원인은 간다라 불교의 영향과 이슬람의 전진 때문이었다.

2) 1509-1760년: 1509년 포르투갈의 인도 점령 시작 및 예수회 선교 시작 이후부터 1760년 무굴 제국의 멸망 및 예수회 선교 종료까지의 기간, 곧 예수회 선교 시기

1509년 포르투갈이 인도를 점령하였다. 이들은 '보호권' 포르투갈어Padroado을 주장하여 인도 아대륙을 로마교황청과 함께 종교 정치적으로 지배하려고 노력하였다. 콜롬버스가 1492년 신대륙을 발견한 후 유럽은 동방으로 식민지 확장에 주력하였다. 이에 편승하여 16-18세기에 포르투갈과 스페인은 선교사들을 파키스탄에 보냈다. 파키스탄에 파송된 선교사들은 아우구스티누스회어거스틴파, 갈멜파엘리야의 갈멜산 이름을 따서 유래한 가톨릭 선교사들, 프란시스

---

18) John M.H.M. Rooney, *Shadows in the Dark*, 92.
19) Ibid., 107.

코회, 도미니코회, 예수회 선교사들이었다.[20] 그러나 이들의 선교는 실패로 끝났다. 식민주의 선교를 했기 때문이다. 즉 '보호권'이라는 명분으로 가장하여 인도를 정치적으로 지배하려 했다. 다행이 이 기간의 기독교 역사는 선교사 보고 등을 통해 잘 보존되어 있는 탓에 장단점 등을 잘 알 수 있다.

무굴 제국 출발 후 약 300년간 인도 반도는 여러 황제를 거쳤다. 초대 황제 바부르1526-1530, 후마윤1530-1556, 악바르1556-1605, 자한기르1605-1627, 샤저한1627-1658, 아우랑제브1658-1707 등의 제위 기간과 제국의 쇠퇴기1707-1857를 거치는 동안 유럽 가톨릭 선교사들이 무굴제국에서 선교하였다.

악바르 황제는 '무굴제국에서 법과 복음을 가르치기 위해 두 명의 예수회 선교사를 보내달라'고 1579년에 포르투갈에 공식 초청하였다.[21] 그래서 예수회 선교사들은 궁전에서 가르치는 일과 라호르 시내 선교사들에게 적절한 핸드북을 만들고 가르치는 일을 중점적으로 하였다. 그의 허가로 공개 설교도 가능하였다.[22] 이 황제의 명령을 따라 예수회 선교사들이 신약 성경을 페르시아어로 번역을 하였으나 황제에게 헌정하지는 않았고, 수준 높은 번역도 아니었다.[23]

자한기르 황제 때에 라호르 교회에 선물도 주고, 본인은 금 십자가를 목에 걸고 다녔으나, 예수 그리스도보다는 유럽의 기독교 예술을 좋아했다. 세 왕자들이 코끼리를 타고 거창한 행진을 한 후 세례 받도록 하기도 했으나 그들은 나중에 모두 무슬림으로 돌아 갔다. 그는 외교적으로 예수회 선교사들과 친하게 지냈으나, 실질적으로 그는 무슬림을 지지하였다. 그의 허락 하에 활동한 갈멜파 선교사들에 의해 라호르에 그리스도인이 존재하였고, 신드주의

---

20) John. M.H.M. Rooney, *The Hesitant Dawn* (Pakistan Christian History Monograph No 2), (Rawalpindi: Christian Study Center, 1984), 10-13.

21) Ibid., 32.

22) Ibid., 55, 76.

23) Ibid., 77.

따타와 라흐리 반다르에 약 2,000명 기독교인이 있었다. 결국 1622년에 신드 거주 무슬림들의 반대에 부딪쳐서 갈멜파 선교사의 선교는 문을 닫게 되었다.[24]

샤저한 황제는 기독교인을 핍박하였다. 1648, 1651, 1654년에 예수회 선교사들이 라호르에서 사역하였다.[25] 아우구스티누스회 선교사들은 1633-1655년 기간 중에 활동하였다. 그러나 그는 라호르 교회를 파괴하고 종탑을 제거하였다. 그래서 라호르 성도들은 아그라로 피신하였고, 샤저한 황제의 말기에 라호르에서 약간의 예수회 선교사들이 활동했을 뿐이다. 신드의 따타 미션Thatta Mission은 1637, 1640년에 활동하였는데 샤저한 황제는 기독교인 등 비무슬림의 예배 처소들도 파괴하였다. 이후 포르투갈 선교사들은 약해졌고, 이들의 영향력은 거의 사라졌다. 이후 점차적으로 영국과 네덜란드의 영향권에 넘겨 지게 되었다.

아우랑제브 황제는 1673년 라호르에 현존하는 바드샤히Badshahi 모스크를 완공하였다. 그는 무굴제국에서 가장 무슬림적인 황제였다. 그는 1668년 이슬람 개혁을 궁정에서 시도하였다. 궁궐내 힌두 사원을 부수고, 비무슬림의 종교행사를 공적으로 금지했다. 물탄과 신드 주의 따타에서 힌두 교육을 한 것을 듣고 학교를 닫게 하고 이슬람에 반하는 불신 신앙을 가르치지 못하게 하였다. 결국 남부의 신드 지역 선교는 1672년에 사라지고 말았다. 그후 1735, 1752년에 라호르에 성도들이 있었다고 하지만, 주로 기독교인 군인들이었다. 그들은 십자가 기를 들고 다니며 싸웠다고 기록에 전해진다. 예수회 선교의 마지막은 무굴 제국에서 온 것이 아니라 포르투갈로부터 비롯되었다.[26] 1755년 포르투갈 폼벨Pombal의 후작인 세바스티안Sebastian Joseph de

---

24) Ibid., 59, 60, 66, 67.
25) Ibid., 88.
26) Ibid., 95.

Carvalho e Melo이 포르투갈의 독재자가 되었다. 그는 1755-1760년에 예수회를 병적으로 미워했다. 그가 바로 1733년에 예수회를 없애고 교황의 명령을 따르도록 강요한 왕이었다. 그리고 1760년은 파키스탄에서의 예수회 선교의 마지막이 되었다.[27]

1579년 11월에 예수회 선교사들은 인도 중부 고아Goa를 떠나서 북 인도를 기독교화하려고 떠났다. 악바르 황제가 기독교인이 되면 무굴 제국을 기독교화할 줄 알았지만 실패하였다. 포르투갈을 중심으로 한 예수회 선교사들의 선교는 다음과 같은 6가지 이유로 문을 닫게 되었다.[28]

첫째, 지역 기독교인들과의 연계가 너무 적었다. 갈멜파 선교사들과 아우구스티누스회 선교사들이 지역 기독교인들과의 관계 형성과 토착화에 실패하였다. 그리고 주로 중앙에 집중하였다. 가령 예수회 선교사들은 지방으로 여행을 거의 하지 않았다. 당시 여행이 매우 어려웠다. 둘째, 포르투갈의 정치적 영향력을 이용하여 무굴 제국의 환심을 얻으려고 지나치게 노력하였다. 그러나 포르투갈의 정치적 영향력이 줄어들자 무굴 제국의 친절도 사라지게 되었다. 그들의 외교 정치 역할이 커졌으나, 현지인들을 위한 선교의 영향력은 줄어 들었다. 셋째, 갈멜파 선교사들이 신드의 따타Thatta의 현지인들을 사랑으로 섬기기보다는 자신들의 파송국가에 보고하기 위한 보고용 도구로 사용하였다. 넷째, 보호권과 교황권을 통해 현지인들을 지배하려는 태도가 큰 문제였다. 다섯째, 공개 종교 논쟁이 허락되어 궁정과 교회에서 논쟁이 이루어졌다. 이런 논쟁을 스포츠처럼 관중들이 좋아했으나, 무슬림들이 기독교 관점들을 받아 들이지 않았다 여섯째, 선교사들이 고용한 현지 가톨릭 전도사들이 너무 가난했다.

---

27) Ibid., 96.
28) Ibid., 98.

결론적으로 말해, 가톨릭 선교사들은 '토착화'란 말을 들어 본 적도 없었고 지역민들을 돌보지 못한 채 행정 일에만 바빴다. 당시 인도의 데 노빌리 Robert de Nobili 선교사와 중국의 마테오 리치Matteo Ricci 선교사의 접근 방식은 식민지 방식과는 다른 새로운 선교 방식이었다. 파키스탄의 가톨릭 선교사들은 자신들의 전진 기지 구축에만 정신 없이 지냈다. 그 결과 무굴 제국에 갔던 선교사들의 사역은 실패로 끝났다.

3) 1757-1873년: 영국통치기1, 쭈흐라 집단 개종 운동 직전까지

1757년 영국 점령 이후부터 1947년 영국으로부터 파키스탄이 독립하기까지 영국이 200년간 인도를 점령한 동안 기독교 역사 내에 큰 지각 변동이 일어 났다. 이 200년 기간을 쭈흐라 집단 개종 운동을 중심으로 둘로 나누었다. 전반부인 1757년부터 1873년사이에 세포이 내란과 우르두어 성경 번역과 개신교 선교부의 진출이 괄목할 만하다.

첫째, 세포이 내란1857이후 영국 지배가 강화된 점이다. 두 차례의 프랑스 혁명 1789년 프랑스 대혁명과 1830년 7월혁명이 인도에도 종교적으로 영향을 주었다. 1780년부터1857년 세포이 항쟁까지 인도인 중심으로 정치하도록 영향을 주게 된 것이다. 인도인 중심의 정치적 공백 시기에 시크교인과 무슬림들이 인더스 강을 주변으로 번갈아 가며 통치하였다. 이들은 교회에는 무관심하였다. 심지어 이 당시 아프가니스탄의 카불 내에 있었던 교회가 자유를 만끽하였다. 히말라야와 티베트 선교를 위하여 봄베이에 주둔한 갈멜파 수도사들이 책임을 맡았고, 이 사역은 1830년까지 진행되었다. 1783-1843년에 갈멜파 수도사들의 일부가 신드에 여전히 사역을 지속하였지만, 북 파키스탄은 이탈리아의 카푸친회 선교사들Capuchin, 프란시스코회에서 유래된 수도회에게 사역을 넘겨준 상태였다. 그러나 1857년 세포이 내란 이후 영국이 적극적으로 정치에 개입하게 된다. 이로 인해 영국이 점차적으로 재정과 정치를 모두 총괄했다. 프랑스 나폴레옹의 정책으로 프랑스가 동진하려 하자 영국이 프랑스의 인도 관심에 위협을 느끼며 프랑스를 견제하였다.

둘째, 우르두 어 성경이 번역되었고 개신교 선교부가 파키스탄에 진출하기 시작하였다. 이 시기에 영국 성공회와 미국 장로교 선교부 등 개신교 선교사들이 파키스탄에 들어오기 시작하였다. 1793년에 윌리암 케리William Carey 가 인도에 도착한 13년 이후, 헨리 마틴Henry Martyn이 1806년에 인도에 와서, 우르두 어와 페르시아 어로 신약을 번역하였다. 편잡 지역에 미국 장로교 선교부PCUSA: Presbyterian Church in the USA, 추후 Lahore Church Council이라는 별칭을 갖게 됨가 1835년에 존 로리John Lowrie 선교사를 보냈다. 그리고 앤드류 고든 Andrew Gordon 선교사가 1855년에 편잡에 들어옴으로써 미국의 여러 개신교 선교부가 들어오는 문을 열어 주었다. 형제 교단The Brethren Churches은 1836년부터 이미 활동하고 있었다. 영국 성공회는 1850년부터 카라치에서 시작하여 파키스탄에서 가장 넓은 지역에서 사역하였다. 주로 학교와 병원을 세워서 도시 선교에 역점을 두었다. 씨알코트 교회 연합The Sialkot Church Council은 스코틀랜드 장로교 선교부에 의하여 1857년에 시작되었다. 감리교는 1873년에 카라치에서 시작하여 영어권을 중심으로 사역하였다. 이러한 역사적 배경에서 편잡 지역에서 대중 회심이 1873년에 일어 났다. 대중 회심과 회심자들을 위한 양육 준비가 된 것을 볼 수 있다.

4) 1873-1947년: 영국 통치기2, 쭈흐라 집단 개종 운동부터 영국으로부터의 독립까지. 편잡의 집단 개종과 기독교 부흥 시기

디뜨 Ditt는 작은 체구에 다리 하나를 저는 하층 카스트인 가난한 쭈흐라 Chuhra는 불가촉천민the Untouchable 출신이었다. 그는 조용하고 점잖으나, 진지하고 열심 있는 얼굴의 30대 남자이며 씨알코트Sialkot의 미랄리 지역에서 3마일 떨어진 샤하브디크 마을에 살고 있었다. 1873년 그가 회심함으로 집단 회심 운동이 시작되었다.[29] 이런 배경으로 인해 현재 파키스탄 기독교인은 하층 천민 출신이었던 이 회심자의 후손으로 취급 당하고 있다.

1873년 쭈흐라 집단 개종이 있은 후, 구세군은 1896년에, 그리고 파키스탄 루터란 교회The Pakistan Lutheran Churches는 1903년부터 주로 북서 국경주의 무슬림들을 위해 병원을 통하여 사역했다. 개혁 장로교 선교부ARP Mission: Associate Reformed Presbyterian Church는 1906년에, 오순절 교단 선교부 Pentecostal Churches는 스웨덴의 오순절 교단을 통하여 1943년에 들어 왔다. 그리고 이어서 TEAM 선교회The Evangelical Alliance Mission가 1946년에 미국으로부터 들어 왔다. 이 시기에 가톨릭의 가장 큰 긍정적인 운동은 1886년에 가톨릭 라호르 교구를 출발시킨 점이다. 토착 교회 성장을 위하여 지역 구조가 조직된 것이다. 그리하여 19세기에서 20세기 초반에 이루어질 대중 회심 운동을 더욱 조직적으로 준비한 셈이다.

쭈흐라 대중 회심 운동은 힌두 천민 계층으로부터 빠져 나와 새로운 정체성을 찾고자 하는 열망, 사회적 종교적 평등 추구와 유일신을 찾고자 하는 종교적 갈망에 의해 대중 회심 운동으로 이루어졌다고 평가한다. 1881-1891년 10년동안 3,000명이 회심하였다. 1900년에는 7,000명이 되었고, 1930년까지 계속 증가하였다. 1905년 시알코트에서 장로교 선교사인 존 하이드 John Hyde 에 의해 회개 운동이 일어 났다. "기도의 사람 하이드"라는 별칭을 갖게 된 그는 서양 선교사의 교만을 회개하였고, 그로 인해 씨알코트 집회 Sialkot Convention에 참여한 선교사들과 현지 사역자들 300여명이 회개하며 부흥을 경험하

---

29) Andrew Gordon, *Our India Mission: A Thirty Years' History of the India Mission of the United Presbyterian Church of North America 1855-1885* (Lancaster, PA: Stereotypers and Printers, 1886), 422.

게 되었다. 이 집회는 그 이후 지금까지 매년 한번씩 모이고 있다. 이 기간에 각 선교부들은 선교지 분할 정책에 의하여 각각 다른 지역에서 활동하였다. 그리고 1893년 11월12일에 파키스탄 서쪽과 아프가니스탄 동쪽의 국경선이 두란드 라인Durand Line으로 확정되어 오늘날까지 이르고 있다.

약 200년 동안 영국 지배하에서 파키스탄 교회는 어떤 모습으로 발전했는가? 특별히 이 기간에 세 가지 형태의 영국 선교사들이 활동하였다. 첫째, 영국 귀족들과 지배자들을 위하여 온 선교사들이었다. 이 영국 지배자들은 도시 중심의 캔턴먼트Cantonment, 주둔지라는 특별 지역에서 특권을 누리며 살았고 그 특별 지역에 이들을 위한 예배당이 별도로 있었으며 현지인들은 예배 참여가 제한되었다. 둘째, 영국 군인들을 위해 종사하는 군목들이었다. 셋째, 인도/파키스탄의 가난한 현지인들을 돕는 선교사들이었다. 영국 군대가 주둔함으로 인해, 기차와 철도가 개발되었고, 학교가 생겼으며, 영국 정부의 재정 지원을 받았다. 또한 고아원이 운영되었다. 교회는 영국 제국의 혜택을 받아 들였고, 영국 군인들의 타락과 부정 부패를 고치도록 도전할 수 있었으나 그들과 싸우지는 않았다.

그러나 이 기간에 불행하게도 제1차 세계대전1914-1918과 제2차 세계대전 1939-1945이 발발하여 파키스탄 기독교 역사에 지대한 영향을 미치게 되었다. 동시에 큰 재앙이 잇따라 일어 났다. 집단 개종이 일어나서 숫자가 급격히 증가했지만 여러 큰 재앙이 일어나서 피해자들을 돕는 일은 가톨릭이나 개신교 선교사 모두에게 큰 부담이 되었다. 즉 1899년 몬순 비로 인한 대홍수가 있었고, 1902년에 역병이 퍼져서 씨알코트에서 매주 1,500-2,000명이 죽었다. 1904년엔 매주 3-4만명 이 죽었고, 이로 인해 고아들이 급격히 늘어났다. 질병과 기근이 확산되었다. 제1차 세계대전 직후인 1918년에 스페인 독감이 펀잡을 강타하여 20년간 지속되었다. 쿠쉬뿌르 지역에서만 400명이 죽었다. 그

리고 버려진 어린애들이 증가하여 고아원을 만들어야 했다. 교회의 부담이 더 커져갔다.[30]

피해자들 중에는 주로 힌두 배경의 사람들이 많았다. 예수를 새로 믿게 된 회심자들의 교육 수준이 너무 낮아서 어려움이 가중되었다. 그러나 가난한 이들을 위해 천재적 해결책이 나왔다. 이들만을 위한 별도의 공동체를 만들어서 이들이 함께 살도록 하는 것이었다. 그래서 가톨릭의 주도로 씨알코트 Sialkot의 다오끼 마을에서 온 세 가족을 처음으로 받아서 1893년 1월에 마라아바드를 첫 기독교마을로 만들었다.[31] 그리고 쿠쉬뿌르, 프란시스아바드, 안토니아바드 등에도 기독교마을이 만들어졌다. 이에 따라 기독교인들만 살게 되면서 게토현상이 생겨 먼저 온 기독교인 정착민들이 뒤에 온 기독교인들을 무시하고 통제하는 위험이 나타나게 되었다.[32]

5) 1947년 이후: 파키스탄 독립 이후 현재까지

1933년 쪼드리 래흐마트 알리Chaudhari Rahmat Ali는 케임브리지대학교의 학생이었다. 그가 영국령 인도 영역에서 무슬림 나라가 형성되는 것을 꿈꾸며 당시 다섯 주의 이름 첫 자를 따서 파키스탄이란 명칭을 작명하였다. 즉 Punjab다섯 강의 땅, Afghania북서 국경주, Kashmir파키스탄 내 카슈미르, Sindh신드주, Baluchistan. 그리고 Pakistan은 "거룩한 이들의 땅" Land of the Pure이란 의미로 지었다.[33] 제2차 세계 대전의 여파가 지속되고 있던 1947년에 드디어 파키스탄은 영국으로부터 독립하였다

---

30) John. M.H.M. Rooney, *Into Deserts* (Pakistan Christian History Monograph No 4) (Rawalpindi: Christian Study Center, 1984), 41.

31) Ibid., 60.

32) Ibid., 99, 100.

33) Jan van Lin Ge Speelman and Dick Mulder, *Muslims and Christians in Europe, Breaking New Ground, Essay in honor of Jan Slomp* (Kampen: Utigeverij Kok, 1993), 45.

그러나 1947년 파키스탄이 형성되는 과정에 힌두인들과 무슬림 간에 종교 갈등으로 약 백만 명의 사람들이 살해되었고, 천만 명의 난민들이 발생하였다. 1971년 동파키스탄이 방글라데시로 탄생할 때에는 무슬림들이 무슬림들을 죽이는 참상이 벌어졌다. 오늘날 이슬람을 상징하는 초록색 바탕의 파키스탄 국기의 맨 왼편에 있는 하얀색은 소수 종교인들의 권리와 자유를 보장하는 국가 이념의 표현이었다. 지금도 파키스탄은 '세속화냐' 혹은 '이슬람화냐'의 싸움이 진행되고 있다.

1947년 독립 직후 크나 큰 도전들이 있었으나 독립의 결과로 기독교인들이 증가하였다. 그러나 정치, 사회, 경제 등 모든 분야에서 뿌리가 뽑히고 흩어진 가난한 기독교인들 내에서 문제들이 계속 증가하였다. 독립 이후 파키스탄 교회는 아래 다섯 가지 충격으로 인해 큰 도전에 직면했다.[34]

첫째, 난민 문제였다. 독립과 더불어 인도 내 무슬림들이 파키스탄으로, 파키스탄 내 힌두인들이 인도로 이주하였다. 자신의 종교를 따라서 이민한 결과이다. 그 중 기독교인들은 난민들로 인해 자신들의 집을 빼앗기게 되었다. 가톨릭 난민들은 다른 도시에서 환영 받아서, 최소한 도움을 받을 수 있었다. 그러나 개신교 난민들은 자신의 고향 교회에서 뿌리가 뽑히고 다른 교단 지도자들로부터 환영을 못 받았다. 그래서 이들이 가톨릭 신자가 되어 버렸다. 개신교 선교지 분할 정책과 개신교 교단 간의 경쟁과 비협조 때문이었다. 그러나 독립 이후 신드주의 발미끼 힌두인들이 무슬림들로부터 핍박을 면하기 위하여 기독교로 전환하기도 했다.

둘째, 홍수가 범람하였다. 1950년대는 자연재해의 해들이었다. 라호르는 1949년 3월에 큰 지진이 있었고, 1950년 9월 10일과 24일에는 대 홍수로 인해 범람했다. 전 펀잡이 큰 피해를 입었다. 선교 기지미션 스테이션도 큰 피해가

---

34) John. M.H.M. Rooney, *Into Deserts*, 98.

있었다. 큰 홍수가 여러 차례 덮쳤다. 1954년, 1955년 10월 6일, 1968년 라비강이 터졌다. 1972년에 심각한 홍수가 터졌다. 모든 홍수로 인해 국가가 비상으로 대책을 세웠다. 그러나 국가가 감당 할 수 있는 자원이 부족하여 피해가 매우 컸다. 교회는 고난과 고통을 함께 짊어지고 가야했다.

셋째, 내전을 세 번 치루었다. 20년 사이에 인도와 파키스탄은 3번 전쟁을 치루었다. 두 번의 전쟁으로 인해 라호르 기독교인들이 직접 영향을 받았다. 세번째 전쟁에는 방글라데시가 태어났다. 불행하게도 1965, 1972년 전쟁이 홍수와 겹쳐서 더 큰 재앙을 불러 왔다.

넷째, 이슬람화와 국유화이다. 1972년 아유브 칸 대통령은 이슬람화를 추진하며 심지어 파키스탄에 가시처럼 존재하는 신성모독죄형법 295C조 등 여러 이슬람 법샤리아을 만들어서 기독교인들을 법적으로 핍박하게 되었다. 이와 동시에 1972년에 선교사들이 세운 학교들을 강제로 국유화하였다. 국유화로 인해 가톨릭은 10,000명 학생을 잃게 되었는데, 그 당시 가톨릭 학교의 2/3에 이르렀다. 이것은 홍수보다 더 큰 충격이었다. 이 어려운 상황에 미국이 제 3세계를 돕는 일에 앞장 선 것은 매우 고무적인 일이었는데, 마샬 플랜을 통해 신생국들을 경제적으로 돕기 위해 나섰다. 파키스탄도 큰 도움을 받게 되었다.[35] 이런 미국의 도움이 정치적이라는 비평도 있으나, 파키스탄 같은 개발 도상국들, 특히 새롭게 독립한 나라들이 재기할 수 있는 도움을 받은 점은 매우 고무적인 일이었다.

다섯째, 교회 내부의 새로운 행정 문제가 나타났다. 인도와 파키스탄 두 나라가 나누어지면서 두 나라에 분리된 조직교구나 노회 등을 나누고 정리하는 것이 어려웠다. 특히 지리적으로 멀리 떨어져 있는 방글라데시 내 교회들과의 관계에서 행정적으로 정리하는 일은 더 어려웠다. 이 기간에 선교사 그룹 내

---

35) Ibid., 104.

에 두 가지 방향의 학파가 발전하게 되었다. 개신교 선교사들은 주로 영혼을 구원하는 방향으로 사역하고Salvationist, 가톨릭에서는 제도교회를 구축하는 방향이었다.

그러나 여러 재앙이 겹치는 상황에서 가톨릭과 개신교가 함께 손을 잡고 성도들을 돕는 일에 함께 하였음은 매우 고무적인 일이었다. 1954년에 세계교회협의회WCC가 큰 재앙으로 인해 신음하는 이들을 돕는 프로그램을 시작할 때 협력한 것은 매우 괄목할 만한 역사적 사건이었다.[36]

1972년 학교 국유화는 학교 운영권을 정부가 가지고 운영하지만, 재산 소유권은 원 소유주가 갖도록 되어 있어서 점차적으로 원 소유자인 선교부나 교단에게 돌려 주고 있는 중이다. 학교들이 국유화 됨으로 인해 기독교 리더십이 세워지지 못했지만, 지난 20년동안 정부가 국유화한 학교들을 돌려 줌으로 인해 기독교인 젊은 이들이 교육 혜택을 더 받고, 생활의 질과 사회 신분 신장을 위하여 노력 중이다. 비록 쭈흐라 자손으로 조롱을 받고 살아 가지만, 전진하고 있다.

파키스탄에서는 1970년경부터 선교사들의 지도력이 거의 모든 파키스탄 단체와 교회의 현지 지도자들에게 이양되었다. 1947년 독립 이후 선교단체로부터 현지 교회가 재산을 이양 받았다. 그러나 지도자들과 성도들은 지도자 교육과 제자 양육 교육이나 훈련을 받지 못한 채 재산과 리더십을 이양 받아서 재산 분쟁이 많다.

파키스탄내 한국 선교는 어떠한가? 전재옥, 조성자, 김은자는 이화여대 교회 파송을 받아1961년 10월 31일 새벽에 카라치에 처음 발을 딛었다. 파키스탄을 향한 한국의 첫 발걸음이었다. 2021년 6월 현재, 61단위가정 혹은 독신 선교사로, 자녀들을 제외한 사역자 수만 105명이 파키스탄에서 활동 중이다.

---

36) Ibid., 106-120의 내용을 종합하여 필자가 다시 요약한 것이다.

오늘날 파키스탄 전 인구는 2억 7백만명이다. 2017년 정부 6차 인구조사 결과 그 중 3-4%정도를 크리스천으로 추산하며 카톨릭과 개신교 성도를 각각 50% 로 본다. 즉 전국에 각각 3-4백만명 정도의 성도들이 있는 셈이며 주로 펀잡 주에 집중하여 살고 있다. 펀잡 주 중심도시인 라호르를 파키스탄의 예루살 렘으로 여긴다. 1970년에 개혁 장로교, 영국 성공회, 유럽 루터교, 감리교가 연합하여 "파키스탄 교회"Church of Pakistan 연합 교단을 형성하는데 성공하였 다. 2020년 11월 1일에 50주년 희년 감사 예배를 교단을 초월하여 함께 드렸 다. 이 연합 교단은 전국에 8개 노회Diocese가 존재한다. 이제 파키스탄 교회 는 자체 리더십을 갖추고 성장하고 있다. 의료와 병원, 교육, 그리고 직업 훈 련 학교를 운영하며 자립하는 길을 위해 몸부림 치고 있는 중이다. 그러나 현 지 기독교인들은 소수 종교인들로서 96-97%에 이르는 다수인 무슬림들 안 에서 아래와 같은 다섯 가지 특징을 지니며 살고 있다.[37] 1 숫자가 매우 적은 소수인, 2 무시당하는 사회적 약자, 3 적은 재정 수입, 4 정치적 변두리 인생, 5 쉽게 깨지기 쉬운 삶이다. 이들은 비록 사방으로 우겨쌈을 당하며 사는 환 경이지만, 상부상조하는 미덕을 유지하면서 신앙고백공동체로 자라가고 있 다. 가톨릭과 개신교가 모두 현지 지도자 양육에 전념하고 있다. 신학교에서 는 신부와 수녀들, 그리고 목회자와 전도사들을 훈련 교육시키고 있다. 일반 학교와 대학교에서는 교육을 통하여, 차세대 지도자들을 양육하고 있다. 한 국 교회와 사역자들은 지난 파키스탄 기독교 역사를 살피며, 고난을 매일의 양식으로 삼으며 전진해온 파키스탄 교회로부터 겸손히 배우고, 어떻게 그들 과 실제적인 협력을 할 수 있을 것인지를 다시 한번 고민해야 할 때이다.

---

37) A.D. Asimi, *The Christian Minority in Pakistan: Problems and Prospects* (Winnipeg, Canada: World Alive Press, 2010), 98.

참고문헌

전재옥. 『파키스탄 나의 사랑』. 서울: 두란노, 1991.

정수일. 『혜초의 왕오천축국전』. 서울: 학고재, 2004.

Asimi, A.D., *The Christian Minority in Pakistan: Problems and Prospects* . Winnipeg, Canada: World Alive Press, 2010.

Gordon, Andrew. *Our India Mission: A Thirty Years' History of the India Mission of the United Presbyterian Church of North America, 1855-1885*. Lancaster, PA: Stereotypers and Printers, 1886.

Rooney, John. M.H.M. *Shadows in the Dark*((Pakistan Christian History Monograph No 1, 1984); *The Hesitant Dawn*((Pakistan Christian History Monograph No 2, 1984); *On Heels of Battles*(Pakistan Christian History Monograph No 3, 1986); *Into Deserts*(Pakistan Christian History Monograph No 4, 1986); *On Rocky Ground*(Pakistan Christian History Monograph No 5, 1987); *Symphony on Sands*(Pakistan Christian History Monograph No 6, 1988). Rawalpindi: Christian Study Center.

Stock, Fredrick and Margaret Fredrick. *People Movements in the Punjab*. Bombay: F. C. Durham for Gospel Literature. 1975.

Young, William G. *Patriarch, Shah, and Caliph*. Rawalpindi: Christian Study Center, 1974.

방글라데시 기독교 : 인도선교 중심지에서 기독교 불모지로

장순호_기독교대한감리회 파송 방글라데시 선교사

1914년까지 뱅갈 지역은 전 인도를 통틀어 정치적, 경제적, 지적인 발전의 중추에 자리 잡고 있었다. 인도가 분할되기 전, 즉 지형적으로 현재의 인도와 파키스탄 및 방글라데시가 한 나라로 존재했을 당시, 캘커타Kolkata는 전 인도 대륙의 수도였다. 그러므로 어느 누가 이 기간 동안 진행된 역사의 어떤 측면에 대하여 기록하더라도 뱅갈 지역을 언급하지 않을 수 없을 것이다. 첫째, 인도 캘커타 사람들과 거의 비슷한 인종이며 같은 언어를 사용하고 있는 현재의 방글라데시도 과거 동인도회사나 영국 정부가 캘커타에서 행했던 모든 측면을 공유하고 있다고 볼 수 있다. 둘째, 제국의 확장에 따라 다양한 선교 조직들이 점차적으로 북인도의 다양한 사역 활동을 시작하게 되었는데, 이런 활동은 바로 뱅갈 지역에서부터 시작된 것이라 볼 수 있다. 다시 말하면, 북인도 선교는 뱅갈 지역 선교의 확장인 셈이다.

방글라데시의 기독교 전래

방글라데시 기독교의 기원은 일반적으로 동방시리아 교회의 선교 등 아시아교회에 의한 선교까지 소급하여 서술하지 않는다. 서구선교운동의 일환으로 로마 가톨릭교회의 선교가 방글라데시 지역에 먼저 시작되었다. 1528년 포르투갈인들이 치타공Chittagong에 도착하여, 포르토 그란데 데 뱅갈라Porto Grande de Bengala, '뱅갈 대항구'라는 의미를 설립했다. 이후 포르투갈인들은 치타공을 떠나 다카로 이주했다. 뒤를 이어 개신교 선교가 시작되었다.

영국 점령기, 1757-1947

인도에서 분할되기 전의 뱅갈 지역 개신교 선교는 "위대한 선교의 시대"의 인물 중 하나인 윌리엄 캐리William Carey, 1761-1834가 이 지역에 도착한 1793년부터 시작된다. 1793년부터 1834년까지 그가 인도에서 사역했던 기간은 근대인도 역사에서 가장 중요한 의미를 가진다.

18세기 말과 19세기 초의 인도 선교Indian Mission 지지자들은 기독교 선교사들이 인도 지역에서 환영받았으며, 그들의 복음화를 위한 노력은 수많은 동인도회사의 사회적이고 도덕적인 재생산에 대한 필요를 채운 것이라고 주장해 왔다. 반면 선교에 대하여 반대하는 이들은 선교지 지역민들이 가진 반발심과 적의를 악으로 여기며, 결국에는 정치적 통제의 권위도 떨어졌다고 주장한다.

1834년 윌리엄 캐리의 죽음 이후 선교사들의 관심은 세람포르Serampore에서 캘커타Kolkata로 이동하였으며, 뱅갈 지역 중 약 71군데에서 다양한 선교활동이 진행되었고, 캘커타 주위에 30여 개의 사역장이 설치되었다. 침례교 선교회Baptist Mission Society, BMS는 보리샬Barisal, 디나즈뿔Dinajpur, 다카Dhaka, 그리고 치타공Chittagon에 사역장을 설치했다. 1833년부터 1857년까지는 캘커타에 힌두인들의 인구 증가에 따라 선교사들은 시골 지역에도 더 많은 관심을 갖기 시작하였다. 또한 영어교육을 강조하던 것에서 자국의 교육을 더욱 강조하는 패러다임의 변화가 일어났다. 이러한 변화에 대한 반응은 뱅갈

사회의 상황뿐 아니라 선교사들의 선교 정책에 의해서도 영향을 받았다. 이러한 반응들은 다음 세 가지로 요약된다. 첫째, 모든 이들을 대상으로 복음화가 진행되어야 한다는 반응, 둘째, 기독교에 개종한 이들에 대한 반응, 셋째, 특별히 땅을 통해 얻은 지주들의 이익에 대한 반응 등이 그것이다. 이에 대하여 힌두 사회 내에서 나타난 반응은 다음과 같다. 첫째, 힌두교_{힌두이즘, Hindu-ism} 변화에 대한 운동이며, 이것은 브라모 사마지_{Brahmo Samazi}와 연합한 타트와보디니 사바_{Tattwabodini Sabah}에 의해 제시되었다.[38] 그들은 기독교의 비판을 넘어서 힌두교를 더욱 일으켜 세우고자 하였으며 이를 통해 교육받은 힌두 청년들의 이성적인 경향을 충족시키고자 노력하였다. 둘째, 기독교에 대한 비판을 공공여론과 성명 등을 통하여 시행함으로서 선교사들의 전도를 반대하는 형태로 나타났다. 셋째, 교육의 영역에서 시도된 것으로 기독교계 학교를 피하고 한편으로는 정부가 정식 교육기관에서의 정규적 교육과정에 성경이나 기독교의 원리들이 편입되는 것을 막는 것이었다.

기독교로 개종하는 일에 대한 반응도 세 가지로 특징지을 수 있다. 첫째, 아주 자연스러운 시도로서 기독교인 개종자들을 힌두교로 교화시키는 것, 둘째, 이것에 실패하면, 카스트 제도에 의해 허가된 사회경제적 제한들을 개종에 대항하여 강화시키는 것, 셋째, 기독교로 개종하는 과정에서 반反 선교사 감정이 나타난다는 것. 그리고 그 감정의 결과는 때로는 선교사들에 대한 폭력을 행사함으로써, 또한 더 빈번하게는 개종자들에 대한 억압을 통해서 나타났다. 다른 측면들은 시골 지역에서 기독교의 전파에 대한 것이며, 이것은

---

38) '브라마 사마지'는 뱅갈 르네상스기에 나타난 힌두 종교의 일신론적 개혁운동인 '브라모이즘'(Brahmoism)의 사회 조직이다. 브라모이즘을 위한 집회는 '브라마 사바'(Brahmo Sabah; 브라만을 섬기는 집회)이다. 브라마 사바는 이후 '타트바란지니 사바'(Tattvaranjini Sabah)로 바뀌었고 이어서 '타트와보디니 사바'(Tatwabodini Sabah)로 개명되었다. '사마지'는 사람, 모임 등의 의미를 지니고, '사바'는 모임, 집 등의 의미를 지닌다. '타트와보디니'는 진리를 추구하는 자라는 의미를 지닌다.

다시 지주들, 인디고 농장주에 대한 반응과 관계가 있다. 캘커타에서 그들의 노력에도 불구하고 나디아Nadia, 조쇼르Jashore 그리고 보리샬Barisal과 같은 시골 지역에서는 선교사들이 의도했던 사역의 효과들이 성공적으로 나타나기도 했다.

동 파키스탄 시기, 1947-1971

약 200년간의 영국 식민지 기간이 1947년에 마감되고, 인도는 분할되어 두 개의 새로운 나라가 성립되었는데, 이는 전적으로 종교의 차이에 의한 분리였다. 즉 인도는 힌두교인들이, 파키스탄은 무슬림들이 자리 잡게 되었다. 현재 방글라데시는 당시 파키스탄의 동쪽에 위치한 일부분이었다. 초기에 파키스탄은 새 나라의 국부의 선언을 통해 이 나라가 세속적인 국가가 될 것이라 하였으나, 머지않아 이슬람 국가임을 선포하고 모든 소수종교들, 즉 힌두교, 불교, 기독교인들을 정부에 대한 영향력이 떨어지는 이등국민으로서 대우하기 시작했으며 여러 다양한 사회적, 종교적 압박이 시작되었다. 초기 기독교 교회의 리더들은 높은 힌두계급으로부터 개종한 사람들이었기에, 인도 캘커타에 남거나 동 파키스탄 지역에서 인도로 이주를 결정하게 되었다. 그 결과 동 파키스탄 지역의 기독교 지도력에는 사회적인 측면에서뿐 아니라 종교적인 측면에서 큰 공백이 생겨나게 되었다. 선교사들은 여전히 기존에 설립된 교회들의 사역을 감당하였으며 어떤 측면에서는 교회를 활성화시키기도 했다. 그러나 분명히 사회의 대다수를 차지하는 이슬람 계층과 어울려 살아가며 여러 사역을 담당하는 것은 불편한 일임에 틀림없었다.

기존에 설립된 교회들 이외에도 새로운 교회들이 동 파키스탄에 세워지기 시작했다. 미국과 정치적으로 두터운 관계를 맺었던 파키스탄 정부였기에, 미국교회들이 동 파키스탄 지역에서 강한 기반을 구축하게 된 것이다. 침레교회Association of Baptist, 남 침례교단Southern Baptists, 하나님의 성회Assembly of God가 대표적이다. 이슬람교를 기반으로 군사적 통치를 감행했던 파키스탄의 시기에 교회들은 전반적으로 그 사역이 침체되었다. 위에서 언급한 미국의 3개 교단 교회들은 집중적인 복음 사역을 진행하였고 새로운 개종자를 얻는 데 성공하였다. 그러나 전체 24년의 기간 동안 파키스탄 정부는 군사적 통치를 지속했기에 정치적인 위기는 항상 존재했으며, 어떤 사회 개혁의 요소는 성취되지 못했다. 교회사역은 점점 침체되어갔고, 말 그대로 그냥 유지되는 수준에 머물렀다. 그러나 분명한 사실은 잘 교육받지도 못하고 가난했던 성도들이 강한 영적인 삶과 실천을 해 나갔다는 점이다. 교회는 성도들이 충실한 교회 생활에 참여함을 통해 은혜를 받고 생기를 얻을 수 있었다.

동 파키스탄이 시작된 후 4년 뒤인 1951년의 인구 통계에서 동 파키스탄의 기독교 인구는 약 106,507명으로 조사되었다. 1961년에는 149,000명으로 42,493명이 증가했고 이는 매년 4,249명씩 늘어난 것이다. 1981년에는 275,000명으로, 1991년에는 346,000명으로 집계되었다. 1991년에서 2001년까지는 단 50,000명의 성도가 늘어 다소 침체기에 접어들었다. 최근 2011년 조사에서는 약 496,700명이 기독교 인구로 조사되었다. 이러한 집계 결과에 대하여서는 여러 가지 논쟁이 있는데, 그중 한 가지 이유는 방글라데시 기독교 인구의 절반 이상을 차지하는 것이 소수민족으로서, 이 집계가 진행될 시기에 그들은 불가지론자 회의론자, Agnostics로 보여졌다는 점이다. 또 다른 이유는 이슬람 가정에서 태어난 무슬림 개종자들이 기독교인이 아닌 무슬림으로 자동적으로 계산되었다는 점이다.

방글라데시 시기, 1971년부터 현재

1971년이 되어 독립 전쟁이 발발하였고, 약 9개월 동안 3백만 명의 사상자를 내며 방글라데시는 새로운 나라로 탄생했다. 이 전쟁에서 약 7,000만 명의 삶이 황폐화되었고 이에 대한 서방세계의 다양한 지원이 시작되었다. 많은 교리와 기독교 원칙을 내세우며 들어온 수많은 외국의 선교단체들은 당시 현지 기독교인들과 비非기독교인들에게 혼란을 야기하였다. 사역을 위한 재정이 대규모로 유입되기 시작했으나, 많은 기독교 선교단체들과 재정을 효율적으로 사용될 준비가 전혀 되지 않은 상황이었다. 방글라데시 교회는 정규 신학교육을 받은 잘 훈련되고 유능한 목회자들과 신학 교수진들이 서지 못했고, 다양한 선교단체들은 서로 다른 방글라데시 교회들에서 온 사람들을 동원하여 복음 사역을 시작하였다. 기독교 교회의 본질과 영성은 거의 상실되었고, 양육된 이들을 서로 빼앗아 차지하는 것이 당시의 흔한 일이 되었다.

기독교 사역의 일부분으로서 대부분 선교단체들이 시작했던 새로운 일은 바로 교회사역과 더불어 사회 개발 사역이었다. 총체적 선교Holistic Mission 개념을 수용하였고, 당시 방글라데시 대부분 선교단체들은 구제업무, 병원업무 등 개발 사역을 교회의 주요업무로 여겼다. 이런 이유로 새로운 교회들에서는 전도와 양육 사역이 차선으로 밀려나게 되었다. 이런 새로운 개념은 즉각적으로 지역교회에 두 가지 주요 쟁점을 던져 주었다. 첫째, 개발 사역이 갑작스럽게 교회의 주요 업무로 떠오르면서 이것은 고高수입자인 많은 전문가들을 끌어들일 수 있었다는 의견, 둘째, 교회는 점점 중심을 잃고 전도는 뒤로 밀리게 되었으며, 교회 내에서도 목회자들이 개발사역자들보다 훨씬 적은 월급을 받게 되었다는 의견이 그것이다. 이러한 일은 교회의 불균형과 교회 내부의 불편함을 야기하였고 교회의 연합이나 하나 됨, 형제애와 같은 가치들은 거의 상실되는 지경에 이르렀다. 교회의 개발사역이 점차 큰 비중을 차지하게 되면서 교회는 그것을 통제하지 못하게 되었다. 교회는 선교사명mission을 잃고 단순히 하나의 자선 기관으로 전락하게 되었다.

오늘날 방글라데시에는 67개의 기독교 종파가 있다. 가장 큰 조직은 로마 가톨릭교회로 전체 기독교 인구의 약 60%를 차지한다. 나머지 40%의 개신교는 66개의 종파로 다시 나누어진다. 이전의 인구조사의 결과를 볼 때, 현재 방글라데시의 기독교인 수는 약 800,000명으로 추정되며, 이 수치는 목적과 여러 이유에 따라 변할 수 있다. 2010년대 중반 통계에 의하면, 방글라데시 총 기독교인의 수는 739,000명이다.39)

방글라데시 기독교의 전망

지난 200년 동안 기독교는 방글라데시 힌두교인들과 소수민족을 대상으로 전도하는 모습이었지만, 가장 큰 종교공동체인 무슬림들에게 복음을 전하려는 시도는 거의 이루어지지 않았었다. 그러나 오늘날 방글라데시에서 일하는 많은 선교 단체들은 무슬림들을 대상으로 활발히 사역을 진행하고 있으며 희망적인 결과들도 속속 나타나고 있다.

지난 2세기 동안의 방글라데시 선교사역 후에, 이제는 방글라데시 교회들의 영성과 질이 더욱 비축되어야 할 시점이 되었다. 내부적으로 능력과 비전, 가치와 열정을 키우며 자신들의 문제를 스스로 극복하고 확장해 갈 수 있는 더욱 강한 능력을 갖출 필요가 충족되어야 한다. 동시에 여전히 지배적인 세력이며 기독교에 배타적인 무슬림들에 대한 지속적인 섬김과 적극적인 전도가 요구된다.

읽을거리

방글라데시 기독교 역사는 다음 책을 참고할 만하다. 롱의 『벵갈 저작물

---

39) "Religious Adherents in Asia by Country, Mid-2010-Statistics Table", Felix Wilfred, ed., *The Oxford Handbook of Christianity in Asia* (Oxford: Oxford University Press, 2014), 600-601.

상세 목록』, 레오나드의 『브라마 사마지 역사』, 휴의 『인도 기독교사』 등이
다.[40] 닐의 『인도 기독교사』도 빼놓을 수 없다.[41] 그 밖의 선교 역사로는 다
음과 같은 것들이 있다. 로벳의 『런던선교회사』, 하웰스의 『세람포대학 이야
기』, 그리고 뤼벅의 『포트 윌리엄대학 연대기』 등이다.[42] 이밖에 일반 역사
서로는 필립스의 『인도, 파키스탄, 실론 역사가들』을 들 수 있다.[43] 뱅갈어로
된 서적으로는 다음 두 가지가 중요하다.[44] 이상의 대부분 책들은 인터넷상
에서 원문 검색이 가능하다. 한국인들의 저작들도 많지는 않지만, 몇 가지를
들 수 있다. 대부분은 방글라데시 기독교사보다는 한국의 방글라데시 선교
와 관련이 있는 내용들이다. 장훈태의 『방글라데시』, 김창모의 『콤스 35주년
사=KOMMS: 방글라데시 의료선교 1979-2014』, 장영일, 이문균의 『사랑의
빚을 갚으련다: 정성균 선교사의 삶과 선교활동』 등이 있다.[45]

---

40) [Rev.] James Long, *A Descriptive Catalogue of Bengali Works*(London: Sanders, Cones and Co., 1855). G. S. Leonard, *A History of Brahma Samaj from its Rise to the Present Day*(Calcutta : W. Newman, 1879). James Hough, *A History of Christianity in India*, 5 Vols, (London: 1839).

41) Stephen Neill, *A History of Christianity in India: The Beginnings to AD 1707, Vol. 1; A History of Christianity in India: 1707-1858, Vol. 2*(Cambridge: Cambridge University Press, 1984, 2004; 1985, 2020).

42) Richard Lovett, *The History of London Missionary Society, 1795-1895, Vols. 1-2* (London: Henry Frowde); George Howells and A. C. Underwood, *The Story of Serampore and Its College* (Serampore and Calcutta: Baptist Mission Press, 1918); Thomas Roebuck, complied, *Annals of the College of Fort William* (Calcutta: Philip Perfira at Hixdgostanee Press, 1819).

43) Cyril Henry Philips, *Historians of India, Pakistan and Ceylon* (London: Oxford University Press, 1961; 1967).

44) Horof Prokashoni, *Rammohon Rachanaboli* (Bengali Text) (Kolkata: 출판사 불명, 1973); S. N. Shastri, *Ramtonu Lahiri O Totkalin Bangasamaj* (Bengali Text) ([n.p]: 출판사 불명, 1979).

45) 장훈태, 『방글라데시』 (서울: 누가, 2007); 김창모, 『콤스 35주년사=KOMMS: 방글라데시 의료선 1979-2014』 (서울: 한들출판사; 광주: KOMMS, 2015); 장영일, 이문균, 『사랑의 빚을 갚으련다: 정성균 선교사의 삶과 선교활동』 (대전: 한남대학교출판부, 1995).

스리랑카 기독교: 450년 역사, 식민지 역사를 넘어 하나님의 역사로

이성상_ 기독교대한감리회 파송 태국 선교사, 전 스리랑카 선교사

스리랑카Sri Lanka는 '인도가 흘린 기쁨의 눈물방울'이라는 별명을 가진 아름다운 인도양의 섬나라다. 인구 2,100만 명 중 종족별로는 싱할리스 74%, 타밀 18%, 무어 7% 등이고, 종교별로는 불교 69%, 힌두교 18%, 기독교 7%, 이슬람 7% 등이다. 1972년 실론Ceylon에서 스리랑카로 나라 이름을 바꾸고, 26여 년간의 타밀 독립분리주의자LTTE들과의 내전 종식 이후 경제 정치 발전을 꾀하고 있다. 한편 역사와 문화를 중시하고 불교 수호에 대한 자부심이 강하여 기독교회를 핍박하는 일이 자주 발생하고 있다.

스리랑카에 복음이 전해진 것은 주후 70년경 예수의 부활을 의심했던 제자 도마에 의해서였다는 전설이 있다. 그래서 해양 실크로드에서 빠트릴 수 없는 콜롬보 항구가 내려다보이는 언덕 위에 성 도마교회가 있지만, 역사적 혹은 고고학적인 확실한 자료는 없다. 그 후 550년경 페르시아 상인들이 기록한 문서 '크리스천 분포도'는 동방시리아 교인인 페르시아 네스토리안Persian Nestorian 크리스천이 스리랑카에 살면서 기지를 세웠다고 보고하였으나, 스리랑카인들에게 선교했는지에 대하여는 기록이 없다. 그러므로 스리랑카의 기독교 역사는 대체로 450년간 이어진 식민지 역사와 함께 시작되었다고

보아야 한다.

포르투갈 지배 시대

포르투갈이 침입한 시기에 스리랑카는 싱할라 계통의 파락크라마바후 Ⅷ세Parakramabahu VIII, 1484-1518가 북부 일부를 제외한 전 지역을 다스렸으며, 북부 자프나 지방은 날루르에 도읍을 정한 타밀족이 지배하고 있었다. 이때의 왕도는 현재의 콜롬보 교외 꽂떼Kotte였다. 당시의 꽂떼 왕조는 전국을 통제할 능력을 상실할 정도로 세력이 약했으며 왕권의 힘이 미치는 소수의 지역을 제외하고는 각 지방의 추장이나 토후들이 지배하고 있었다.

포르투갈과 꽂떼 왕조의 첫 번째 접촉은 1505년부터 1506년까지 2년간 스리랑카 섬을 찾아온 포르투갈인에 의해 자연스럽게 이루어졌으며, 이 접촉은 곧바로 양국 간의 교역 관계로 발전하였다. 하지만 식민지 지배자들과 함께 들어온 가톨릭 신부들의 입김이 강해지면서 가톨릭 이외의 종교, 즉 불교와 힌두교에 대한 탄압이 시작되었다. 이때 가톨릭은 트렌트 공의회the Council of Trent, 1545-1563년 이탈리아의 트렌트에서 개최된 로마 가톨릭 회의를 통해 세계적으로 가톨릭 중심 사상과 종교만의 세상을 편다는 결정을 한 상태였다.

1505년 포르투갈이 식민지 정책을 자연스럽게 이용하여, 프란시스코회 Franciscan 수사인 빈센트Vincent 선교사가 가톨릭을 전해 주었다. 가톨릭은 기독교인의 90% 이상으로, 주로 '가톨릭 벨트'라고 부르는 서쪽 해안의 자프나, 멘나, 네곰보 등을 따라 내려오면서 어부들을 중심으로 뿌리를 내렸다. 특히 1543년에는 프란시스코회 선교사들이 13개 교회에서 3,000명에게 세례를 주었다. 기독교로 개종한 사람들은 대부분 어부 계급인 카라바Karava였으며, 그들은 오늘날에도 여전히 가톨릭의 핵심을 이루고 있다. 1557년에는 꽂떼 왕조의 싱할리 왕 드라마팔라Dharamapala가 기독교로 개종을 하기도 했다.

네덜란드 지배 시대

1581년 네덜란드가 스페인에서 독립하여 스페인을 대신해 항로를 통한 상권을 장악하였다. 1638년에는 네덜란드인들이 포르투갈인들을 스리랑카에서 몰아내면서 식민 통치를 하기 시작하고, 1658년 네덜란드 군인들은 자프나 왕국의 주인이요 실론 섬의 주요한 군주가 되었다.

스리랑카가 네덜란드의 식민지가 되었을 때, 네덜란드인들은 불교와 힌두교뿐만 아니라 가톨릭 신자들에게까지도 개혁교회 신앙을 강요했다. 이는 모든 스리랑카인에게 행해졌으며, 고용과 정부와 승진 등에 주요한 작용을 했고, 결국 기독교 정부가 되는 준비가 되었다.

그들은 모든 학교를 교회와 함께 세웠다. 즉 교회 내부에만 학교를 세울수 있게 한 것이다. 그리고 교사는 물론 교장까지 기독교 선교사의 역할을 동시에 수행하였다. 출생 결혼 같은 모든 사회적 행위는 강제적으로 기독교적 방법으로 이루어지기 시작하였다. 이런 행사를 원하지 않는 사람을 교회 책임자가 사법적으로 처벌할 수 있는 권한까지 가졌다. 모든 시민의 권리와 상속 등은 교회의 권한이 되었다.

1722년에 네덜란드 개혁교회The Dutch Reformed Church는 약 84만 명의 결신자를 얻었다. 성직자뿐만 아니라 결신자들에게는 네덜란드 동인도회사Dutch East India Company, Vereenigde Oostindische Compagnie, VOC가 많은 이익을 주었기 때문에 이러한 사실을 아는 사람이라면 이 수는 그다지 놀랄 일이 아니다.

네덜란드에서 온 선교사들은 기독교인 정부에 의해 결국 자신들의 의도대로 전도하였는데, 즉 성서적인 방법대로 전도하지 못했다. 특히 네덜란드의 성직자인 빌립 발데우스Philippus Baldaeus, 1632-1671는 타밀어와 포르투갈어를 익히고 스리랑카 전역에 복음을 전하려 했으나, 정부가 그를 본국으로 돌려보내 뜻을 이루지 못했다. 또한, 모라비안 선교사들이 1740년대에 실론의 시골 지역 사람들을 중심으로 선교를 펼쳤는데, 그때 많은 이들을 그리스도의 제자로 만들었다. 그러나 이들 또한 선교 사역을 계속할 수 없어서 얼마 후에 본국으로 돌아가야만 했다.

영국 지배 시대

1588년 스페인의 무적함대에 맞서 승리를 거둔 것을 계기로 영국은 해상 권을 장악함은 물론 영국 국민의 해외 진출 열기를 부추겼다. 1600년 영국 동 인도회사East India Company, EIC를 설립한 영국은 포르투갈을 물리치면서 네덜 란드와 경쟁적으로 동인도 무역에 진출하였다. 1796년 2월 16일 콜롬보 점 령 이후 지속적인 침략 정책을 펴서, 1796년부터는 과거 네덜란드가 지배했 던 모든 지역을 지배할 수 있게 되었다.

영국이 과거 포르투갈이나 네덜란드가 지배하던 방식대로 불교와 스리 랑카 전통문화를 말살하고 기독교와 서양문화를 보급하기 위해 은밀히 노력 하자, 스리랑카인들은 영국에 맞서 싸웠다. 이에 1803년 영국은 스리랑카 왕 에게 전쟁을 선포하였고, 결국 1815년 2월 15일 스리랑카의 왕도인 캔디가 영국군에게 정복되고 스리 위크라마 라자싱헤Sri Wiekrama Rajasinghe, 재위 1798-1815년 왕이 포로가 되면서 영국의 식민지가 되었다. 1815년 3월 2일 영국과 스리랑카 사이에 캔디 협정Kandyan Convention이 체결되었다.

1805년에 4명의 선교사런던선교회, London Missionary Society가 런던에서 출발 해 콜롬보에 도착했다. 그리고 1812년에는 성공회를 시작하였고, 16년간 스 리랑카 선교사로 활약한 침례교 선교사 제임스 차터James Charter, 1812년에 도착 하여 1829년 스리랑카에서 사망가 급히 파송됐었다. 이어 침례교회는 1819년 한웰 라Hanwella에, 1825년에는 마탈레Matale에, 1841년에는 캔디Kandy에 각각 선 교사들을 파송하여 교회를 세우고 학교를 설립하였다.

또한, 감리교회도 1814년 아시아 선교를 위하여 감리교회 최초의 감독인 토마스 콕Thomas Coke, 1747-1814 박사의 인솔하에 5명의 선교사가 런던에서 출발하였다. 하지만 긴 여행 중 콕 박사는 선상에서 사망하고, 5명의 선교사가 스리랑카의 남쪽 항구 골Galle과 웰리가마Weligama에 도착하여 전국으로 흩어져 많은 학교와 교회들을 세웠다. 그들은 동부 바티콜로Batticaloa와 마타라Matara 지역에도 들어가 선교 사역을 시작하였다. 1814년에 수도 콜롬보에 세운 페타 감리교회Methodist Church, Pettah는 아시아 최초의 감리교회로, 최근 200주년을 맞았다. 1816년에는 최초의 미국인 선교사가 사역하였는데, 그제야 영국 정부는 종교의 자유를 허락하여 형식적인 개혁 장로교 교인이었던 사람들이 본래의 종교인 불교, 힌두교, 이슬람교, 가톨릭으로 되돌아갔다. 이때 가톨릭 교인이 72,394명, 네덜란드 개혁 장로교회 95,580명, 감리교회 240명, 영국 성공회 200명, 침례교회 100명이었고, 60만 명 이상이 불교, 힌두교, 이슬람교로 되돌아갔다.

1881년에는 성공회Anglican Church와 네덜란드 개혁교회Dutch Reformed Church가 법적으로 선교의 자유를 얻었으며, 1883년에는 구세군Salvation Army이 들어와 급속하게 선교의 세력을 확장해 나갔다. 그 후 많은 자생 교단들이 우후죽순처럼 일어났으며, 많은 선교단체가 들어와 불교도들과 힌두교도들에게 복음을 선포하였다. 1888년에는 240명의 선교사가 주로 교육 사업을 펼쳐 1,120개의 학교를 세웠고, 1900년에는 가톨릭을 포함하여 전 국민의 9.8%에 이르는 개종자를 얻었다. 이때 선교사들이 세운 학교에는 약 3만 명의 학생들이 공부했다.

독립 이후의 기독교

독립 이후 1949년 스웨덴 선교사에 의해 등대선교회Light House Mission가

들어오고, 1955년에는 'Back to the Bible'이 일을 시작하였다. 그러나 영국의 식민통치가 끝나자 식민지를 따라 들어온 자국인 기독교인들과 많은 선교사가 함께 본국으로 돌아갔고, 아울러 영어를 사용하며 상류층의 생활을 하던 기독교인들도 해외로 떠나 버렸다. 이와 때를 같이하여 반서구, 반기독교 운동이 일어나자 급격히 기독교인의 숫자가 줄어 오늘날 가톨릭은 전체 국민의 6.3%, 개신교는 0.8%이며, 스리랑카 자생 교단을 포함하여 약 30개 교단이 있다.

불행하게도 1960년 정부는 그간 선교사들이 세운 학교들을 정부 소유화하여 불교를 가르치고, 십자가가 있던 자리에 불상을 가져다 놓았다. 1964년에는 영국 감리교회British Methodist Church로부터 스리랑카 감리교회Ceylon Methodist Church가 독립하여 자치를 시작하였고, 1965년에는 미국 빌리 그레이엄 목사의 선교단체인 십대 선교회Youth for Christ가 들어왔다. 그리고 1970년에 모든 집 선교회Every Home Crusade 등의 선교단체와 교단들이 들어와 선교 사역을 하였다. 1984년에는 싱할라어로 새번역 성경을 출간하는 등 현재 스리랑카에는 전 세계 각종 선교단체에서 온 90여 명의 선교사가 선교 활동을 펴고 있다.

읽을거리

다음과 같은 책들이 유용하다. 학자위원회의 『실론: 역사, 사람, 상업, 산업 및 자원』, 배어의 "스리랑카 지역 연구", 소마라트나의 "스리랑카의 기독교", 멘디스의 『눈물 속의 비전: 선교사 보고』 등이 있다.[46] 이 밖에 한국인의

---

46) Board of scholars, *Ceylon: Its History, People, Commerce, Industries and Resources* (New Deli: Srisatguru publishers, 1986); Klaus Baer, "Area Research Sri Lanka" (Winon Lake: Grace Theological Seminary, 1991); G.P.V., Somaratna, "Christianity in Sri Lanka", M.D. David ed., *Asia and Christianity*(Bombay: Himalaya Publishing House, 1985). Lalith Mendis, *A Vision Amidst Tears: A Missionary Report* (Sri Lanka: Homsa,

연구물은 다음과 같은 책과 논문이 있다. 대부분 스리랑카 기독교의 관점보다는 선교사의 관점에서 기록된 것들이다. 안한준의 『스리랑카, 하늘과 땅 그리고 사람』, 장훈태의 『스리랑카에서 희망을 보다』, 강현종의 『스리랑카 선교 단상, 그 생명의 물줄기를 끌어들여라』, 이성상의 "스리랑카 도시 빈민을 위한 감리교회의 선교 전략에 관한 연구".[47)]

1989).

47) 안한준의 『스리랑카, 하늘과 땅 그리고 사람』(고양: 비전북, 2018); 장훈태의 『스리랑카에서 희망을 보다』(서울: 누가, 2010); 강현종의 『스리랑카 선교 단상, 그 생명의 물줄기를 끌어들여라』(서울: 쿰란, 2003); 이성상의 "스리랑카 도시 빈민을 위한 감리교회의 선교 전략에 관한 연구"(미간행 석사학위 논문, 아세아 연합신학대학교 선교대학원, 2006)

4부 • 중앙아시아 기독교사

키르기스스탄 기독교: 유목, 융합, 포스트모더니즘 신앙의 역사

최근봉_대한예수교장로회(합동) 파송 키르기스스탄 선교사

중앙아시아와 기독교

중앙아시아는 아시아의 주요 권역 중 하나이다. 그런데 중앙아시아는 여러 가지 면에서 특히 역사적으로 지리적으로 정의 자체가 쉽지 않은 지역이기도 하다. 첫째, 중앙아시아를 부르는 용어도 다양하다. '중앙아시아'Central Asia가 보편적이지만, 해당 지역이 내륙 국가들이라는 점을 강조하여 '내륙 아시아'Inner Asia로 부르자는 입장도 있다.[1] 둘째, 중앙아시아에 해당되는 소속 국가가 무엇인가를 정하는 것도 민감한 사항이다. 중앙아시아가 유라시아 대륙의 한복판에 놓여 있고 육로로 연결되어 유독 전쟁과 전투가 많은 지역이었고, 그 결과 정치적 흥망성쇠가 끊이지 않은 곳이라서 중앙아시아 정치사를 정리하는 것 자체가 매우 복잡다단한 일이다. 중앙아시아 연구는 연대표와 지도의 도움이 필수적이라고 할 정도이다. 최근에는 구소련에 속했다가 독립된 5개 국가를 중앙아시아라고 보는 것이 대세이다. 곧 카자흐스탄, 우즈베키스탄, 투르크메니스탄, 키르기스스탄 및 타지키스탄이다. 이 5개국은

---

1) Svat Soucek, *A History of Inner Asia* (Cambridge: Cambridge University Press, 2000), xi-xii.

인종적으로 투르크계터키계; 카자흐스탄, 우즈베키스탄, 투르크메니스탄, 키르기스스탄와 페르시아계이란계; 타지키스탄로 나뉜다.[2]

한편 '내륙 아시아'의 입장에서는 동, 서투르키스탄투르키스탄[Turkestan/ Turkistan]은 투르크족의 땅이란 뜻으로 아시아의 투르크계 국가들을 가리키는 총칭으로 파미르 고원과 천산 산맥을 경계로 동투르키스탄과, 서투르키스탄으로 나뉜다 이 전체를 망라하기 위하여, 신장중국 신장자치주과 몽골외몽고를 추가하기도 한다.[3]

몽골이 어느 권역에 속하는 것도 민감한 역사적 문제이다. 그 문제는 몽골이 동아시아극동아시아냐 중앙아시아냐로 압축할 수 있다. 아시아의 내륙 지역 연구에 있어서 시대구분과 경계설정은 난제이면서도 피할 수 없는 과제라고 할 수 있다. 이 책에서는 중앙아시아 국가에 대해서 투르크계와 이란계에서 각각 1개국 즉 키르기스스탄과 타지키스탄을 소개하고, 아울러 몽골을 소개하기로 한다.[4]

중앙아시아 특히 비단길Silk Road이 문명교류의 주요 통로인데, 기독교도 문명교류의 일환으로 중앙아시아에 일찍부터 소개되었을 뿐 아니라 중앙아시아가 또다른 지역을 향한 전파로가 되었다. 기독교의 근대 이전 선교가 서에서 동으로 향하는 동진東進적 선교였다면, 최근 선교는 중국을 중심으로 동에서 서로 향하는 서진西進적 선교가 시도되고 있다. 최근의 사례로는 한국과 중국 등의 '예루살렘 선교'Back to Jerusalem가 자주 거론되지만 조심스럽게 역

---

2) 참고로 구소련은 15개국인데, 9개국이 백인 공화국, 6개국이 아시아인 공화국이다. 9개국은 발틱해 3국(라트비아, 리투아니아, 에스토니아) 및 기타 코카서스 지역을 포함한 6개국(러시아, 우크라이나, 벨라루스, 몰도바, 아르메니아, 그루지아)이다. 6개국은 중앙아시아 5개국과 코카서스 지역의 아제르바이젠이다. 오신종, 『하늘에서 가까운 나라, 키르키스』(서울: 도서출판 Midwest, 2001), 166-167.

3) Svat Soucek, A History of Inner Asia, x. 투르키스탄은 협의적으로는 중앙아시아 곧 서투르키스탄을 의미하기도 한다.

4) 한국인 혹은 아시아인에 의한 중앙아시아 연구가 점차 활발해지고 있다. 다음과 같은 개론서를 참고할 것. 고마츠 히사오 외, 이평래 역, 『중앙유라시아의 역사』(서울: 소나무, 2005); 최한우, 『중앙아시아 연구, 상』(서울: 도서출판펴내기, 2003; 서울: 한반도국제대학원대학교출판부, 2011); 『중앙아시아 연구, 하』(서울: 도서출판펴내기, 2004).

사를 되짚어 보아야 할 대목이다.

키르기스스탄의 기독교 도래 개요

키르기스스탄이 문명교류의 경로 위에 놓여 있어, 기독교가 이미 1세기부터 전파되었으리라고 추정된다. 적어도 동방시리아 교인들이 7-8세기에 선교한 내용에 관한 사료가 있고, 9세기에는 동방시리아 교회의 관할이었다. 13세기에는 로마 가톨릭교회가 선교했고, 16세기부터 외국인 개신교인들이 나타나기 시작했다. 19세기부터는 러시아 정교회가 선교를 했다.[5]

키르기스스탄과 기독교

키르기스인들을 이해하는 배경은 한 마디로 유목, 즉 유목에서 유목까지라고 할 수 있다. 아직도 유목으로의 진행형이 키르기스스탄이기 때문이다. 유목 중에서도 일반적인 유목이 아니라 높은 산악지대에서만 편안함과 자유함을 누리는 유목민족이기에, 이들은 일반적인 유목민들과는 조금 다른 독특한 신앙이 자리잡고 있다. 키르기스인들이 과거 시베리아 예니세이 지역에서부터 현재 키르기스스탄 지역에 정착 하기까지 수많은 전쟁과 전쟁 중에 부족이 해체되고, 이웃 부족을 정복하고, 다시 정복 당하기를 반복하면서 초원지역의 부족들과 수많은 융합이 연속되었다. 이들은 종교성이 강한 민족이어서 가는 곳마다 신앙을 수용하고 현실과 조화시키면서, 지금까지 그 신앙을 보존해왔고, 유목문화와 정착문화의 뿌리를 내려가면서 새로운 문화를 실험하고 있다. 이런 가운데 과거와 지금까지 기독교는 이들 속에서 무엇이었는지에 대한 역사적인 정리가 필요하다. 이들의 신앙 안에는 전통적인 민간

---

5) Mark A. Lamport, ed., *Encyclopedia of Christianity in Global South* (Lanham; Boulder; New York; London: Rowman & Littlefield, 2018), 440.

신앙과 자연숭배사상, 샤머니즘, 중앙아시아와 터키에까지 아우르는 "한-텡그리" 숭배 사상, 동방시리아 교회, 불교, 이슬람이 깊이 어우러져 있어서 무어라고 규정하기 힘든 신앙의 구조인 것은 틀림없다. 그러나 이들의 역사와 고대 신앙 안에서는 성경을 배경으로 한 신앙의 흔적들이 아직까지 유목 구조 속에 보존되고 있는 것을 자주 찾아 볼 수 있는데, 이런 점은 고무적인 것이다.

이스라엘의 주변국, 실크로드의 디아스포라의 후예들

키르기스스탄을 비롯한 중앙아시아는 로마, 페르시아에서 볼 때는 주변지역으로 지리적으로 성경의 간접적인 영향이 있던 곳이다. 당시 이곳에는 뚜렷한 국경 개념이 없었다. 키르기스스탄을 비롯한 중앙아시아는 같은 문화권으로 어우러져 있어서 과거부터 이 지역사람들은 경계를 애써 나누지 않으면서 왕래를 하였기에 성경적인 영향이 직, 간접적으로 계속 있어 왔다.

구약 속의 사마리아가 앗수르에 포로가 되어 갔을 때BC 722년와 예루살렘이 바벨론에 포로가되어 갔을 때BC 606년부터, 이스라엘의 디아스포라가 발생하여 돌아오지 않고 정착했던 지역들이 중동과 지금의 페르시아를 중심으로 한 중앙아시아 지역들이다. 마태복음 10장에 주님이 언급한 이스라엘의 "잃어버린 양"은 역사적으로 이스라엘을 떠나 살아가는 흩어진 나그네벧전 1:1들 즉 디아스포라 유대인들을 지칭하는 말이다. 디아스포라 유대인들 중 많은 이들이 우랄산맥과 실크로드를 따라가는 동쪽 주변나라들에 정착하며 살게 된 것이다. 사도행전 2:9에 언급된 민족들이 이 지역의 민족들이다. 서방 교회 선교 초기에 유대인의 회당이 주요 선교 거점이 되었던 것처럼, 동방 교회 선교도 초기에는 이런 유대인 디아스포라의 거주지와 관련이 있는 것으로 나타났다.

중동과 중앙아시아의 선교는 다음과 같이 전개되었다. 초대교회의 역사가들에 의하면, 누가복음 10장에 언급한 70인 중 한사람인 "다데오"시리아어 "아다이"가 처음으로 로마제국의 국경을 넘어 예수님의 생존시부터 서신 거래를 하던 아브가르Abgar 5세오스로핸왕국의 왕의 초청으로 선교사로 가면서 실제적인 선교가 시작되었다고 보는 것이다.[6] 또한 도마는 파르티아인Parthia과 메디아인Media, 페르시아인Persia, 루만인Ruman, 박트리아인Bactrian, 마기인Magi에게 복음을 전한 후 인도 카라미나Caramina에서 순교했다고 전한다. 이 지역들이 키르기스스탄을 비롯한 중앙아시아와 이웃한 나라들이다. 도마의 선교 여행 과정을 살펴보면, 유대인 거주지와 관련이 있는 것으로 보인다. 초기의 선교는 일차적으로 흩어진 실크로드 유대인들을 대상으로한 선교라고 해도 과언이 아니기 때문이다.

431년 에베소 종교회의 이후 네스토리우스를 따르던 그룹들이 페르시아와 중앙아시아를 거쳐 중국으로 들어가서 경교景敎라는 기독교의 꽃을 피운 것이 동서를 연결한 실크로드를 통해서다. 심지어 한반도인 신라에까지 전파되었다고 추정되기도 한다. 1000년에는 중앙아시아에서 20개의 주요지역관리센터, 250명의 주교, 1200만명의 기독교인이 있었다.[7] 실크로드의 중간 지역이었던 키르기스스탄은 당시 위에서부터 아래에까지 복음을 들었고, 수도가 위치한 "추이"지역에서는 믿는 사람들이 절반 이상이었다는 기록이 있다.

키르기스스탄 지역은 실크로드를 통해서 고대로부터 실크로드가 흥하고 쇠하던 15세까지 로마와 한국을 관통하는 지역에 있었고 키르기스는 그 중간 역할을 역사 속에서 충실히 해왔다. 실크로드 지역의 기독교는 키르기스

---

6) 정학봉, 『사도도마의 이야기』(서울:도서출판동서남북,2012), 124-126. 이 왕국은 오늘의 아르메니아로, 아르메니아교회의 기원은 사도 바돌로매와 에데사의 다데오의 선교로 소급한다. 다데오는 70인 전도단의 일원 혹은 12사도의 일원으로 여겨진다.

7) Христианский портал "Invictory". Исследование. Инвиктори. [Online] 2011. http://www.invictory.org/news/story-36159-исследование.html.

스탄 곳곳에서, 곧 과거 카자흐, 우즈벡, 중국, 러시아를 통칭하던 지역인 세미레치예 지역에서 중심적인 역할을 담당한 역사적이고 고고학적인 증거들이 속속 드러나고 있다.

키르기스의 초기, 근대, 현대의 기독교역사

골로새서 3장 11절에 나오는 "야만인이나 스구디아인" 중에서 주후 60년 중앙아시아 민족들의 조상인 유목민 스구디아인삭스, 사키은 신자였고 신자 공동체의 지체였다. 도마와 안드레의 선교의 결과였다. 또한 사도행전 2장 9절에 나오는 "바데인들"의 조상인 삭스들이 고대로부터 하나님의 약속하신 메시야를 믿고 주님의 오심을 기다린 사람들이다. 바데인들이 유대 3대 절기인 오순절에 성전을 방문하기 위하여 예루살렘에 갔다가 자국어로 복음을 듣고 고향에 가서 복음을 전하였다. 동 시대에 안드레는 실크로드 북부지역의 잘 알려지지 않는 지역으로 다녔다고 전해진다. 『도마행전』에 의하면, 도마가 35-60년 사이 중앙아시아에서 복음을 전했다. 디두모라는 도마는 실크로드 본선을 따라 순례를 하였고. 구체적으로 키르기스 땅 남쪽인 오쉬와 우즈겐을 통과하였다. 도마는 실크로드에서 "디오니시"라는 청년에게 복음을 전하고 박트리아인, 하르카나인 바데인들의 목자로 세웠다. 고대의 삭스인들이 살던 이 지역은 중앙아시아 대초원과 세미레치예 지역이다.

키르기스의 초기 역사는 동방시리아 교회네스토리안 교회가 몽골 침략 이전까지 자리를 지켰고 그 후 공백기를 거쳐 러시아 정교가 각각 그 자리를 지켰다. 소연방 해체 이후는 한국과 미국, 유럽, 러시아 등지에서 온 개신교와 러시아 정교가 선교를 하고 있지만 러시아와 개신교는 갈등구조가 계속되고 있다.

동방시리아 교회는 공식적으로 5세기 이후부터 키르기스에 들어왔다. 키르키스의 민족 서사시 "마나스"Manas에서도 초기 키르기스 기독교를 언급한다 "기독교인들은 골짜기에 살고 있으며, 그 바로 근처에는 페르시아인들이 살고 있다."고 했다. 키르키스의 기독교 역사는 정치적인 시대구분과 유사하지만 키르기스 안에서 부흥을 주도했던 타르사켄트Tarsakent, 타라즈Taraz, 멜키Mirki, 악베쉼Ak-Besim 교회들은 6-11세기까지 부흥하며 중앙아시아와 중국 카쉬카르까지 그 영향력을 주고 받으면서 14세기까지 있었다. 753년 키르기스와 카자흐 접경지인 탈라스에서 중국 과 아랍의 전투로 말미암아 아랍이 승리함으로써 이슬람이 중앙아시아에서 자유스러운 활동이 시작되었지만, 당시 전쟁의 승패로 말미암아 교회는 크게 위축되지 않았다. 900년 대에는 악베쉼Ak-Besim에 있는 샤흐리스탄Sahristan 교회의 공동체가 부흥하였지만, 이슬람으로부터 무력적으로 해체되었다.[8] 당시 정치권의 관심은 종교보다는 도시 형성과 상업지구와 무역로에 있었다. 키르기스의 소그디안Sogdier들은 11세기까지는 키르기스에 있으면서 상업적인 목적 이외에 교회와 수도원을 세워서 복음을 전하는 센터 역할을 활발하게 하였다. 흩어진 유대인들 역시 소그디안들과 가세하여 이런 전체적인 질서를 흩뜨리지 않았기에, 교회는 11세기 후반 마지막까지 크게 위축되지 않았다. 그 후는 이슬람과의 갈등 관계에 접어들어 서서히 어려움이 시작되었다. 키르기스에 투르크 언어로 기록한 1226-1373년도 묘비들은 터키어로, 시리아어로, 때론 아랍어로 쓰여져 있고. 카라-즈가치, 부라나, 크라스나야-레치가 등에서 많이 발견되었다.[9] 이 때로부터 기독교의 몰락이 일어났던 14세기 초에 이르기까지 기독교인들은 자신들의 신앙이 제한적이지만 다시 한번 번성케 하는 시간들이 있었다.

---

8) 악베쉼은 비쉬켁에서 1시간 정도 떨어진 토크마크의 부라나 근처이다. 이 지역은 전형적인 시골마을인데 이 곳에서 전설적인 바자르가 있던 악베쉼 성이 발견되었고 이곳에 네스토리안 종합센터가 건립되었던 것을 구 소련시절 고고학자들이 발굴했다.

9)) Ч.Джумагулов, *Эпиграфика Киргизии* (Фрунзе 1987).

특이한 사실은 1375년 카탈로니아 지도에는 키르기스 이스쿨 북쪽에 십자가의 모양이 그려져 있는 건물이 있고, 이스쿨이라는 지역에 아르메니안 형제들의 수도원이 있는 곳에 사도 마태의 시신이 있다고 써 있다. 여러 문서들은 마태의 시신에 대해 자주 언급하고 있다.

15세기 이후부터 17세기까지 공백기를 지나다가 러시아의 중앙아시아 침략이 시작되면서 러시아 정교회가 제한적으로 중앙아시아에 들어와서 교회를 세웠으나 주로 중앙아시아로 이주 해오는 러시아인들을 위한 교회였고, 키르기스인들에게 복음적인 영향은 끼치지는 못했다

현대의 기독교는 130년 전 첫 번째 복음주의 교회로 레닌뽈지역에 독일 침례교회가 설립하면서 시작되었다. 가장 최근사에는 독립 되기 전인 1985년에 독일계 러시아 국적의 선교사 안드레이 이리나 피터슨 부부가 나른 지역에서 가정교회 형식으로 모임을 시작했다. 이 때 모여든 성도들은 키르기스인들이다. "안드레이 피터슨"은 전기 기술공으로 일하면서 복음을 전했다. 키르기스 최근 선교역사에 있어서는 처음으로 산악 유목민들이 예수그리스도를 영접했다. 1990년 처음으로 독일침례교인들을 위한 개신교회가 생겼다. 1991년 4월부터 한국인 선교사들이 들어 오기 시작하여 러시아어로 예배하는 고려인, 러시아인 교회 등 소위 다민족 교회를 많이 설립하기 시작했다. 1997년 7월 최근봉, 황복순 선교사 부부가 선교사로서는 처음으로 키르기스어로 예배하는 키르기스 인들의 교회인 중앙교회를 비쉬켁 외곽에 설립하였다. 현재 키르기스에 들어와 있는 선교사들은 주로 한국, 미국, 오스트레일리아, 유럽, 인도네시아, 중국, 필리핀 등지에서 온 선교사로, 여러 영역에서의 사역을 감당하고 있다. 한국인은 주로 교회개척사역에 집중하고 유럽이나 미주에서 온 선교사들은 주로 가정교회 형식의 모임에 주력하고 있다. 2000년도 이후 현지인들이 세운 키르기스 교회들로부터 인근 위구르 신장지역과 카

쉬카르, 파미르 그리고 키르기스인들이 주로 많이 분포해 있는 중국내 악수, 악치, 악토지역인 중국 산악지역으로 선교사로 나가는 소수의 키르기스인 선교사들이 생기기 시작했다. 누구도 접근하기 힘든 지역에 현지인들로 말미암아 그리스도인 모임들이 생기기 시작하고 있다

현재 키르기스 교회들 현황

2009년 1월 키르기스에 새 종교법이 발표되었다. 핵심은 교회를 설립하기 위해서는 키르기스 국적을 가진 200명 이상의 성인이 참여해야 한다는 것이다. 과거는 10명 이상만 있으면 허락이 되었다. 이 요건을 갖추지 못해서인지 최근 5년 동안 종교성에 정식으로 등록된 개신교회는 하나도 없다. 지금은 각 교회마다 예배 참석자들이 줄어들고, 신학교는 학생모집이 어려워 폐교하는 경우도 있다. 이 자료는 2002년부터 새 종교법이 발표된 후 만 5년이 지난 2013년까지 키르기스스탄 내 산재한 교회들의 증감 현황을 파악하기 위하여 장기간 전국을 돌며 조사한 자료이다. 1990년 교회가 키르기스에 세워졌는데, 조사가 끝난 2013년이면 한국 선교사가 키르기스에 복음을 전한 지 23년이 되었다. 급격히 변화하는 상황에서 큰 그림을 그려주는 통계는 시사하는 바가 많을 것이다.

연도별 지역별 교회증감현황[10]

지역/연도	2002	2006	2008	2013
비쉬켁	47	51	70(65)	88(77)
추이	105	88	98(88)	102(86)
이스쿨	33	34	16(9)	17(11)
탈라스	19	12	11(8)	11(3)
나른	2	4	9(4)	8(2)
바트켄	3	4	10(5)	9(4)
오쉬	14	16	15(8)	23(11)
잘랄아밭	25	20	10(8)	12(9)
전체	248	227	239(195)	270(203)

읽을거리

스체크의 『내륙 아시아』가 있다.[11] 한국인의 저술로는 다음과 같은 것이 있다. 오신종의 『하늘에서 가까운 나라, 키르기즈』, 정학봉의 『사도도마의 이야기』 등과 해당 지역 개론서들이 있다.[12]

---

10) 괄호 밖의 숫자는 10명 이상을 기준으로 한 경우의 교회 숫자이고, 괄호 안의 숫자는 20명을 기준으로 했을 경우의 교회 숫자이다. 참고로, 2002년, 2006년 통계는 20명을 기준으로 계산했다. 20명을 기준으로 했을 경우 오히려 2013년의 교회 숫자는 2002년, 2006년보다 많이 줄어들었다. 전체적으로 볼 때, 2009년 새 종교법 시행 이후로 새로운 가정교회들이 설립되었으나 기존 교회의 출석교인의 숫자는 많이 줄었다. 자료출처 컨설-백서편집위원회, 『키르기즈컨설 20주년 기념 백서』, 비쉬켁, 2013년.

11) Svat Soucek, *A History of Inner Asia* (Cambridge: Cambridge University Press, 2000).

12) 오신종, 『하늘에서 가까운 나라, 키르기즈』(서울: 도서출판Midwest, 2001); 정학봉, 『사도도마의 이야기』 (서울:도서출판동서남북,2012); 고마츠 히사오 외, 이평래 역, 『중앙유라시아의 역사』(서울: 소나무, 2005); 최한우, 『중앙아시아 연구, 상』(서울: 도서출판펴내기, 2003; 서울: 한반도국제대학원대학교출판부, 2011); 『중앙아시아 연구, 하』(서울: 도서출판펴내기, 2004).

타지키스탄: 유일한 페르시아계 중앙아시아국가의 기독교

윤성환_대한예수교장로회(합동) 파송 타지키스탄-키르기스스탄 선교사

타지키스탄이하 '타직'의 주종족인 타직은 언어, 종족, 문화적으로 페르시아 계열이다. 종족의 기원은 페르시아와 소그드에 두지만, 국가의 기원은 A.D. 9세기에 부하라Bukhara, 사마르칸트Samarkand 지역지금의 우즈베키스탄에서 타직 종족이 주도적으로 건국한 소모니 왕조Samanid Empire, 819-999에 둔다. 이런 맥락에서 본 단원에서는 타직 기독교 역사를 국가 차원에서보다는 종족 차원에서부터 기술하고자 한다.

타직 종족의 역사적 배경

타직 종족의 경우, 고대부터 서투르키스탄중앙아시아 지역에서 활약했던 스키타이, 사르마트, 알란 종족과 같은 유목민족이나 박트리아, 소그드, 하레즘 종족과 같은 정착민족들이 모두 페르시아계 종족들이었다. 이들 중에 타직 종족의 조상은 '박트리아'와 '소그드'로서 독창적인 문화를 형성했으며 여러 종족들에게 영향을 미쳤다.

그러나 4세기에 투르크계의 에프탈리테 왕국이 세워지면서 점증하기 시작한 투르크 종족들의 이주는 그 이후에도 계속 증가해, 이 지역에 아랍 무슬

림들이 진출한 7-8세기에 이르러서는 투르크 종족이 다수 종족으로 등장하기 시작했다.[13]

투르크계 종족들 간의 주도권 다툼으로 혼란한 틈을 이용하여, 타직 종족은 9세기 부하라, 사마르칸트 지역을 중심으로 소모니 왕조를 세운다. 점차 영토를 확장하고 문화적인 영향력을 확대하여 중앙아시아 지역을 통치하였으나 100년이 지나지 않아 투르크 종족에게 멸망을 당한다. 이후 구소련으로부터 독립할 때까지 약 1,000년간 투르크, 몽골, 티무르, 우즈벡, 구소련 등으로부터 지배를 받으며 역사의 전면에서 사라지게 되었다. 이러한 역사적 과정을 거쳐 1991년 9월 9일 구소련으로부터 독립하게 되었다. 타직 종족의 첫 독립왕조인 소모니 왕조 이후 약 1,000년 만에 독립국가가 된다.

그러나 독립의 감격도 잠시, 곧바로 1992-1997년까지 5년간의 극심한 내전을 겪으며 정치, 경제, 사회, 교육, 문화 등 국가 전반에 걸쳐서 기능이 마비될 정도로 그 후유증이 심각했다. 내전 종식 이후 17년이 지난 2014년을 기준으로 할 때, 외부적으로는 내전의 흔적은 보이지 않지만 내부적인 지역갈등과 정치-경제적으로 러시아를 비롯한 열강들에 종속되어 있음을 부인할 수 없다. 이런 상황은 현재도 큰 변화가 없다.

중앙아시아 5개국 중 유일의 페르시아계 타직은 내전으로 인하여 투르크계의 4개국 우즈베키스탄, 카자흐스탄, 투르크메니스탄, 키르기스스탄과 경제, 정치, 외교, 군사, 교육 등 모든 영역에서 비교할 수 없을 정도로 격차가 벌어져 있다.

타직에서의 동방시리아 교회(네스토리안 교회)선교활동

동로마제국의 황제 제노Zeno가 489년 로마 영내에 있는 네스토리우스Nestorius, c.386-c.450의 추종자들을 탄압하여 국외로 추방하였다. 이로 인하여

---

13) 신양섭, "타직민족의 성립과 사만조(朝)의 문예부흥", 「중동연구」 제16권 (1997), 51.

동방시리아 교인들은 동방의 나라인 페르시아로 옮겨가게 되었고 페르시아 전역에서 활발하게 선교활동을 하였다.

그러나 조로아스트교의 시기猜忌와 국가정책에 따라 여러 번에 걸쳐서 동방시리아 교인들이 박해를 받았다.[14] 신앙의 자유를 찾는 방법은 로마와 페르시아 이외의 다른 나라를 개척하는 것이었다. 이로 인하여 동방시리아 교인들은 오히려 서투르키스탄중앙아시아을 비롯한 동방지역에 놀라운 선교역사를 일으켰다.

타직 종족의 조상인 소그드인Sogdian [15]들 중에 기독교로 개종한 자들이 많았고 이들을 통하여 중앙아시아뿐만 아니라 더 먼 지역에까지 복음전파가 가능하였다. 서투르키스탄현 중앙아시아은 이 소그드인을 경제, 정치, 외교, 첩보의 협력자로 삼았다. 동방시리아 교인들의 적극적인 복음전파로 교회 조직과 회심의 역사가 일어났었다. 680년경에 쓰인 동방시리아 교회 문헌 '소연대기'Chronica Minora에서 644년 호라산Khurasan 도시들 중 한 도시에 메르브 대주교 엘리아스Elias가 그 도시의 족장과 투르크인과 다른 종족의 많은 사람을 개종하였다고 증언하였다. 족장과 그의 군대는 '어떤 강'에서 침례를 받았는데 아랍의 지리학자 마와라안 나흐르Mawara'an-nahr가 언급했던 것처럼 아무다리야Amu Darya와 시르다리야Syr Darya 혹은 옥커스Oxus와 자하르트Jaxartes 강으로 추측하였다.[16] 이렇게 중앙아시아의 아무다리야와 시르다리야 지역에 복음이 전해졌다.

타직 서쪽의 우즈베키스탄을 거쳐 타직 남쪽의 아프가니스탄과 국경을 접

---

14) 김광수, 『동방기독교사』(서울: 기독교문사. 1971), 65.

15) 이란계 오아시스 민족인 소그드인(Sogdian)들은 이미 1세기부터 옛 실크로드를 따라 국제 상인으로 명성을 떨쳤고 높은 수준의 문화를 꽃피웠다. 아랄 해에 흘러 들어오는 아무다리야(유럽인들은 옥커스강)와 시르다리야 강 중간쯤에 제라프샨 강이 흐르는데 이 유역을 '소그디아나'(Sogdiana)라고 부른다.

16) 스기야마 마사키(杉山 正明), 이진복 역, 『유목민이 본 세계사: 민족과 국경을 넘어』(서울: 학민사, 1985; 1999), 61.

하여 흐르는 강이 아무다리야이고 북쪽의 후잔 지역을 흐르는 강이 시르다리야이다. 타직 지역 곳곳에 당시 동방시리아 교회 유적지와 유물들이 발견되었다. 특히 북쪽의 후잔과 판자켄트 지역, 남쪽의 쿠르간 테파와 사하리투스 지역이 중심지였다. 그러나 정부차원에서 발굴과 유적지 보전을 하지 않고 있으며 2008년 이후부터는 개방조차 하지 않고 있다. 중앙박물관, 지역박물관, 옛 성터 등에는 동방시리아 교회 유물들이 몇 점 전시되어 있는 것이 동방시리아 교회 활동을 이해할 수 있는 전부이다. 타직에서 동방시리아 교회 연구가 활발해진다면 타직 기독교 역사에 새로운 이정표가 세워질 것이다.

구소련 당시 타직의 기독교

타직은 동방시리아 교회 이후 1874년 전까지 복음에 철저하게 닫혀 있었다. 제정러시아를 거쳐 구소련공산주의자들의 유물론에 입각하여 종교를 아편처럼 여기며 철저하게 억압하고 탄압하였다. 그럼에도 불구하고 70여 년 동안 구소련에 지배를 당하면서도 기독교는 완전히 허물어지지 않았다.

첫째, 러시아정교회이다. 구소련으로 편입되면서 시작된 타직에서의 기독교 활동은 러시아정교회에 의해서 이뤄졌다. 러시아정교회는 제정러시아 시기인 1874년부터 활동을 시작하였다. 1947년에 두샨베에 세워진 러시아정교회 건물은 타직인들에게는 기독교 건물의 상징처럼 되었다. 신자들은 대부분 러시아 사람들과 러시아어를 사용하는 혼혈인들이 대부분이다. 타직 사람들이 기독교를 러시아인의 종교라고 선을 긋는 것은 러시아정교회의 영향이 크다고 할 수 있다.

두샨베를 중심으로 쿠르간테파, 레가르, 치캅로스트, 쿨롭, 노렉, 판자켄트, 호록 등 지역의 중심도시에는 크고 작은 러시아정교회가 있다. 타직 인구의 0.5%가 정교회 신자라고 한다. 러시아정교회는 타직에 거주하는 러시아인은 대부분 정교회신자로 분류한다 아직까지는 타직인이나 무슬림배경에서 개종하여 성직자가 된 사람은 한 명도 없다. 8명의 러시아인 사제들이 있으며 공동체 생활을 하고 있다. 타직을 비롯한 무슬림 배경의 종족들에게는 포교 활동을 하지 않고 있다.

둘째, 가톨릭 교회이다. 타직 가톨릭 교회는 제2차 세계대전1941-1945년 기간 중 1942년 독일인으로부터 시작되었다. 구소련 당시 조심스럽게 독일인제2차 세계대전 중에 포로 된 사람들들을 중심으로 포교 활동을 시작하여 신도수가 많아지면서 1976년 처음으로 신부神父가 파송되었다. 1978년 두샨베와 남부지역의 중심도시인 쿠르간 테파에 성당을 세울 정도로 활발하게 활동하였다.

그러나 동독과 서독의 통합 이후 타직 거주 독일인들이 많이 돌아가면서 현재 신자 수는 약 100명 정도두샨베 70명, 쿠르간 테파 30명이다. 가톨릭 신자들의 종족 구성은 러시아인, 아르메니아인, 독일인, 리투아니아인 등이다.

사역자로는 3명의 신부아르헨티나인와 3명의 수녀아르헨티나인, 우크라이나인, 러시아인가 있다.타직에 들어온 지 5개월 된 신부부터 10년 동안 타직에서 사역하고 있는 신부까지 다양하다. 이들은 공동체 생활을 한다. 러시아정교회처럼 아직까지 타직인이나 무슬림 배경에서 개종하여 신부가 된 사람은 없으며, 신자들 중에도 무슬림 배경에서 개종한 사람들은 거의 없다. 타직 가톨릭 교회가 독자적으로 활동하지만 필요할 경우 카자흐스탄 가톨릭 교회의 지원을 받고 있다.

셋째, 침례교회이다. 1924년 5월 30일 러시아인 3가정이 모여서 가정교회를 세웠다. 이들에 의해서 개신교회로는 처음으로 타직에서 역사적인 문을 열었다. 교단은 침례교단이며 이름은 '이보닷호나 바로이 하마 할크호'모든 민족을 위한 예배당 즉 열방교회이다.

열방교회가 구소련 시절의 유일한 개신교회였다. 사회주의 체제로 인하여 조심스럽게 가정을 중심으로 전도 활동을 하였으나 종교 활동이 발각되어 1937년 12월 18일 3명의 성도가 총살형을 당하여 순교하고 7명은 10년에서 5년 형을 받고 수감되었다.

그러나 핍박에 굴하지 않고 더욱 가정을 중심으로 전도 활동을 하였다. 순교자를 배출하였다는 영적 자부심이 교회공동체 안에 강한 유대감을 형성하였다. 1944년 제2차 세계대전 막바지에 열방교회가 옷, 음식 등 전쟁터에 나가 있는 군인들을 위하여 구호 활동을 하였고, 이것이 스탈린에게까지 보고가 되어 스탈린으로부터 감사장을 받고 공식적으로 종교 활동을 할 수 있도록 하였다.

2014년 현재 타직 전역에 25개의 지교회들이 분포해 있으며 그중에 5개 교회가 정부에 등록되어 있다. 타직 내전이 있기 전까지는 두샨베 센터교회에서만 약 800명 정도가 출석하였으나 내전으로 인하여 많은 사람들이 러시아로 이주하였다. 현재 두샨베 센터교회는 약 180명이 출석하고 있으며 전체 성도는 약 400명 정도이다.

알렉산더 다비드비치 목사Александар Давидбич, 1983-2011년가 시무할 때 타직 전역에 교회를 개척하였으며 러시아인들뿐만 아니라 무슬림 배경의 타직, 우즈벡 등 여러 종족들에게 복음을 전하였다. 이로 인하여 지금은 17개 종족들이 모여서 함께 예배드리며 자신의 종족들에게 복음을 전하고 있다. 알렉산드르 다비드비치 목사 이전에는 무슬림 배경의 타직과 우즈벡 사람들은 거의 없었다. 2011년부터는 코밀Комил 목사를 비롯하여 5명의 목사가 협력하며 사역을 하고 있다.

타직성서공회와 기드온협회 등 연합기관들과 적극적으로 협력하며 성경 보급과 다양한 신앙서적들을 타직교회와 성도들에게 보급하고 있다. 또한 성경학교를 독자적으로 운영하고 있으며 몰도바에서 온 샤샤 체르닉Саша

Черник선교사에 의해서 체계가 세워졌다. 33명이 훈련을 받고 있으며 대부분 침례교 신자들이다.[17)

독립 이후부터 현재까지의 타직 기독교

타직은 1991년 9월 9일 구소련으로부터 독립하였다. 독립과 동시에 한국을 비롯하여 여러 국가에서 선교사를 파송하였으나 얼마 지나지 않아 내전1992-1997년이 발생하였으며 소수의 선교사들을 제외한 대부분은 철수하였다. 내전 종식 후 1998년부터 철수한 선교사들이 다시 타직으로 들어왔으며 다양한 영역에서 활동하였다.

내전 기간1992-1997년에는 소수의 선교사들이 NGO를 통한 구호 사역과 지역개발 및 스포츠 사역태권도을 적극적으로 하였다. 한국 사역자들이 그 중심에서 사역을 이끌었다. 당시 은혜교단의 최윤섭 선교사가 한국기아대책기구와 협력하여 두샨베를 중심으로 남부지역에서 활동하였다. 두샨베 선민교회를 세우고 전정휘 관장의 태권도 사역과 함께 NGO와 교회사역을 균형 있게 하였다. 또한 순복음교단의 이종분 선교사도 한국기아대책기구와 협력하여 후잔을 중심으로 북부지역에서 활동하였다. 태권도, 병원, 어린이, 개발 사역을 하였으며 교회개척사역도 활발하게 진행하였다. 순복음신학교를 설립하여 사역자를 양성하고 이들과 함께 적극적으로 전도 활동을 하였다.

내전 기간임에도 한국 사역자들이 괄목할 만한 사역을 할 수 있었던 것은 한국인 특유의 열정적 헌신과 고려인들의 역할을 간과할 수 없다. 구소련 당시 타직에 거주한 고려인들은 약 30,000명 정도였으며 곳곳에 고려인 집성촌들이 형성되어 있었다. 다른 구소련지역과 마찬가지로 벼농사와 채소 농사는 고려인들에 의해서 시작되었다. 내전과 정치 경제적인 어려움으로 러시아,

---

17) 타직인파트너쉽, 『전도와 교회개척세미나』(두샨베: 동협회, 2010).

우크라이나, 우즈베키스탄 등으로 이주하였으며, 현재는 약 1,200명 정도가 타직에 거주하고 있다.

내전이 끝나면서 여러 나라에서 선교사를 파송하였다. 한국뿐만 아니라 미국, 캐나다, 영국, 아일랜드, 네덜란드, 독일, 덴마크, 노르웨이, 스위스, 오스트레일리아, 브라질, 중국 등에서 온 선교사들이 장 단기로 활동하고 있다. 2014년 3월 현재 한국 선교사들만 38개 가정독신가정 포함, unit의 70명 정도이며 대부분 장기 선교사이다. 단일국가로는 한국 선교사들이 가장 많으며, 대부분 등록 및 가정교회에서 직 간접적으로 활동하고 있다. 이들에 의해서 세워진 등록교회가 15개 정도이며, 가정교회도 30여 개 정도 세워져 있다. 단일 교회로서 가장 큰 교회들도 한국 선교사에 의해서 세워진 교회들이다.

한국을 제외한 외국 선교사들은 약 100개 가정의 160여 명 정도이며, 5년 이내의 단기선교사가 전체의 70% 정도이다. 대부분의 외국 선교사들이 활동하는 영역은 의료, 영어학원, 교수, 지역개발, 사업 등이다. 소수의 선교사들만 비공개적으로 등록교회와 가정교회에서 활동하고 있다.

2004년 이전까지는 교회설립도 현지인 10명만 서명하면 정부에 등록할 수 있었으나, 2004년 이후로는 등록된 교회가 거의 없다. 현재 무슬림을 제외하고 등록된 종교기관은 약 80여 개이며, 개신교를 포함하여 가톨릭, 러시아 정교회와 이단여호와 증인, 안식교, 박옥수의 기쁜소식선교회 등들도 포함되어 있다. 이 중에서 복음주의 계열의 교회는 약 38개이다. 등록되지 않은 가정교회는 타직 전역에 약 100여 개 정도로 추산하고 있다.

교단별로는 침례교를 중심으로 장로교, 순복음, 은혜[교회], 감리교, 오순절 계열 등에서 온 선교사들이 활동하고 있으나 교단을 세운 곳은 아직 없다. 타직의 개신교 신자 수는 약 4,200명 정도로 추산하고 있으며, 무슬림에서 기독교인으로 개종한 신자는 약 1,000명 정도이다. 현지 목회자는 약 50명 정도이며 신학생들은 4개의 신학교침례교신학교, 순복음신학교, TCT신학교, 나침반신학교에 60명 정도가 훈련받고 있다. 정부에 등록된 신학교는 아직 없다.

맺는말

타직 교회는 순교자를 배출한 교회이다. 1937년 3명의 현지인 평신도 사역자들이 첫 번째 순교자였으며 독립한 이후에는 2000년 선민교회 폭탄테러로 60여 명이 다치고 7명이 순교하였다. 2001년에는 영국 선교사가 무슬림 신학교 교수의 지시를 받은 신학생들에 의해서 순교를 하였으며, 2003년에는 후잔 지역에서 현지인 목회자가 순교하였다. 2010년 이후부터는 타직교회 지도력이 선교사들로부터 현지인 목회자들로 전환되고 있으며, 자립 자치 자전하기 위해 더욱 힘쓰고 있다.

읽을거리

타지키스탄 기독교를 이해하기 위한 중심적 타직교회사가와 주요저작은 다음과 같다. 신양섭의 "페르시아 문학과 투르크 민족"와 "타직 민족의 성립과 사만조의 문예부흥"을 들 수 있다.[18] 또한 윤성환의 학위 논문인 "타직 디아스포라 선교 연구"와 기타 논문들이 있다.[19] 이밖에 이문영의 "현대 중앙아시아의 이슬람 정치세력화: 타지키스탄 내전과 러시아-우즈베키스탄 관계", 정세진의 "중앙아시아 민족정체성 및 민족주의 연구: 포스트 소비에트 시기를 중심으로", 최하영의 학위 논문인 "중앙아시아에 있어서 네스토리안

---

18) 신양섭, "페르시아 문학과 투르크 민족", 「중동연구」 15/2 (1996), 207-223; 「중동연구」 16/2 (1997), 47-120.
19) 윤성환, "타직디아스포라 선교 연구" (미간행박사학위논문, 리폼드신학대학원, 2014); "효과적인 타직 전도", 『전도와 교회개척세미나』 (두샨베: 타한연, 2012); "타직선교연구", 『선교와 교회성장 세미나』 (두샨베: 타한연, 2005).

교회의 선교활동에 관한 연구"도 주목할 만하다.[20]

---

20) 이문영, "현대중앙아시아의 이슬람 정치세력화: 타지키스탄 내전과 러시아-우즈베키스탄 관계", 「러시아연구」 14/1(2004), 243-270; 정세진, "중앙아시아 민족정체성 및 민족주의 연구; 포스트-소비에트 시기를 중심으로", 「국제지역연구」 11/2(2007), 743-773; 최하영, "중앙아시아에 있어서 네스토리안 교회의 선교활동에 관한 연구"(미간행 박사학위 논문, 웨스트민스트신학대학원, 2004).

몽골 기독교: 칭기스칸 이전부터 후기공산주의 시대 이후까지의 장구한 선교역사

김봉춘_몽골 연합신학교(UBTC) 교수

몽골이라는 나라가 다시 한국에 알려진 것은 13세기, 즉 고려시대 이후에 무려 700여년이 지난 최근의 일이다. 칭기스칸Genghis Khan, c.1158-1227이라는 인물 외에는 거의 알려지지 않았던 나라가 구 소련의 붕괴와 한국정부의 북방정책으로 그 존재가 한국인에게 드러났다. 1990년 3월 두 나라는 외교관계를 수립하게 되었고, 한국인들은 기다렸다는 듯이 대거 몽골로 입국하였다. 특히 개방과 동시에 한국인 선교사들이 입국하였으며, 몽골 기독교의 초석을 쌓는 일에 한국 교회의 기여는 간과할 수 없다. 전무했던 교회가 이제는 수백여 교회, 수 만명 성도로 성장하였으며, 교회, 기관, 신학교 등 이른바 기독교 초기 전래 국가에서는 일반적으로 진행되는 선교의 모든 과정이 이루어져서 이제는 자국민이 자생력을 가지고 목회하는 교회나 기관도 많이 찾아 볼 수 있게 되었다. 이 글에서는 몽골의 기독교 전래역사를 소개하고자 한다.

몽골의 언어와 종교

몽골Mongol Empire, 오늘날의 Republic of Mongolia의 전신은 칭기스칸이 1206년

흩어진 부족을 통일하면서 세계무대에 등장하게 되었다. 칭기스칸의 세계 정벌의 꿈은 그의 사망과 더불어 종결되며, 쿠빌라이에 의해 건국된 원나라의 멸망 후, 명, 청시대에 이르기까지 몽골은 중앙아시아의 황무지에 거주하는 유목민으로 남게 되었다.

1907년 청나라가 힘을 잃어가면서 몽골의 젭춘담바 쿠툭Jebtsundamba Khutuktus, 1870-1924, Bogd Khan을 중심으로 독립운동을 하였으며, 1911년에 중국의 신해혁명이 일어나는 시기에 몽골은 독립을 선언하였으나 러시아 혁명에 반대한 일부 세력에 의해 어려움을 겪다가 1921년 7월 11일 다시 인민정부를 수립하며 독립국가로 선포한다. 그러나 공식적인 인민공화국으로서의 선포는 1924년 11월 26일에 이루어진다. 이후로 1990년까지는 구 소련의 위성국가에 가까운 닫혀진 나라였다. 그러나 페레스트로이카 이후 서방 국가들과 외교관계를 수립하고 시장경제 체제를 도입하게 되어 현재에 이르고 있다.

몽골의 문자는 과거의 구문자Mongol Bichig가 있었으나 1941년부터 1946년까지 시행된 문자개혁에 따라 러시아의 키릴문자Cyrillic문자에 2문자θ, Y를 합친 35개의 자모음을 사용한다. 그리고 몽골의 종교는 샤머니즘과 티베트에서 유입된 라마불교, 그리고 약간의 회교가 있다. 샤머니즘은 고대로부터 몽골의 중요한 종교의 하나로 자리잡아 왔으며 몽골인들은 자신들의 민족종교로 이해하는 사람도 많다. 불교는 원나라 쿠빌라이 직후인 1230년대 오고타이Ugedei 때에 유입되어 몽골에 강력한 국가종교로 정착하였다. 최근에도 몽골의 대통령이 전국 각 군som마다 사원을 세우도록 하는 방침을 지시한 바 있듯이 몽골의 국교 수준의 융성을 맞이하고 있다. 회교는 주로 몽골내에 거주하는 카작족이 그 신자들인데, 이들은 몽골의 서부의 바양을기 지역과 수도 울란바타르 근처의 날라이흐지역에 집중적으로 거주한다.

6세기 경교의 전래

경교동방시리아 교회, 네스토리우스파가 중국에 전래 된 것은 프란시스코회가 중국에 들어가기 전 600백 년 전의 일이다. 그들은 놀라운 전파력을 발휘하여 아시아 각지에서 개종자를 확보해 갔다. 몽골 초원에서는 몽골족이 등장하기 훨씬 이전부터 그 지역에 동방시리아 기독교가 광범위하게 퍼져 있었다.[21]

경교가 중국에 전래될 당시 중국은 전성시대였다. 당나라 시대의 수도 장안은 그야말로 국제도시였다. 상인들 중에는 기독교신자가 많이 있었으며 635년 경교가 중국에 정식으로 전래되기 이전에 외국에서 온 경교 신자가 많이 거주하고 있었다.[22] 그러나 융성하던 경교는 9세기 후반에 광범위한 민중을 개종시키지 못한 이유와 흑사병, 환경적 정치적 요인들,[23] 당 무종 때845년의 대대적인 폐불정책[24]등의 영향으로 소멸지경에 이르렀다. 한 번 위축된 경교는 다시 회복될 수 없었다. 몽골족에 의해 중국 전역이 통일되는 시기인 13세기까지 경교의 중국 선교는 잠시 문을 닫고 말았다.

그러나 북중국, 지금의 내몽골과 몽골의 상황은 달랐다. 이 지역에서는 경교가 그런대로 명맥을 유지해 오고 있었을 뿐 아니라 오히려 많은 수의 개종자들을 확보하기 시작했다. 이는 이 지역이 중앙아시아와 계속적으로 접촉하여 왔기 때문이다. 특히 북중국 뿐 아니라 실크로드 연변의 촌락과 도시들에서는 오히려 확고한 근거지를 확보하면서 교세를 펼쳐 나갔으며 명맥을 유지해 왔다. 이러한 성공은 실크로드를 무대로 활약했던 국제상인들의 노력에 힘입은 바 크다. 이들은 중국이 정치적으로 분열과 혼란을 겪고 있을 때에도 꾸준히 내륙 교역로를 통해서 중앙아시아와 중국 이북의 초원지역을 오갔으

---

21) 김호동, 『동방기독교와 동서문명』(서울: 까치, 2003), 128.
22) 서양자, 『15세기 이전에 동방에 온 선교사』(서울:계성출판사, 1986), 11.
23) 고마츠 히사오, 이평래 역, 『중앙유라시아의 역사』(서울: 소나무, 2005), 234.
24) 김호동, 『동방기독교와 동서문명』, 156.

며 도처에 상업 근거지를 확보하고 있었다.

11세기에 들어서 경교는 중앙 아시아는 물론 중국의 서부 유목민들이 사는 초원에도 진출하여 교역을 하면서 유목민들에게 선교하였고 유목민들을 개종시켰다. 그 결과 몽골 제국이 출현하기 전에 경교는 이미 초원 여러 곳에 견고한 발판을 만드는데 성공했고 씨족 부족 단위로 생활하는 유목민들은 수령의 결정에 따라서 집단적인 개종도 했을 가능성이 있다. 13세기 초에 몽골 제국이 등장하기 전에 초원에 살던 유목민들 사이에 이미 경교는 상당히 광범위하게 전파되어 있었다.[25]

13세기 몽골제국 전후의 가톨릭 선교

몽골족은 8세기 무렵 흑룡강의 상류인 에르군네강 유역에서 시작되어 11-12세기 무렵에는 오논 강 일대에까지 진출하게 되었다. 몽골부족은 1206년 테무진을 몽골의 칸으로 추대하고 대 몽골 제국Ikh Mongol Uls을 건설하게 되었다. 칭기스칸은 경교를 포함한 모든 종교에 관대했다. 칭기스칸이 몽골을 통일하는 과정에서 결정적인 사건은 케레이트족의 병합이었다. 케레이트족의 토오릴의 사망 이후에 칭기스칸은 토오릴의 동생 자아 감보의 세 딸을 자신과 큰 아들, 막내 아들의 부인으로 삼았다. 이 가운데 막내아들 톨루이의 부인은 소르칵타니 베키라고 하는데 독실한 기독교 신자로 알려졌다.[26]소르칵타니는 칭기스의 넷째 아들인 톨루이와 결혼했고 후일에 원 세조인 쿠빌라이의 모친이 된다. 뭉허와 쿠빌라이의 모친로서의 그녀의 명성은 몽골인들의 후대에 전승되었다.[27] 1251년 카라호름을 방문한 수도사 루브룩이 남긴 보

---

25) 위의 책, 172.

26) Samuel Hugh Moffett, *A history of Christianity in Asia, Volume I* (Maryknoll, NY: Orbis, 1998), 402.

27) Ata-Malik Juvaini, *Genghis Khan:The history of the World-Conqueror*(tr. By J.A.Boyle, 1958; New edition, Manchester:Manchestor University Press, 1997), 64-66.

고에[28] 의하면 그녀의 막내 아들인 아릭 부케는 기독교도였다고 한다.

　　1245년 교황 인노첸시오 4세는 프란시스코회의 플라노 카르피니Giovanni da Piondel Carpine신부를 몽골에 파견하였다. 이 칼피니는 앗시시의 프란시스의 제자 중 한 사람으로 서방 유럽의 수도회를 초기에 조직한 사람이다. 칼피니 신부는 당시 63세임에도 불구하고 교황의 국서를 가지고 프랑스를 떠나 몽골 선교사로 파송되었다.[29] 1242년에서 1342년 어간의 100년 간에, 7차에서 8차의 다른 가톨릭 선교단들이 파견되어 아시아를 횡단하는 길고도 힘든 여행을 해야만 했다. 즉, '로마의 평화'가 제 1세기에 사도들의 사역을 위해 길을 준비해 주었던 것과 같이 13세기 '몽골의 평화'는 콘스탄티노플을 지나 아시아를 횡단하여 세계의 절반에 대한 가톨릭 선교에 문을 열어 주었다. 이들 선교사들은 산발적으로 도미니코회들도 있었지만 대부분은 프란시스코회들이었다.[30] 당시 몽골을 방문했던 대표적인 카톨릭 선교사들은 플라노 카르피니 Giovanni da Piondel Carpine, 1245-1247, 몬테코르비노John of Montecorvino, 1291-1328, 루브룩 윌리암William of Rubruck, 1253-1255 등이 있었다.[31]

18세기 이후 19세기말까지의 개신교 선교

　　종교개혁 이후, 몽골 선교는 유럽인들, 특히 모라비안인들에 의해 재개된다. 그러나 17세기까지 몽골Outer Mongolia 지역에 기독교인이 있었다고는 아무도 확실하게 말할 수 없다. 그러다가 슈미트I. J. Schmidt는 몽골어칼묵어로 성경을 1815년부터 영국의 대영성서공회British and Foreign Bible Society, BFBS를 통

---

28) 루브룩은 1253-1255년까지 프란시스코회수도사로서 마흔을 넘긴 나이에 프랑스의 국왕 루이 9세의 허락을 얻어 몽골의 수도 카라코름을 방문하여 몇 달을 지내면서 지낸 소감을 『여행일지』(Itinerarium)이란 책으로 엮어서 중세 유럽에 아시아를 소개한 인물이다.
29) 서양자, 『15세기 이전에 동방에 온 선교사』, 54.
30) Christopher Dawson, ed., *Mission to Asia* (Buffalo, Toronto: University of Toronto Press, 1980), 79-84.
31) Ibid., 180.

해 출판하였다.[32] 런던선교회London Missionary Society 선교사 스완William Swan 과 스탤리브라스Edward Stallybrass 부부들이 러시아의 브리야트 지역에서 선교 하면서, 몽골어브리야트어로 1833년부터 구약성경을 번역 출간했다.[33]

1870년 런던선교회는 제임스 길모어James Gilmour를 몽골에 파송하였다. 1895년에는 스칸디나비아선교연맹Scandinavian Alliance Mission 사역자들이 합 류하게 되고 나중에 복음주의선교연맹Evangelical Alliance Mission 소속 선교사들 이 순회사역을 하였다.

노르웨이 선교사 내스태가드Naestegard는 1896년 지금의 울란바타르에서 사역하다가 1900년의 의화단 사건으로 떠났다. 1924년, 몽골이 러시아를 이 어 공산국가를 선언하면서 선교사들은 몽골의 울란바타르를 완전히 떠나고 말았다. 이 후로 몽골 선교에 대한 기록은 찾아 볼 수 없을 정도로 몽골 선교 는 중단되고 말았다.

20세기에서 현대까지의 개신교 선교

19세기에서 20세기 초반까지 이 지역 선교사들 가운데 북유럽 출신의 선 교사가 두드러지는 것이 이 시기의 개신교 몽골 선교의 한 특징이다. 스웨덴, 노르웨이 등 스칸디나비아 반도에 위치한 북유럽의 개신교 국가 출신의 선교 사들이 상대적으로 몽골 선교에 관심과 열정을 보이고 몽골을 찾았다. 내몽 골Inner Mongolia 지역에서 활동했던 가장 대규모의 선교사 그룹은 역시 스웨 덴 몽골선교Swedish Mongol Mission 팀이었다.[34] 스웨덴 선교팀은 1905년 몽골 전역에서 활동하였는데 가장 성공적이었다.

몽골에서의 공산 혁명 그리고 1948년 중국 공산화가 몽골 선교의 끝은 아

---

32) Donald E. Hoke, *The Church in Asia*(Chicago: Moody Press, 1975), 446.
33) Ibid.
34) Ibid., 447.

니었다. 내몽골과 외몽골에서 활동하던 천주교 신부들의 기록에 따르면 공산 혁명 이후에도 드러나지 않았지만 내적으로 천주교 신앙을 지킨 사람들이 있어왔다고 한다. 필자가 사역하는 마을의 주민 이름 중에 '자갈매[십자가]'라는 사람의 조부는 과거 선교사들에게 복음을 듣고 감흥을 받아, 손녀의 이름을 '십자가'라고 지어 주었다고 한다. 즉 신앙의 그루터기들이 몽골 내에 존재했던 것이다.

공산권 붕괴 이후의 몽골의 기독교

1990년 구 소련 붕괴 이후의 몽골 기독교사에 가장 두드러진 나라는 한국이라는데 이의가 없을 것이다. 역사적, 인종적으로 몽골과 유사한 한국인 선교사는 몽골에 입국하여, 몽골의 기독교의 토대를 구축하는 전반적인 사역에 깊이 관여하였다. 한국인에게는 몽골어가 비교적 서구언어보다 학습이 빠르고, 이로 인해 현지인과의 교감을 빨리 깊이 나누게 되었다. 한국인의 몽골 선교는 때마침 일어난 한류열풍과 몽골인들의 친한감정과 무관하지 않았다. 한국인이 세운 학교와 식당과 교회는 몽골인들에게 늘 인기였다. 한국어 교육, 한몽사전, 성경교재 번역, 찬송가번역, 성경번역, 신학교 설립, 병원, 기관 등과 동시에 교회개척이 진행되며 전반적인 선교의 인력과 인프라를 동시에 구축하였다. 특기할만한 점은 초기 선교사들의 모든 사역에는 현지인을 참여시키고, 사역의 전 과정에 참여하게 함으로 현지인들로 하여금 선교의 과정에 배제된 감정을 갖지 않도록 하였다는 것이다. 특히 연합신학교의 설립 당시에 현지인을 이사로 참여시켰으며, 성경번역과정에서도 몽골인들을 대거 참여시켰고, 몽골 복음주의 협의회의 발족도 몽골인을 대표자로 출발했다는 것은 몽골 선교가 처음부터 현지인을 배제시키지 않고 동역자로 세워갔다는데 큰 의미가 있다. 제 1회 목사안수식2002년 5월은 선교사들이 주관하였지만, 2

회부터는 몽골인들이 주관하도록 하였다는 것도 의미있는 일이다.

결과적으로 현재 대략 350교회에 40,000명 정도로 추산하는 기독교 인구가 불과 20여 년 만에 일구어 졌다는 것은 기독교사에 기록될 만한 일이다.

몽골선교는 역사적으로 3-4차례의 도전이 있었지만 현대선교만한 결과를 얻어내지 못했다. 1991년 선교사들의 대거입국 시작, 1993년 몽골성경 번역 위원회MBTC와 1995년 연합신학교UBTC 설립, 1997년 몽골복음주의협의회MEA 발족, 2000년 몽골어 신구약 완역본 출간, 2002년 최초의 몽골인 목사안수식[35]등은 몽골 기독교사의 다이나믹한 진보를 보여준다.

한국교계는 몽골 선교에 있어서는 교단 교파를 뛰어 넘어서 협력과 동역선교의 인식을 공유했음은 물론 실제적인 연합사역을 함으로서 세계선교지에서 보기 드문 연합선교의 사례를 보여 주었다. 일부 한국의 파송 본부의 교단별 특성화를 고집하는 단체를 제외하고는 대부분의 몽골 기독교계는 몽골 현지 지도자들이 스스로 주도권을 가지고 민족 복음화를 이어가고 있는 것이다. 몽골교회협의회MCC, 복음주의협의회MEA, 몽골목사연합회MPLA, 기독교방송국, 연합신학교UBTC, 성서공회 등의 대부분의 기독교 단체들이 몽골인들에 의해 운영되고 있으며, 최근에도 많은 교회들의 지도력이 몽골인들로 이양되고 있다.

몽골선교는 과거 선교역사의 연장이며 회복이다

몽골 기독교사적으로 1990년대와 2000년대의 교회 부흥은 1,400여 년간의 몽골의 기독교 역사라는 도도한 흐름 속에서 이해되어야 할 필요가 있다.

1989년 구 소련의 페레스트로이카 선언 이후 급격한 시대변화 속에서 몽

---

35) 2014년 8월 27일에 제 5회 연합 목사 안수식이 있었다. 몽골 목사연합회에 의하면, 2020년 현재 몽골의 안수받은 목사는 396명이다.

골도 마찬가지로 1990년 민주적 정부가 들어섰으며 직접 선거에 의한 국가 지도자 선출과 시장경제 체제로의 전환은 정치, 경제, 사회, 문화 등의 모든 분야의 개방을 의미하는 것이며 기독교 선교의 입장에서도 선교의 개방을 의미하는 것이었다. 몽골은 한국을 비롯한 서구 열강들과 자연스럽게 외교관계가 수립되었으며 경제뿐 아니라 정치, 문화, 종교 등 다양한 개방이 자연스럽게 이루어졌으며 기독교 복음이 시기적절하게 유입된 것은 선교 역사적으로 의미 있는 일이라고 볼 수 있다.

현대선교는 과거 선교역사의 연장이며 회복이다. 즉 과거의 선배 선교사들의 아쉽게 단절된 선교역사, 또 복음역사의 연장선상에서, 우리는 그 분들의 계승자로서의 입장으로 이해해야 할 것이다. 현대 몽골선교 역사는 단절된 복음역사의 회복차원이며 하나님의 멈추지 않은 카이로스의 역사적 흐름의 연장선상에 있다는 것을 의미하는 것이다.

읽을거리

몽골 기독교사는 다음과 같은 책을 참고할 수 있다. 도슨의 『아시아 선교』, 호크의 『아시아교회』, 그리고 마펫의 『아시아기독교사』이다.[36] 에가미의 『몽골제국과 기독교세계』도 들 수 있다.[37] 한국인이 저술한 책은 서양자의 『15세기 이전에 동방에 온 선교사』와 김호동의 『동방기독교와 동서문명』등이 있다.[38] 또한 몽골 한인선교사들이 발간하는 『재몽한인선교사회자료

---

36) Christopher Dawson, ed., *Mission to Asia* (Buffalo, Toronto: University of Toronto Press, 1980); Donald E. Hoke, *The Church in Asia*(Chicago: Moody Press, 1975); Samuel Hugh Moffett, *A History of Christianity in Asia, Volume I* (Maryknoll, NY: Orbis, 1998).

37) Namio Egami, *The Mongol Empire and Christendom* (2000, by Sanpauro サンパウロ press in Tokyo).

38) 서양자, 『15세기 이전에 동방에 온 선교사』(서울:계성출판사, 1986); 김호동, 『동방기독교와 동서문명』(서울: 까치, 2003).

집』비정기간행물, 그리고 가장 최근의 몽골 기독교 개관은 예장통합 몽골 현지선교회, 『몽골선교 20주년 백서, 초원길을 복음의 길로』에서도 자료를 얻을 수 있다.[39] 무엇보다도 고무적인 것은 몽골 기독교인에 의한 연구물이 나온다는 것이다. 가령 볼로르마의 『중앙아시아의 기독교 약사, 7-20세기』가 있다.[40]

---

39) 예장통합 몽골 현지선교회, 『몽골선교 20주년 백서, 초원길을 복음의 길로』(서울: 한들출판사, 2012).
40) O. Bolormaa, *The Short History of Christianity in Central Asia, 7-20 Centuries* (Ulaanbaatar: Legacy, 2017) (in Mongolian).

결론: 오래되고도 새로운 역사 이어가기

안교성_장로회신학대학교 교수

이 책의 내용을 돌아보니, 마치 만화경을 보는 듯하다. 그 이유는 편집 방향을 사전에 정했다고는 하지만 필자들의 문체나 기술양식이나 접근방법 등이 워낙 다채롭기 때문이며, 무엇보다도 이 책이 다루고 있는 아시아 각국의 기독교 역사 자체가 다양하기 그지 없기 때문이다. 그러나 만화경이 각 부분을 보면 혼란스럽지만 전체를 보면 황홀한 모양을 발견하듯이, 이 책의 내용을 다시 살펴본 감회는 너무도 아름다운 만화경의 한 장면을 보았다는 것이며, 아울러 그것을 만들어낸 것이야말로 바로 신의 솜씨임을 인정하지 않을 수 없다는 것이다.

그런데 우리가 주목할 사실은 이 책의 각 단원들이 단순히 역사적인 감동만을 제공하는 것이 아니라, 매우 심각하고도 중요한 역사적, 선교적, 신학적 문제들을 제시하고 있다는 것이다. 따라서 이 책은 새로운 정보를 주는 동시에 새로운 질문을 던지고 있는 셈인데, 이제 이 책의 필자들과 독자들이 함께 이것에 대하여 답해나가야 할 차례라고 할 수 있다.

뿐만아니라 이 책은 아시아 기독교의 역사를 다각도로 접근하면서 그것의 복합적인 측면을 새롭게 조명하고 있다. 따라서 이런 복합적인 측면을 간추려 볼 필요가 있고, 그것들을 아우르는 전체적인 조망도 고려할 필요가 있다. 특히나 아시아 기독교의 역사를 연구하면 할수록 느끼는 것은 이 역사는 오늘날 우리가 새삼스럽게 재발견해나가고 있는 측면이 있기 때문에, '오래되고도 새로운' 역사인 동시에 '새롭고도 오래된' 역사라는 점이다. 이것이 바로 아시아 기독교의 역사 연구의 필요성이요 또한 묘미라고 할 수 있다.

이런 맥락에서, 이 책의 결론인 본 단원에서 이 책의 전체 내용을 살펴보고, 그것이 아시아 기독교의 역사를 새롭게 조명한 부분을 정리하는 한편, 그것이 제시하는 문제점들을 간추려보고자 한다. 이와 동시에 선행연구 가운데 우리가 주목해야 할 것들을 살펴보고자 한다. 그리하여 아시아 기독교의 역사 연구의 작은 토대를 마련하고 지속적 연구를 촉발하고자 한다.

이 책이 제기하는 역사적, 선교적, 신학적 질문들을 따져보기

이 책은 기본적으로 국가별 접근을 하였다. 아시아의 주요 국가들을 거의 망라하였지만, 아쉽게도 빠뜨린 국가들도 없지 않다. 특히 근동 및 중동 지역 혹은 서아시아의 국가들을 건드리지 못했다. 이 책에서 다룬 국가들을 살펴보면 다음과 같다. 중국과 일본_{이상 동아시아}, 미얀마, 태국, 라오스, 캄보디아와 베트남 등 인도차이나반도 5개국 및 필리핀, 말레이시아와 인도네시아_{이상 동남아시아}, 인도, 방글라데시, 파키스탄 및 스리랑카_{이상 남아시아}, 그리고 몽골, 키르키스스탄과 타지키스탄_{이상 중앙아시아}인데, 총 17개국에 이른다.

그런데 국가별 접근이 가장 기초적이고 장점도 많아 흔히 선택되지만, 유의할 점도 있다. 여러 가지 가운데 크게 두 가지만 언급하면 다음과 같다. 첫째, 국가별 접근이 가장 용이한 방식이지만, 국가보다 상위의 관점_{아시아 대륙이나 동아시아 등의 권역}에서 접근하는 것도 필요하고, 국가보다 하위의 관점에서 접근하는 것도 필요하다는 점이다. 이런 상황은 각 단원들 가운데 드러났는데, 아래에서 재론키로 한다. 둘째, 오늘날 현존하는 국가는 역사가 짧거나 최근에 탄생한 경우가 적지 않아서, 이런 국가를 기준으로 이전의 역사를 설명하는 데는 제한이 있다는 점이다.

위에서 언급하였듯이, 이 책에서 새롭게 부각된 점을 몇 개 살펴보자. 첫째, 경교의 존재와 범위 문제이다. 중앙아시아에 속한 국가들에 대한 연구들이 공통적으로 기독교의 기원과 관련하여 경교를 언급하고 있다. 경교는 기존의 연구에서는 주로 몽골 및 중국과의 관련성 속에서 언급되었고, 중앙아시아 등 아시아의 여타 지역과의 관련성은 구체적으로 언급되지 못한 경향이 있었다. 그런데 이 책을 통하여 경교가 아시아 전역에 광범위하게 전파되었음을 재확인할 수 있었다. 이와 더불어 중앙아시아 지역과 같은 동일권역에 대한 연구를 종합적으로 조망하는 공관적synoptic 시각이 필요하다는 것도 확인할 수 있었다.

둘째, 소수민족의 존재와 의의의 문제이다. 인도차이나 반도의 기독교의 역사는 소수민족을 빼놓고 이야기할 수 없는데, 이 책에서 동남아시아 국가들에 대한 연구 가운데 이것이 재확인되었다. 소수종족은 두 가지 면에서 국가별 연구의 한계 안에 머무르지 않는다. 그 이유는 다음과 같다. 한편으로 소수종족 문제는 인접국가 간의 긴밀한 관계 속에 존재하거나 여러 국가에 걸쳐 생활하고 있는 초국가적trans-national 차원이 있다. 다른 한편으로는 한 국가 내에서 다수종족과 소수종족 간의 역학관계라는 차원이 있다. 전자는 아시아 기독교의 역사가 이주, 난민, 디아스포라 등의 문제와 연관되면서 국가 단위를 넘는 권역 단위의 기독교의 역사의 필요성을 강력히 시사한다. 후자는 소수종족과 선교의 관계, 나아가 종족교회민족교회 하위개념으로서의 교회의 문제를 보다 더 심도 깊게 천착할 필요성을 요청한다. 특히 오늘날 종족정체성만 있고 국가정체성이 없는 소수종족 혹은 비주류종족을 제4세계the fourth world라는 용어로 묘사한다는 점도 기억할 필요가 있다.

셋째, 이 책의 필자로는 역사학자와 선교사 등이 다수가 참여하였는데, 이런 사실은 학자군群이 확충되어가고 있을 뿐 아니라, 학제 간의 연구가 가능하다는 것을 암시한다는 점에서 고무적이라고 할 수 있다. 특히 서양선교역사에서 선교사 학자missionary scholar라는 개념이 중요하듯이, 한국선교계에도 현장 인식과 학문적 전문성을 가진 선교사들이 늘고 있다는 것은 여러 가지 면에서 주목할 필요가 있다. 그러나 여전히 각국 기독교의 역사가 일천한 수준에 머물고 있음도 인정하지 않을 수 없다. 따라서 우리에게는 온전한 역사를 위하여 사료의 중요성을 강조하고 보호하는 역사 지키기의 사명, 역사의식을 고취하고 구체적으로 역사를 기록하는 역사 쓰기의 사명 등이 있다. 이 일은 역사가만의 과제가 아니라, 각국에서 사역하는 선교사와 현지교회 교역자들의 과제이기도 하다. 특히 선교사는 역사의 중요성을 미처 깨닫지 못하는 현지교회를 위하여, 역사의식의 중요성과 사료 보존의 필요성을 고취할 뿐 아니라, 그들의 기록 가운데 현지인의 역할에 대하여 성실하게 기록을 남길 필요가 있다. 그래야 장차 아시아의 현지교회들이 스스로의 교회 역사와 선교 역사를 써나갈 때 참조할 사료가 남을 수 있다. 다시 말해 최근 들어 수용자 중심의 사관, 민족교회혹은 종족교회 사관, 혹은 세계기독교World Christianity 사관 등이 모두 현지인의 역할을 중시하는데, 막상 현지인 중심의 역사를 쓰려고 해도 쓰기가 쉽지 않다. 그 이유는, 특히 초기 역사의 경우, 현지인의 기록이 많지 않아 선교사의 기록에 의존해야 하는 모순이 나타날 뿐 아니라, 선교사의 기록마저도 선교사 중심적으로 기록되어 현지인에 관한 기록을 거의 찾아보기 힘들기 때문이다.

넷째, 이 책은 개신교 독자를 염두에 두고 있고 필자들도 개신교 학자이라서, 개신교 이전의 선교에 대하여 간략하게 소개하고 주로 개신교의 선교와 교회에 대하여 지면을 할애한 경우가 많았다. 그러나 '선교의 역사'는 들여다보면 '선교의 역사들'이고, 다양한 선교들이 상호간에 영향을 주고받으며, 동시에 민족교회와 영향을 주고받고 있음이 재확인되었다. 따라서 이 분야도 지속적인 관점이 필요하다. 특히 일부 기사들은 선교 정책에 대하여 간단하면서도 심도 깊게 다룬 적이 있는데, 이런 분석적인 접근은 역사학은 물론이고 선교학을 위해서도 크게 기여할 수 있는 분야라고 할 수 있다.

다섯째, 이 책에서 본격적으로 다뤄지지 않았지만, 이런 성격의 연구가 당연히 던져야 할 궁극적인 질문이 있는데, 그것은 과연 '아시아교회란 무엇을 의미하는가?'이다. 이 자리에서 신학적인 논지를 전개할 수는 없지만, 아시아란 무엇이고 아시아교회란 무엇인가라는 질문은 아시아 기독교의 역사를 다루는 모든 연구자들이 비켜갈 수 없는 근본적인 질문이다. 그리고 이런 정체성에 대한 질문은 당연히 오늘날 용어로 '자기신학화 혹은 자신학화'self-theologizing라는 주제로 이어진다. 그동안 이 주제가 강조되거나 활성화되지 못한 것이 사실이고, 현지교회의 역사와의 관련성도 제대로 연구되지 못한 것도 사실이다.

여섯째, 이 책이 직접적으로 제기하지는 않았지만, 전반적으로 강력하게 제기하는 문제는 바로 아시아교회 간의 상호 이해의 필요성이다. 아시아 기독교의 근현대 역사가 서양의 영향 아래 진행된 면이 많고 따라서 아시아교회가 서구 지향적인 면이 많은 것이 사실이다. 이런 면에서, 극단적으로 말해, 아시아교회는 그동안 자기 자신이나 아시아 내의 자매교회보다 서양교회를 더 잘 알았다고도 할 수 있다. 다시 말해 서구-비서구 기독교 간의 수직적 관계는 발달되었는데, 비서구-비서구 간의 수평적 관계는 소원하고 소홀했다는 것이다. 그런 점에서 이 책은 한국교회가 아시아 내의 자매교회를 알아가는 귀중한 시도라고 할 수 있다. 이 시도가 계속 발전되어나갈 필요성은 명백

하다. 뿐만 아니라 동일한 시도가 아시아의 자매교회들에서도 이뤄지고, 그것이 상호이해와 상호교류의 작업으로 이어져나갈 필요성은 굳이 강조할 필요가 없을 것이다.

아시아 기독교의 역사 연구의 징검다리들

20세기는 여러 가지 변화의 세기였지만, 특히 기독교 역사의 변화가 일었던 세기라고 할 수 있다. 그리고 그런 변화는 21세기에 이어지고 있다. 이 책과 관련하여 간단히 말하면, 아시아 기독교의 역사 자체를 연구하는 것과 더불어, 아시아 기독교의 역사를 보는 시각의 변화가 강조되었다. 이런 점에서 아시아 기독교의 역사연구를 위하여 기존의 연구 가운데 징검다리와 같은 몇몇 연구업적을 돌아보는 것은 의의가 있을 것이다. 이미 이 책의 각 단원에서 언급된 것들은 생략하고 최소한의 것만 언급하도록 한다.

이 책의 서론이 아시아 기독교의 역사의 변화에 대하여 상술하였기에, 이 자리에서는 이론서는 소개하지 않고, 그런 관점에서 실제 역사를 기록하고자 노력했던 몇 가지 책을 돌아보면 아래와 같다.

첫째, 새로운 역사를 쓰고자 하는 노력은 서구학자들도 참여하였다. 아프리카 기독교의 역사 전문가로 알려진 아드리안 해스팅스Adrian Hastings는 『기독교의 세계사』A World History of Christianity라는 책을 편집하면서, 기존의 서구 중심적 세계교회사를 지양하고, 기타 지역의 역사를 균형 있게 제시하고자 노력하였다.[1] 특히 아시아에 대해서는 인도와 중국 등을 다뤘지만 아쉬움이 남는다. 미국인 학자들로 비서구 특히 아시아 기독교의 역사 전문가인 스코트 선퀴스트Scott W. Sunquist가 뉴욕신학대학장 데일 어빈Dale T. Irvin과 공저한 『세계 기독교 운동의 역사』History of the World Christian Movement는 현재 2권

---

1) Adrian Hastings, *A World History of Christianity* (London: Cassell, 1999).

까지 나왔는데, 각각 초기부터 1453년까지, 1454년부터 1800년까지를 다루고 있다.[2] 헤스팅스의 책보다 진일보한 균형감각을 보이고 있다. 이미 남반구 기독교Southern Christianity의 대두라는 담론으로 유명해진 종교역사가 필립 젠킨스Philip Jenkins는 『기독교의 잃어버린 역사』The Lost History of Christianity: The Thousand-Year Golden Age of the Church in the Middle East, Africa, and Asia-and How It Died 에서 비서구 기독교를 다루면서, 특히 초창기 1천 년 간의 비서구 기독교의 융성과 몰락에 대하여 학계의 관심을 다시 불러일으킨 바 있다.[3]

둘째, 서구학자와 비서구학자들이 함께 비서구, 특히 아시아의 역사를 재인식하고 재서술하고자 하는 노력들이 계속되고 있다. 가령 최근에 출간된 것으로는, 비서구 아시아 연구를 천착해온 클라우스 코쇼르케Klaus Koschorke 가 편집한 『세계기독교의 역사의 다중심적 구조』Polycentric Structures in the History of World Christianity가 있는데, 비서구 기독교를 다룰 뿐 아니라, 서구 기독교도 여러 기독교 유형의 하나로 간주하는 입장을 보인다.[4] 또한 동아시아 기독교에 관심이 많은 학자들이 공동편집한 『동북아시아의 기독교의 현존과 발전』Christian Presence and Progress in North-East Asia은 서구학자들과 아시아 학자들이 공동개최한 세미나의 결과물을 발표한 것으로 새로운 발전상황을 엿볼 수 있다.[5]

셋째, 이론서이기는 하지만 소개할 만한 것으로는, 선교이론가로 유명한 윌버트 쉥크Wilbert R. Shenk가 편집한 『이야기를 확대하기: 세계 기독교 역사

---

2) Dale T. Irvin & K Scott W. Sunguist, *History of the World Christian Movement* (Maryknoll, NY: Orbis, 2001; 2012).
3) Philip Jenkins *The Lost History of Christianity: The Thousand-Year Golden Age of the Church in the Middle East, Africa, and Asia-and How It Died* (New York: HarperOne, 2008).
4) Klaus Koschorke, *Polycentric Structures in the History of World Christianity* (Wiesbaden: Harrassowitz Verlag, 2014).
5) Jan A. B. Jongeneel et al., eds., *Christian Presence and Progress in North-East Asia*(Frakfurt am Main: Peter Lang, 2011).

저술에 대한 관점들』*Enlarging the Story: Perspectives on Writing World Christian History*인데, 이 책에서 서구학자와 비서구학자들이 다양한 관점들을 제시하고 있다.[6] 특히 흥미로운 것은 아시아 학자인 필립 룽Philip Yuen-Sang Leung이 선교역사와 교회역사를 대조하면서도 동시에 양자 간의 관련성을 지적하였고, 초기 사료의 부족으로 인해 교회역사를 쓰면 쓸수록 선교사의 사료에 의존해야 하는 고충을 토로한 바 있다. 이 책은 앤드류 웰스Andrew Wells가 주장한 세계기독교World Christianity: 기독교의 전래와 수용의 쌍방향적 영향과 각지 기독교의 독자성을 강조하는 입장의 개념에 따라 기독교 역사를 새롭게 쓸 때 고려해야 할 관점들을 논한 책이다.

넷째, 물론 아시아 학자들의 연구물이 중요하다. 가령 최근에는 동아시아의 기독교 전래 상황을 다룬『동아시아 기독교와 전교문헌 연구』등이 출간된 바 있다.[7] 더구나 이제는 한국인 학자를 비롯한 아시아 학자들이 우수한 연구물을 내놓고 있다. 한 예로 2013년에는 한국기독교사 전문가인 옥성득의『한국기독교의 형성: 개신교와 한국종교의 만남, 1876-1915』*The Making of Korean Christianity: Protestant Encounters with Korean Religions 1876-1915*이 출간되었는데, 비록 한국기독교사 연구이지만 세계기독교의 관점에서 특히 한중기독교의 관계라는 관점에서 접근한 연구물로 아시아 기독교의 역사에 참조할 만한 책이라고 할 수 있다.[8]

---

6) Wilbert R. Shenk, ed., *Enlarging the Story: Perspectives on Writing World Christian History* (Maryknoll, NY: Orbis, 2002).

7) 장로회신학대학교 기독교사상과문화연구원 교회사연구부 편, 『동아시아 기독교와 전교문헌 연구』(서울: 도서출판 소망, 2012).

8) Sung-deuk Oak, *The Making of Korean Christianity: Protestant Encounters with Korean Religions 1876-1915*(Waco, TX: Baylor University Press, 2013) 이 책은 최근에 내용을 보충하여 한글판으로 나왔다. 옥성득, 『한국 기독교 형성사: 한국 종교와 개신교의 만남 1876-1910)』(서울: 새물결플러스, 2020).

새롭고도 오래된 역사 이어가기

이 책은 한국의 아시아 기독교의 역사 연구의 징검다리에 하나의 돌을 더 놓는 작업이라고 할 수 있다. 시작이 반이라는 말처럼, 새로운 학회도 생기고 연구물들도 나오는 상황을 보면, 이제 이 분야가 바야흐로 새로운 단계에 들어서고 있다고 하겠다. 이런 새로운 작업은 결국 우리들의 자신의 이야기이면서도 잊었던 이야기를 재발견하는 일이기도 하다.